稳赚

如何轻松、科学、持续地获得被动收入

［美］格兰特·萨巴蒂尔（Grant Sabatier）/ 著 刘欢 / 译

Financial Freedom

民主与建设出版社
·北京·

献给为我创造更好生活而努力工作的爸爸妈妈!

献给那些经济紧张,想要从生活中得到更多的人。我完全懂你们!

目 录

前言　你以什么为生　001

第一部分　你可以而且应该脱离工资奴役

第一章　七步创造终身收入

　　我是如何在五年内将2.26美元变成100万美元的　003

第二章　时间不是金钱，时间大于金钱

　　为什么你可以而且应该提前"退休"　017

第二部分　七步创造终身收入

第三章　第一步：计算终身收入需要的资金总额

　　可能比你想象的要少　037

第四章　第二步：你处于终身收入的哪个阶段

　　弄清楚你的财务状况　077

第五章　第三步（上）：彻底改变你对金钱的看法

　　如何快速创造财富　093

第六章　第三步（下）：彻底改变你对金钱的看法

　　消费前，你需要考虑的 11 个问题　　　　　　　　　119

第七章　第四步：停止做预算，集中精力储蓄

　　断舍离生活，提高 25% 的储蓄率　　　　　　　　　139

第八章　第五步：最大限度利用你的全职工作

　　充分利用全职工作，最大化资金储备　　　　　　　　153

第九章　第六步：发展有"钱"途的副业

　　如何发展一个有"钱"途的副业　　　　　　　　　　175

第十章　第七步（上）：尽可能早、尽可能多地投资

　　忙赚钱不如钱生钱，以小钱生大钱　　　　　　　　　203

第十一章　第七步（下）：尽可能早、尽可能多地投资

　　如何用别人的钱把 1 万变成百万　　　　　　　　　　251

第三部分　除了钱，我们需要关心的还有很多

第十二章　关注眼前远远不够

　　如何利用你的投资度过余生　　　　　　　　　　　　273

第十三章　未来优化框架

　　每日、每周、每月、每季度和每年的习惯　　　　　　285

第十四章　对财富说是

　　除了钱，我们需要关心的还有很多　　　　　　　　　297

致　谢　　　　　　　　　　　　　　　　　　　　　　　305

前言
你以什么为生

工业革命之前,大多数人在大地上种植/寻觅食物、纤维和饲料。农民必须是各行各业的能手,掌握生存所需的所有技术,他们在宗族和部落中工作,寻求共同繁荣。

工业革命以后,我们主要依靠从采矿到管理相关的工作来谋求生活。我们喜欢说:"我是矿工/秘书/教师/工厂工人/首席执行官。"我们的工作显示了我们的身份、工作场所以及族落。工会运动助力公司开始关注底线问题,我们的工作也成了我们的退休计划和医疗保健的一大保证。也许这种方式会有些许乏味,但却也很安全。

然而,在过去的十年里,新生力量已经对中产阶级的生存构成了巨大压力。半个世纪以来,每一代人都会比上一代人能更好地生活在这个世界上。

你以什么为生?

很明显,仅靠职业以及角色定位来回答这个问题远远不够。

为了回答这个问题,你需要运用本书工具箱中的每一个工具来拼凑出一个既能赚钱又能平衡生活的工作。

当格兰特·萨巴蒂尔意识到工作已经无法维持他的生活时,他只能和父母住在一起。他知道目前他的境遇很糟糕,而且如果不能有所改变的话,他将最终被这个世界给吞没。

启蒙可以来自对冷酷现实的洞察。在今天的白话里，我们可以说，格兰特被"唤醒"了。

他发现了如何通过所有合法、合理的机会赚钱，并且逐步深入，直到他在五年多的时间里从破产到百万富翁，再到财富独立。

格兰特的天赋充分体现在这本实用而聚焦的书里，尤其是通过其中的创业态度和策略。你可能想要快速变得富有，但同时，请记住，你需要的不是遵循格兰特的方法在接下来一两年变得富有，而是无论经济状况、财务状况，或者投资环境怎么样，你都可以拥有赚钱的能力。我们无法预知机器人是否会清理你的房子，或名为"亚历克萨"的人工智能（无论是什么）是否会帮助你订购杂货、和你打扑克以及在你疲倦一天后关心你。但我们知道，每个人都需要抓住那些转瞬即逝的机会来获得他们所需要的。也就是随时留意机会的出现。

你可以从容接受或者咒骂工作的不稳定性、临时性以及按需性，但在实践层面上，你最好学会适应。

不过，格兰特尤为强调一点，那就是赚大钱并不是关键。时间才是关键。去爱人、去学习、去关心别人、去玩耍、去贡献的时间才是你在赚钱中应该着重关注的点。你可以像格兰特一样，充分利用你20多岁年少青春的时光来赚钱，尽可能多地投资于那些易于赚钱的资产上，如股市、房地产等，这样你就可以在你的余生去追寻更大的梦想。格兰特提出了一个令人信服的理论，那就是在你生命早期投资的钱会不断积累，不断增长，从而使你越来越富有。

不过，你也不必完全按照格兰特的方法来投资。你可以充分利用这些方法来抓住每一个赚钱的机会，这样在你的余生，你就可以不必为金钱所累，可以做你热爱的事情、供养一个家庭或者可以外出旅游，如在太平洋山脊小道上进行一次徒步旅行。

在我与乔·多明戈斯联合创作的《富足人生：要钱还是要命》（*Your Money or Your Life*）（现在是一部颇受人尊敬的个人理财经典）一书中，我们建议你在不牺牲诚信或健康的前提下，最大限度地增加收入，以实现财富独立的承诺。我们不关心如何使你的收入最大化，毕竟我们自己已经有二十年没有为钱而工作了！为了省钱，书中我们提出了数百种想法，其中一些比较常规，一些比较激进。在第七章，对于工作、收入，我们提出了"挣脱常规工作＝挣钱"的假设。世界上大部分的工作与金钱无关。我们提出这样一个观点，即读者可以脱离工资奴役（因为需要钱而被迫工作），加入有钱人的行列。从这个意义上说，格兰特的书填补了《富足人生：要钱还是要命》的一个主要空白，而我甚至没有意识到这部分内容的存在。谢谢！

但格兰特和我在某些想法上不谋而合。我们都相信，生活比金钱更重要，掌握我们与收入、支出、储蓄和投资的关系解放了我们真正工作的时间，使我们成为更好的人，使世界变得更好。在倡导建立一个坚实的财政基础，并从这个基础上做更重要的工作方面，我俩拥有同样的热情。我们的书是一种我们试图给予他人自由的方式，但我们的合作关系是挑战集体假设，这些假设使我们无法理解如何为每个人提供金融安全。在一个公平、公正的社会中，每个人都有机会发展和给予贡献，这对几代人来说都是一个难以捉摸的梦想，但我们却一直保持对它的渴望。

这就像乘务员指示你先戴上氧气面罩（流动的是金钱而不是空气），然后协助周围的人戴上氧气面罩一样。这本书就是你的氧气面罩。快带上它，高效赚钱，获取自由吧。然后你就会相信，每个人都能畅快生活。

——维克·罗宾（Vicki Robin）
《富足人生：要钱还是要命》（*Your Money or Your Life*）一书作者
《纽约时报》畅销书和个人理财经典

第一部分

你可以而且应该脱离工资奴役

第一章

七步创造终身收入

我是如何在五年内将 2.26 美元变成 100 万美元的

"格兰特，醒醒！"我妈妈在楼底对我大喊大叫。见还是上午11点，我又睡了一觉。在童年的卧室里醒来，我感觉自己回到了中学时代，但实际上我已经24岁，失业，正和父母住在一起。当然也有很多"千禧一代"跟我的境况差不多。

那是2010年8月，两个月前，在丢掉一家报社研究员的工作之后，我搬回了家。父母对我说可以暂时待在家，但是他们不会给我一分钱。而且三个月内，我必须重整旗鼓，重新出去上班。每天晚上吃饭的时候，他们都会问我找工作的进展如何，我总会试图避开和他们目光接触，但他们总会怀疑地看着我。

事实是，我已经停止找工作了。在过去的一个月里，我连续发了两百多个求职简历，但至今没有接到一个回电。这么多的简历石沉大海，让我倍感绝望。

那年8月的早晨，我在床上翻来覆去，除了目前的财务状况外，我更多的是在想另外一件事。那就是，我有一个更急切的愿望：吃墨西哥辣玉米煎饼！我知道目前我的钱已经所剩无几，不得不在手机上查了一下账户余额。失业后，那一个曾让我发誓坚决不能"动"的账户目前竟然只有0.01美元。我的支票账户余额也很惨，只有2.26美元，几乎不足以支付牛油果酱，更不用说一整块玉米煎饼了。我对自己的账户余额进行了截图保存（如图1-1），以铭记此刻这种无助的感觉，并为未来提供动力。最后，我把这张图片挂在衣橱里作为每日的提醒，一直到现在仍然能看到它。

最终我还是被饥饿给打败了。我给自己做了一个火鸡三明治，然后走到后院。这是华盛顿郊区一个难得的凉爽的夏日，可以听见除草机的声音以及邻里孩子们享受着最后一周暑假的欢声笑语。

我躺在草地上，就像小时候一样。抬头望向湛蓝的天空，这天空上方偶尔

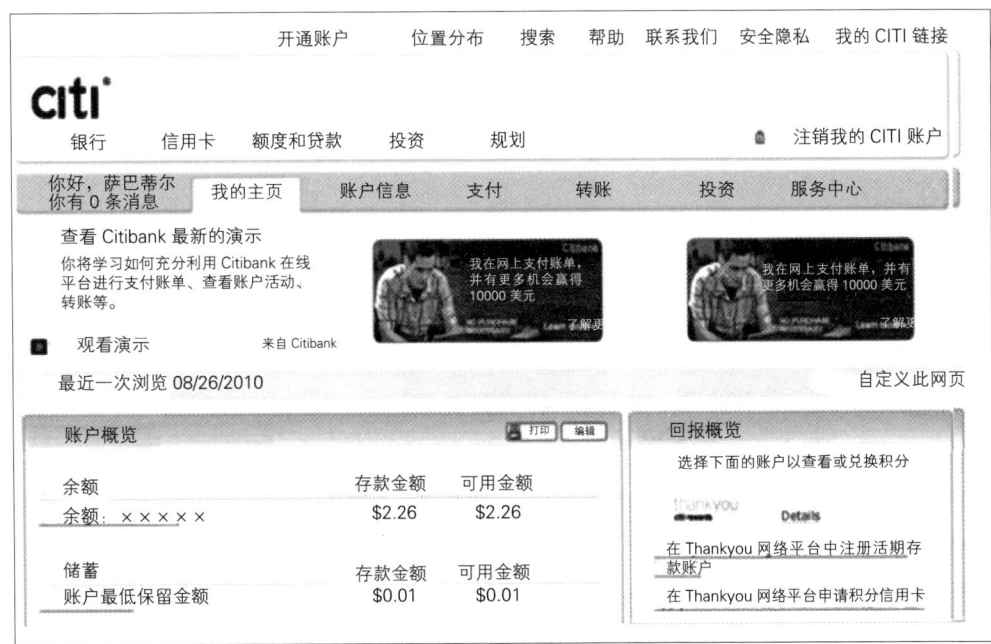

图 1-1　我的账户余额

会有一些飞往华盛顿国家机场的飞机,我就在想,如今为什么到了此番悲惨的境地。我明明把应该做的事情做得还不错呀。我上了一所一流的大学,努力工作,取得了好成绩,甚至在毕业前得到了一份工作。毕业后,开始为一家分析公司工作,并以为我正走在创造财富和成功的道路上。但是事实证明,完全不是这样的。

　　我的第一份工作是在一个乏味的办公园区,离我住的地方大概两个小时的距离。大楼的窗户没有开,办公室经理也懒得更换空气过滤器,所以空气总是很糟糕。我坐在一个四英尺宽的半隔间里,日光灯太亮了,几乎让人睁不开眼。我总是努力工作,以确保老板喜欢我,所以当我回到家的时候,我已经精疲力竭了,一点也不想干其他事情。我只想坐在电视机前发呆,吃零食。结果是,我的体重增加了 20 磅,尽管一直很累,但我睡不着觉,因为总是在为第二天焦虑。凌晨 4 点 50 分,闹钟就会响,我会爬下床,重复一天的日常。如此反复,我能感觉到生命中的每一分钟正在嘀嗒嘀嗒地流逝。

"你会习惯的，"当我打电话抱怨时，爸爸以鼓励的方式告诉我，"欢迎来到现实世界。"

我试着让自己相信，这一切都是值得的。我在办公桌上花的每一分钟以及赚的每一美元都帮助离我梦想的生活更近一步。但实际上，我只是在用宝贵的时间来赚取足够的钱，然后支付我的账单。我一个月领两次工资，然后靠着这点薪水度日。第一次的工资直接用来付房租，第二次的工资则用来支付我的信用卡账单，而这似乎与日俱增。我告诫自己月底一定要存些钱，但实际上我最终花的钱总比我赚的多。因为我总觉得努力工作了一个星期后，周末一定要出去犒劳一下自己。正所谓，努力工作，努力玩耍。然后我又会向自己保证下个月一定会存钱，并使自己相信只要我赚得多，我总能存些钱。等我长大后，我也能逐渐学会存钱。

然后，就在工作六个月后，我被解雇了，因为我没有给公司赚足够多的钱。后来我算了算，意识到在那六个月里，我用1400个小时的时间换取了15 500美元的税后收入。可结果是我不仅什么都没有，还欠了12 000美元的信用卡债务。

在接下来的两年里，我总在工作、失业之间徘徊，但我仍然没能挽救、改变任何东西。我开始为钱而焦虑，以至于患上了焦虑症。这种焦虑症发作的力量如此之大，以至于有时候觉得我的心脏随时会停止跳动，随时会死。我才突然意识到，生命中最美好的时光，却让每周两次的债务将其消耗殆尽了。

很糟糕，但我相信我并不是孤单一人。根据盖洛普咨询公司2017年对美国劳动力的年度调查，美国70%的员工没有工作。与此同时，69%的美国人储蓄不足1000美元，他们生活在贫困、破产或严重债务的灾难中。

大萧条来临时，我又失业了。回到父母家的时候，算了一下，工作三年后，我用4700小时的时间换取了87 000美元的税后收入。可是目前，我的账户上却只有2.26美元，除此之外，再无其他。甚至连我的大众露营车都没有了，因为六个月前为了收支平衡，我把它卖掉了。

躺在后院的时候，我想到了过去，更想到了未来。在考虑选择时，我仿佛看到了接下来40年的生活。在那本该是美好的时光里，我却被困在一间阴冷或毫无特色的办公室里,一个令人窒息的小隔间里。如果我在付清所有账单后设法储蓄了足够的钱,可能会在60岁时得以退休。

然而,考虑到我们这一代人的发展趋势,即使是这种惨淡的前景似乎也不太可能。在美国8300万名"千禧一代"中,平均年收入为35 592美元,即使将通货膨胀因素考虑在内,也连父母在同样年龄段挣的一半都还不到。学生贷款债务平均为36 000美元,我们中的大多数人多年来都没有还清债务,更不用说开始存钱了。

如果我们仔细留意这些数字,就不奇怪我们的储蓄为何在30到40年内还不足以保证我们退休了。虽然投资指南通常建议你把收入的10%到15%存起来(后来才知道,这绝对是不够的)。25岁以下的"千禧一代"的退休储蓄只占收入的3.9%,而25岁到34岁的为5.35%。这将使我们大多数人不可能退休。绝对不可能!

如果这还不够吓人,那谁能知道我们政府的决定和经济的变化将如何影响我们的未来呢?社会保障在40年后还会存在吗?随着成本的上升和我们对医疗保健需求的增加,我们是否能够负担得起医疗保健费用?通货膨胀将持续,这意味着我们微不足道的储蓄最终会比现在更不值钱。我们该怎么办?工作疲劳到死?我们只有靠自己!

我意识到,把"应该"做的每件事都做好远远不够,甚至连40多年后退休都没办法实现。那是一种什么样的生活?我不想把时间耗在一份讨厌的工作上,而这只是为了勉强度日。希望我能对工作充满激情,并热爱我的生活。

我不想一直为钱操心,也不想依赖一个随时可能解雇我的老板,只是为了付清我的房租。我想自己控制自己的收入和时间。我不想因为负担不起而推迟环游世界的计划,或者一年内只能享受为期10天的假期。我想有足够的时间去探索这个世界。不想未来在我孩子们生命中最宝贵的时光里,我却只能待在办公室。我想陪伴他们成长,帮助他们找到实现自己梦想的方法。

我也不想在65岁的时候醒来,突然意识到我花了7万多个小时在一份朝九晚五的工作上,还不知道这一切是为了什么。

我想要更多的钱，更好的生活。

我意识到如果想要不同的东西，我就必须做些改变。所以那天躺在草地上，我设定了两个看似不切实际的目标：储蓄 100 万美元，并尽快"退休"。

我不知道怎么达成这两个目标，甚至不知道是否有能力达成，但是在接下来的五年里，我尽我所能使这两个目标有可能达到。我读了所有能接触到的个人理财书籍和投资指南。为了储蓄以及人际关系的建立，我还是找了一份全职工作。后来我创办了两家公司，并尽可能开创副业以赚取额外收入。我先把收入的 25% 存了起来，然后是 40%，几个月后 80%，之后把这些钱投入股市，这样它就可以自己增长了。我发现了如何优化我的生活方式来最大限度地增加收入和储蓄，并在这一过程中获得了很多乐趣。

五年后的 2015 年，我的净资产超过 100 万美元。我没有中彩票，没有继承什么遗产，也没有通过那些谷歌价值数十亿美元的热门应用程序来发财，更没有抢劫。我只是尽我所能地学习，学习能找到的关于金钱的所有普遍财务建议，并通过个人理财、创业和投资三件事的组合来最大化我的时间价值。任何人，即使是在银行里只有 2.26 美元，缺乏市场技能的人，都可以学会自己去做。

我承认这不是一件容易的事。事实上，这是我一生中做过的最困难的事。但可能跟你想象的原因有很大出入。我使用的策略需要一些努力和纪律，但并不复杂。使这件事变得困难的原因是，需要走出自己的舒适区，承担一些有计划的风险，做一些周围/认识的人中没有人会做/做过的事。很多人都认为我疯了，甚至连我女朋友也不会来我那破旧而便宜的公寓。甚至我做了很多人都不敢想的事情。我生活得很不稳定，但有一个目标让我保持了动力。通过数据研究，我还学到了一个几乎所有人都能找到省钱和赚更多钱的方法。

其中，我学到的最深刻的教训之一是，大多数关于金钱、工作和退休的"公认智慧"都是错误的、不完整的，或者说是过时的。我们接受了这个"现实世界"的规则，因为它被几代人所推崇，但其实它已经没什么作用了，除非你想在 30、40 年后就退休。时代已经不同了，尽管当今许多人对金融前景抱有悲观情绪，但事实上，赚钱、管理钱，逃离乏味、规律的全职生活，过上一种舒适的生活从来都不容易。挑战在于让自己接受机会，质疑别人的建议和例子，学会做不同的事情，即使人们认为你疯了。

10年前，这本书中的大部分内容都不可能实现。它们不可能出现在课堂上，大多数人也不知道竟然有这种可能。我之所以能学会，是因为我把这当成了我的使命，我花了数千个小时来学习所能学到的一切，并亲自试错、总结经验教训。当我意识到获得了许多知识，就知道我需要与世界进行分享。

2015年，在我实现了储蓄100万美元的目标后不久，我创办了MillennialMoney.com网站，在里面建立了社区，分享我获取财富的投资策略、习惯和经历。在过去的三年里，超过1000万人访问了我的网站，收听了我的播客，数万人直接联系了我，分享他们的问题或经济成就。我得知维克多获得了60 000美元的加薪；米娅拒绝了与价值20 000美元的"豪门"订婚；埃里克在两个月内把储蓄率从3%提高到了40%；梅利莎通过在网站上了解到的信息而得以在豪宅中畅快生活。

更多的人已经学会了抓住生活中一切的机会，他们开始投资，开始留意改变生活的工作机会，或抛弃常规的全职工作去追求别样的激情。许多人都开始关注他们的财政自由，他们正加快步伐，争取在10年内或更短的时间内提前退休。其实如果他们一早就运用这些策略，早就已经实现他们的梦想了。虽然这个网站被证明本身是一个很好的资源，但我仍然经常被问到"你到底是怎么做到的呢？"，这个问题的答案太长了，无法用一篇博客来解释，所以我决定写下这本书。

本书中的策略旨在帮助你在尽可能短的时间内赚尽可能多的钱。在接下来的章节中，我将给出确切的观点以及我是如何在短短五年内一步步地将2.26美元变成125万多美元，进而获得财富自由的。我将让你知道为什么你并不需要大量的预算；为什么你可以继续维持购买小批量的咖啡，即使它每磅20美元；为什么你应该预留一部分时间给朋友或者坚持临时兴起的约塞米蒂国家公园之行。

我将向你展示你如何真正过上不用为房租焦虑的生活，甚至如何买一套房子，然后通过这套房子赚钱以及你为什么并不需要理财经理，你只需每天花上 5 分钟来管理你自己的钱，长此以往，这将有助于你赚几十万美元。我将让你明白，你在两年前多储蓄的 1% 的收入是如何帮助你实现财富独立的。我会给你一些关于如何提高储蓄率，让你在五年内"退休"的建议。最重要的是，如果你愿意，我会告诉你如何赚足够的钱，这样你就不必再工作了。

如果你认为这一切听起来简直像天方夜谭，或者你必须是某种金融天才才能成功，那你完全不需要担心。我就从来没有上过商业或金融课。但是，不幸的是，关于金钱的普遍错误看法是认为它极其复杂。在很大程度上，这是金融业和基金经理的工作，他们使用花哨的词语、令人困惑的方程式和抽象的缩写词，使其看起来很复杂，所以你才会花很多钱来请他们代为理财，而提前退休几乎没有可能，因为只有你赚钱、投资，这些银行和基金经理才能赚钱。我从来没有见过（尽管我一直在找寻）任何一家银行或顾问，他们会建议你把 25% 或更多的收入储蓄起来，这样你就可以提前退休。

这本书中的大多数概念实际上相当简单，即使偶尔需要数学知识，你也可以完全应对。我打算尽可能地多给你介绍一些领域的知识，而不仅仅是给你一份你需要遵循的建议清单。这是一个策略、一张蓝图、一种哲学，想帮助你理解金钱背后的机制，这样你就能理解本书中的投资建议为什么能以及如何发挥作用的，并进一步帮助你快速实现你的目标。

从本书中你获得的灵感越多，你就能越快地建立财富，改变生活，获得经济自由。如果你希望像我一样在五年内离开公司，最可靠的就是循序渐进地遵循我的做法。如果你不希望像我一样疯狂，也可以选择最适合你的方法，我相信仍然可以取得不错的成果。本书中的策略由许多不同的维度组成，它具有多样性、可扩展性以及适应性，你可以一直使用。

这个策略总共分为七个步骤，我会详细阐述并教你如何使用。本策略之所以有效，是因为它的设计是为了从各个维度最大化你的投资利益。每个步骤之间都密不可分，它们共同发挥着巨大的作用。如果你按照此策略执行，你最后会得到比你想象中更多的金钱。

第一步：计算终身收入需要的资金总额

我很清楚当我的资金总额达到多少时，才可以不用工作，获得经济自由。但是这个概念因人而异，所以你需要弄清楚你自己的资金总额。只有达到这个总额，你才能真正地获得财富自由。也许这就是你需要来还清债务，支付六个月的开支，支撑两年周游世界的计划，或者在没有工作的情况下依然可以度过余生的金额总数。不管财富自由对你意味着什么，第一步就是弄清楚你需要多少钱才能到达那里。我将引导你完成所有的流程，并向你展示如何更快地到达那里。

第二步：你处于终身收入的哪个阶段

在弄清楚你需要多少钱之后，我将帮助你了解如何分析目前的处境，并解释为什么你的资产净值在金融生活中是最重要的部分。针对如何看待、处理你目前的债务，我还将分享一个简单的策略。

第三步：彻底改变你对金钱的看法

如果你对于金钱的看法一成不变，那么这一切都是枉然。被教导思考金钱的方法可能在某种程度上会阻碍你，所以我将分享思考金钱的十一种不同方式，并教你如何使用它们来储蓄和创造更多。

第四步：停止做预算，集中精力储蓄

虽然跟踪记录你的开支很重要，但这件事绝对不应该占据你大部分的时间。预算实际上强化了一种"缺失"的心态，它阻碍了大多数人进行储蓄和赚钱。我将向你介绍如何计算和提高你的储蓄率，以便在不牺牲所爱东西的情况下快速跟踪记录你的财务状况。实际上，有一个更简单的预算方法来最大化你的时间回报。

第五步：最大限度利用你的全职工作

无论你是热爱全职工作还是迫不及待地想离开，你都应该充分利用这个机会，作为跳板，来获取更多的金钱。我将告诉你如何计算你的市场价值和公司价值，并协商加薪以确保你能赚尽可能多的钱以及如何最大限度地发挥你的优势，包括可能的远程工作方式，提高你的技能，找到一份高薪的工作，并最大限度地利用你的全职工作，尽快实现财富自由。

第六步：发展有"钱"途的副业

发展有"钱"途的副业从来都不容易，但其实是因为大多数人的做法不对。他们徒劳地把时间花在为别人工作上，这意味着他们绝不可能达到目标。要么他们花费大量时间去发展一个一开始就注定要失败的副业。我将就如何挑选、开创和发展副业给你一些建议，这样你就可以在更短的时间内赚更多的钱，并形成你自己的"复利金环"——这些钱会不断积累增加，足以支付你的生活开支以及其他的费用。

第七步：尽可能早、尽可能多地投资

你的钱会因投资不断累积增多，所以你并不需要投入太多时间。尽管有无数种投资方式，本书中的投资策略旨在通过专注于投资相关领域以及以最小风险产生最高回报为目标，帮助你尽快实现财富自由。

本书中相关建议和步骤的设计是为了当你的生活方式和目标发生变化时，你可以根据需要重新审视它们，调整你获得财富自由的投资总额。起初，这条路可能会让人感到陌生、激动，甚至有点让人望而生畏，但随着你的努力，你与金钱的关系将会改变。你会发现自己和生活中的有趣方面。你也会发现到处都有赚钱的机会。但本书写的不仅仅是关于储蓄或在某个年龄退休的问题。最重要的其实是关于自由。当你有足够的钱，你就有更多的空间和时间去探索这个世界，去建立联系，去反思，去成长，去感受生活。你有自由去创造你想要的生活。你会拥有一个压力小、选择多、有充分时间去感受周围的人与事的快乐生活。

一个你热爱的生活！

当然，"财富自由"对不同的人来说意味着不同的东西，正如我将要解释的，不同的人需要不同数额的钱来获得自由。最近我遇到了一对带着两个孩子，住在纽约的年轻夫妇，他们认为他们需要500万美元才能获得自由，但我在亚利桑那州弗拉格斯塔夫火车站遇到的旅行者觉得每年只需要5000美元即可。也许对你来说，经济上的自由意味着没有债务；或者有更多的时间和家人在一起；或者能够离开公司；或者每月有5000美元的被动收入（不需要花时间和精力的自动收入）；或者赚足够的钱，这样你就可以自由办公，不用待在办公桌前了，甚至你都不用再工作了。

一些僧侣觉得没有钱才是自由的，所以他们选择住在一个自给自足的社区里。

归根结底，你所需要的金钱数额取决于你想要什么样的生活，你想在哪儿生活，你重视什么以及什么带给你快乐。快乐是一种由特别棒的、令人满意的事物而产生的巨大的富足和幸福感，又称为"美好生活"。

本书旨在帮助你达到目标而设计，虽然听起来不可能弄清楚你需要多少钱才能过上你所热爱的生活，或者如何"让你的幸福感最大化"。但是，一旦你花时间去弄清楚这一点，你很可能会发现，你需要的资金比你想象的要少得多，而且你能比你预想中更快地实现财富自由。

虽然你可以确定财富自由对你意味着什么，并将其作为你的目标，但本书中，我将把财富自由分为七个水平，每个水平都会对大多数人的生活产生深远的影响，你可以借鉴参考。

财富自由的七个水平：

（1）思路清晰：当你明确你目前的资金状况以及你的目标。

（2）自给自足：当你可以挣到足够的钱来支付你自己的开支。

（3）有所改善：当你可以不必再依靠工资度日。

（4）稳定性：当你可以储蓄六个月的生活开支以及可以偿还信用卡债务等账单。

（5）灵活性：当你至少有两年的生活费用可以用来投资时。

（6）财富自由：当你可以一直依靠投资收益生活时，而不仅仅是通过工作。

（7）足够的财富：当你拥有的钱比你需要的更多时。

（向一位慢慢致富的伟大作家和他的朋友J.D.罗斯致敬，是他们激发了我的这些灵感。）

当你达到财富自由的每一个水平时，你都会感觉更加成熟和更具控制力，而且在金钱方面的压力也可能会小很多。你会获得更多的选择和机会。你也可以承担更大的风险，赚更多的钱，过更丰富的生活。

金钱不再是你想要但复杂的东西，它是你目前拥有并知道如何得到的东西。一旦你知道金钱是如何运作的，并且你完全掌握了它，你就可以放手，让它按照规则增长，也不必焦虑，因为你明白那是一个机会。从此以后，你可以控制金钱并通过它获得自由。

我努力工作以尽快达到每一个水平。你在本书策略上花的时间越多，你就越能更快地达到财富自由的下一个水平。一旦我达到了一个目标，我的下一个目标几乎总是把我的钱翻一番。所以当我有1000美元时，我的下一个目标是2000美元，当我有2000美元时，我的下一个目标是4000美元。这让我更容易设定一个具有挑战性但可以实现的目标。如果我一开始就设定100万美元为我的目标，很明显就不会成功。在过程中设定较小的目标，并尽可能快地实现它们。以不铺张的方式庆祝每一次成功，以纪念这一里程碑。不管达到一个目标需要多长时间，你只需要一直坚持。相信我，随着时间的推移，达到目标是迟早的事。因为，在追求目标的过程中你所建立的习惯和策略将持续不断地为你提供动力。然而，第一笔1000美元、10 000美元和100 000美元是最难实现的目标。

你可以在几年内快速地达到第5个水平（当你至少投资了两年的生活费用时），但要从第5个水平过渡到第6个水平（当你可以一直依靠投资收益生活时）实际上很难。

你能做的只有全力以赴赚钱、储蓄，然后尽可能多地投资。你只需要坚持下去。你现在投入的额外时间和精力将助你早日获取自由。

如果你够坚持，也愿意为此付出不懈努力，我相信你一定可以在10年或更短的时间内实现财富自由。如果你真的很努力，很幸运，你甚至可能在5年或更短的时间内实现目标。我必须得承认，我在牛市开始之前进行投资是万分幸运的，但如果我没有尽可能多地赚钱和投资，那也不可能成功。虽然无法一直依靠运气，但你可以依靠本书中已经被证实的方法来帮助你，不管运气是否与你相伴。不管怎样，你越想早点实现财富自由，你就越应该付出更多的努力去实现它。如果你想要得更多，当然你付出的额外时间也要更多。

对我来说，财富自由意味着在30岁时获得经济独立，我下半辈子也不必在小隔间里工作了。没钱的时候，我花了太多时间焦虑和担心，觉得自己孤单无助。几乎我做的每一个选择都是由金钱驱动的。我不仅被我能负担或负担不起的东西困住了，而且我的时间也被我赚钱的需要所掌控。我按时睡觉、起床，这样就可以准时上班，不会惹怒老板解雇我了。我热爱旅游，但即使能负担海外旅行，那也只不过是一年一次为期10天的短期假期而已。我满脑子想的都是钱。

相反，一旦我获得了经济独立，有足够的钱，我就不用上班了。即使我继续上班，那也完全不用担心钱的问题了。但是自从我听说别人获得财富自由的故事后，我的焦虑就逐渐消失了，我相信这种情况很常见。我更能感受当下，更冷静，更快乐。我感觉自己更能控制自己，加强与世界的联系。我有更多的时间去做喜欢做的事情，比如旅行、写作、弹吉他和教学，而且因为我不需要工作，我可以选择去做我觉得有意义和充实的工作，而不仅仅是为了勉强度日。

财富自由、提前退休，无论你叫它什么——它是庞大的、开放的、无限的，充满着未知的可能。就像那些夏天躺在草地上的孩子，感觉整个世界都是开放的，任何事情都是可能的。

我只是为了帮助你快速实现你的目标提供一些策略、建议而已。

财富自由对你意味着什么？如果你不再需要为钱工作，你接下来想做什么？只有你自己能回答这些问题。

第二章
时间不是金钱，时间大于金钱
为什么你可以而且应该提前"退休"

如果一个90岁的有钱人给你1亿美元和他交换身份，你会愿意吗？当然不愿意。为什么？因为时间比金钱更有价值。

一般人的成年生活时间约为25 000天。如果你正在读这本书，你可能需要用你的时间来换取金钱，以便过上一种安全、健康和快乐的生活。但是如果你不需要工作来赚钱，你就可以做你想做的事。别人才不管你的时间是否用得值得呢，他们只会尽量占用你的时间，给你安排尽可能多的会议、电话。可那是属于你自己的宝贵时间啊。本书旨在帮助你充分利用时间赚更多的钱。

本书的目的是帮助你尽早退休。当我说退休的时候，我不是说你再也不会工作了，只是说当你有足够的钱后，对于"上班"你就有选择的权利了。这是完全的财富自由——你可以用你的时间做任何你想做的事情。

我从来没有打算按照传统的说法退休，但是你也可以说我现在"退休了"，因为我有足够的钱和自由去做我想做的事情。我不再需要为钱而工作，但我仍然喜欢赚钱，因为它与我喜欢做的许多事情息息相关。我喜欢工作和挑战自己，并且希望永远如此，我不喜欢太闲散的生活。

如果你想早点"退休"而不是被迫延迟"退休"，你需要重新审视你所学到的关于退休的所有知识，其中也许大部分是关于金钱的知识。

社会公认的一种退休方法是：找一份工作，把你收入的一部分拨出来存在401（k）①退休福利账户或其他退休账户，然后再过40年，你就有了足够的积蓄，就可以退休了。这种退休模式是为了让你在六七十岁时退休，这就解释了为什么几乎每一个关于退休的广告都会显示银发的爷爷奶奶通常是在高尔夫球场上

---

① 401（k）：即401k计划，也称401K条款，始于20世纪80年代初，是一种由雇员、雇主共同缴费建立起来的完全基金式的养老保险制度。

或是海滩上散步。

不过，这种退休模式有三个主要问题：

（1）对大多数人都不管用。
（2）你一生中最宝贵的时光将会被工作所占据。
（3）它不是为了帮助你尽快"退休"而设计的。

我们首先来看第一个问题。为了说明为什么传统的退休建议行不通，我想跟你谈谈特拉维斯。特拉维斯是我父母的老朋友，我认识他很久了。早在2012年，那时我还30岁不到，却整天梦想着成为百万富翁。就在那时，我在一位世交举办的节日派对上遇到了特拉维斯。当我穿着节日盛装吃着弗吉尼亚蜂蜜火腿，正在和其他客人闲聊时，其中就有特拉维斯。特拉维斯（通过我的父母）听说我正在考虑创业。他和我通常一年在这个节日聚会上会见一次面，他并不知道我在过去一年里抓住一切机会赚了将近30万美元：创立网站，开展广告活动，转卖域名，出售轻便摩托车以及其他各种东西等。

"那么你想成为一名企业家吗？"特拉维斯说，"很酷，伙计，但一开始会很艰难。企业家总要经历这些事。你一定要学会储蓄。自从我开始工作以来，我就会把收入的5%存起来准备退休，我计划在未来十年内退休。"

特拉维斯那时大约45岁，已经工作了20年。我问他，他是怎么决定在20多岁的时候存5%的收入供退休用的。

"哦，那得从我刚开始工作的时候说起，"他说，"我一个同事告诉我应该开始攒那么多钱了，所以我做到了。"

我一时不知如何开口。到目前为止，我已经读了数百本有关投资和个人理财的书，我知道，尽管他很有信心，可是他可能永远也无法退休，更不用说在未来10年里了。我没有看过特拉维斯的财务报表，所以他可能有一些我不知道的储蓄、收入或资产，但让我们试想一下，如果自进入职场以来，他只有工作收入这一项呢？结果会怎样？特拉维斯是一家能源咨询公司的项目经理。我无法知道他具体挣多少钱，但根据 Payscale 和 Glassdoor 这样的网站分析，他可能一年也就赚 6 万美元。

尽管我不知道他的确切工资，但我很清楚特拉维斯都把钱用在了哪些地方，因为我父母认识他很久了。在过去的三年里，他买了一套新房子（至少 50 万美元），装修厨房以及添置其他物件（至少 15 万美元），并且买了两辆新车。从外表上看，这家伙活得像个国王，但根据他大概的收入，即使加上他老婆的收入，他很可能过着靠疯狂的信贷来支撑的生活。特拉维斯老婆做的工作跟特拉维斯差不多，所以两人可能赚的钱也差不多。特拉维斯和他的妻子都不是有钱人，所以他们也不可能继承一大笔遗产。

让我们快速分析一下这中间的数字。如果特拉维斯每年储蓄 6 万美元年薪的 5%，那意味着他每年节省约 3000 美元。即使他从 20 多岁开始每年挣 6 万美元（这是不太可能的，因为收入通常会随着时间的推移而增加），到目前为止他也只能储蓄 6 万美元（3000 美元 / 年 × 20 年 =6 万美元）。如果他将这笔钱投资于公司的 401（k）退休福利账户，而他的公司在这段时间内以贡献额的 3% 为他建立基金，那么他将额外储蓄 36 000 美元（6 万美元 / 年 × 3%=1800 美元 / 年；1800 美元 / 年 × 20 年 =36 000 美元），共计 96 000 美元。

由于复利的魔力（见图 2-1），他所做的任何贡献都会随着投资的增长而

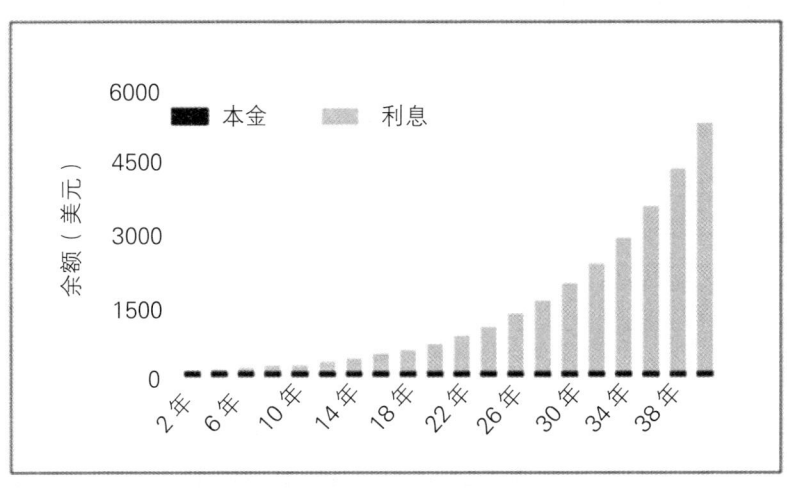

图 2-1　复利的魔力

增长。如果不知道他投资了哪些特定资产（如股票或债券），我们就无法确切知道他的401（k）退休福利账户有多大价值，但我们可以相当肯定，它的价值超过了他最初的投资。

复利加速了货币增长，并将使你更富有

爱因斯坦称"复利"为"世界第八大奇迹"是有原因的，因为它真的太神奇了。复利会随着时间的推移以指数形式增加钱的价值，即使你不增加你的投资，因为你的利息会增加，所以你的收益也会增加（也就是说以利生利）。

快速获取财富自由的关键是通过尽早增加投资来加速复利。它的工作原理如下。

当一只股票上涨时，股票中的任何资金的价值都会增加一定的百分比。这种增长被称为"利息"。如果股票继续上涨，那么你的本金和利息都会持续增长。随着时间的推移，你投资的钱越多，利息就越高，收益也就越大。它看起来像一条曲线，具体可见图2-2。当然，股票市场的收益（或损失）会随月份和年

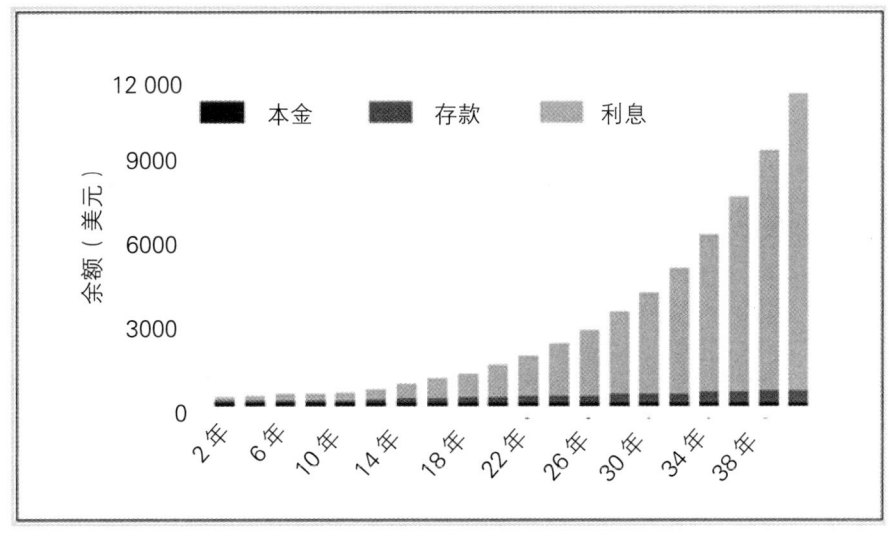

图2-2 特拉维斯的储蓄复利（38年）

份的不同而变化很大，但从长期来看，许多经济学家发现，美国股市的实际美元回报率（按通货膨胀和股票股利调整的回报率）平均每年在7%到9%之间。然而，在估计潜在的股票市场回报时，最好保守一点，因此，在本书的整个过程中，我将使用7%作为预估的股票市场回报率。

为了简单地说明复利的影响，我们假设市场在一年内增长了10%。如果你投资100美元，并且增长了10%，那么到年底你将得到110美元（100美元×10%=10美元；100美元+10美元=110美元）。如果市场在下一年继续增长10%，那么不管是你的100美元本金，还是上一年获得的10美元利息，都会增长10%。这意味着在第二年年底，你将获得额外的11美元（110美元×10%=11美元），共计121美元。

这就是关于货币和复利最疯狂的事情之一。1美元或1%可能看起来不太多，但由于复利，随着时间的推移，它最终会影响你资金的数额。为了说明这一点，让我们来看看，如果我们将100美元进行投资，保持10%的年增长率，持续40年，而不增加任何本金投入，它会发生什么变化呢。

是的，没错。最初的100美元投资（也就是你的本金）将在40年内价值5370美元，而你后来甚至没有投入任何额外的资金！这足足增长了5270%！如果你继续增加你的本金（至少下一个月要比上一个月投资得更多，这是你为退休准备时做的事情），那么最后你会发现你已经拥有了一大笔钱。即使你在原来的100美元投资中每月只增加1美元，40年总计存入480美元，最后你会惊奇地发现，这笔投资会增长至11 694美元！

如果特拉维斯每年储蓄3000美元，且这些钱以每年7%的平均增长率增长（详见图2-3），那么他在储蓄20年后将有142 348美元。这当然是一大笔钱，但如果他打算在50岁之前退休并活到70岁或80岁，那显然还不够维持生活。当然这是假设他很聪明，把钱投入了一只股票市场指数基金，该基金可以跟踪反映整个股票市场的表现，因此才有可能在一段时间内产生平均7%的回报。如果他不这样做的话，很明显他最后拥有的钱只会更少。

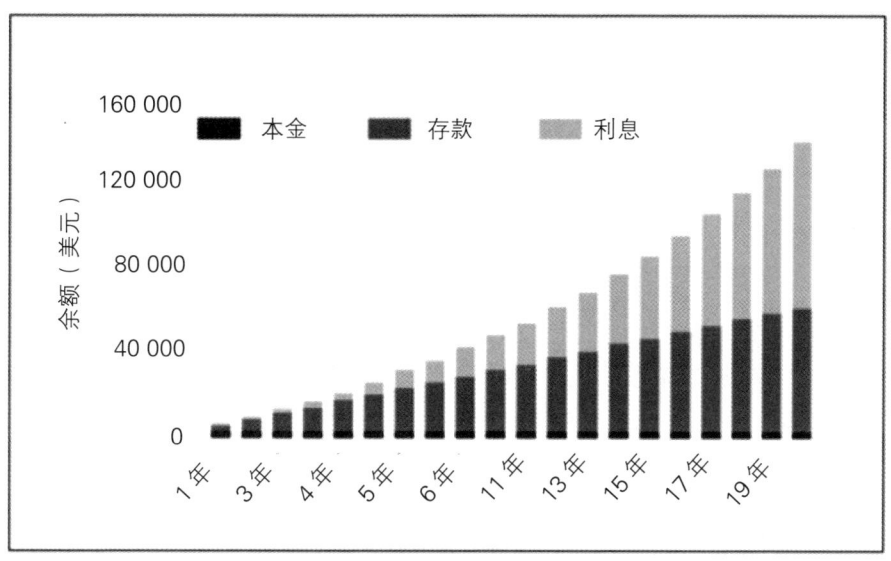

图 2-3 特拉维斯的储蓄复利（20 年）

我不是有意取笑特拉维斯。事实上，大多数美国人退休的方式和他一样。截至 2016 年，美国家庭平均收入为 57 617 美元，平均年储蓄为收入的 3.6%。这意味着美国家庭每年平均储蓄 2074 美元，甚至比我们假设的特拉维斯的储蓄还要少。正如上一章所提到的，"千禧一代"的平均储蓄大概在收入的 3% 到 5% 之间，这是基于他们平均 35 592 美元的收入，即相当于每年 1068～1780 美元。为了简单起见，让我们把年收入四舍五入到 2000 美元。每年储蓄 2000 美元，年增长率为 7%，40 年后总计可以储蓄 470 967 美元。尽管听起来 470 967 美元是一大笔钱，但请记住，受不可预测的通货膨胀的影响，470 967 美元的购买力很有可能在 40 年后会大大下降。

通货膨胀会提高或降低购买力

受美国境内通货膨胀的影响，金钱的价值正在逐步降低，所以如果你今天只需要 1 美元就可以买到东西，那么将来你可能需要 1 美元以上的钱来买同样的东西。这就是为什么你可以在1920年花15美分买一杯咖啡,但今天却要花2美元多。通货膨胀通常是由供给、需求、生产成本和税收政策引起的。它与国情有关,因此它可以根据一个国家的货币实力和购买力而发生巨大变化。这就是为什么比起在美国生活,在其他国家生活可能更加容易,因为相比其他货币,美元价值更高。你完全可以用价值更高的美元在其他地方生活。例如,选择住在印尼、泰国或许多南美国家就会更加划算。

在美国,通货膨胀导致物价平均每年上涨2%到4%,这意味着货币的购买力在将来只会大大降低。然而,这只是平均数,而且有些年份——例如,在20世纪80年代,通货膨胀率超过了10%!当然,并不是所有的东西都会涨价,事实上,有些东西会随着时间的推移变得更便宜。但总的来说,生活的必需品,如住房、交通、食物、能源和衣服,在10年后肯定会比现在昂贵。然而,有一些方法(我们稍后将在本书中探讨其中的一些)可以使你免受通货膨胀的影响。仅仅因为未来的价格会高得多,并不一定意味你的钱没办法支撑你接下来的生活,只要你充满创造力,减少购买,自给自足,还是有可能的。

克里斯蒂和布莱斯在30岁出头退休,他们创造了所谓的通货膨胀盾牌:通过生活在通货膨胀率低于其祖国加拿大的其他国家,他们基本上将通货膨胀对储蓄的影响降到了最低。根据不同国家的货币实力,你可能会选择住在一些同样金钱可以买到更多东西的地方,或拥有更加便宜服务的地方,如医疗保健服务。所以,居住在美国以外的地方确实更便宜,在有些国家很多东西甚至是免费的。

另外,如果你把钱投资在股票市场,你最终还是会得到比你最初更多的钱,因为其平均7%的年回报率已经根据通货膨胀和红利进行了调整,所以7%是"实际"的平均年回报率。

即便如此,你也应该时刻注意并尽可能减少通货膨胀的影响,这样你就有更多的钱来持续投资!

在过去的10年里,通货膨胀一直处于历史低点,股票市场的回报有效地使投资者远离了通货膨胀,但估计在未来几十年将很有可能会拔高。那时,即使是每年2%到3%的平均增长率,也会大大降低你未来储蓄的购买力。

例如，若通货膨胀率调整为2%到3%后，470 967美元（40年后美国平均储蓄率为5%）的购买力仅仅相当于目前的144 378美元。考虑到美国的平均预期寿命大约是79岁（而且还在上升），如果你65岁退休，你就必须让144 378美元维持大约14年。若不考虑你可能获得的任何社会保障福利（因为我们不知道40年后国家社会保障会是什么样子），你将每年只拥有10 312美元的购买力！这种情况下，无论我们怎么挣扎，我想我们都大大落后了。

如果你此刻正在阅读这本书，你可能对尽快"退休"挺感兴趣。假设你为一家相当不错的公司工作，这家公司愿意就你为401（k）退休福利账户贡献金额的4%为你建立基金（许多公司都有这种根据贡献额一定比例为雇员建立基金的计划），并且你已经在401（k）退休福利账户中投资了你10%的收入，所以你实际上投资了你年收入的14%（10%来自你，4%来自你的雇主）。但是如果你的雇主确实愿意提供这种基金计划，你却没有进行任何投资或者没有进行最大化的投资以最大化利用这种基金计划，我劝你现在立马把这本书放下，登录到你的401（k）退休福利账户，并开始贡献至少足够的钱来获得你雇主的基金比例计划。这些全是来自雇主的免费的钱啊。百分百的回报！赶紧行动吧！

如果你已经投资了收入的10%以上，首先，恭喜你！你可能在投资方面超过了99%以上的美国人！但是，现在还不是拿出香槟酒庆祝的时候，你可能还不能退休。假设你一年赚5万美元。如果你在25岁的时候开始投资14%的工资（每年7000美元），而你的投资每年增长7%，那么在65岁的时候你将有1 117 589美元。40年的投资听起来还不错，但也仅仅是40年而已，尽管1 117 589美元听起来可能很多，但如果通货膨胀每年增加2.5%呢？然后在2019年，你的所有储蓄就只有416 224美元的购买力了。

也许听起来也没那么糟糕，因为你一直在投资401（k）退休福利账户，所以在你提取之前，你不会为这笔钱缴税。

如果我们考虑到缴税，那么416 224美元的价值可能会减少15%到35%，这取决于当你开始提取资金时你所处的税种。

好了，让我们暂时先别提这个令人沮丧的事情了。你得明白这一点：传统退休建议的第一个主要问题是，即使你很完美地遵循它（大多数人通常不这么做），当你 60 岁的时候，你仍然可能没有足够的钱来维持生活。在我以上的分析后，很明显，你会知道把你收入的 5% 到 10% 储蓄下来其实是不够的。虽然我会在本书后面帮你计算你的目标储蓄率，但你应该尽可能早地、经常地储蓄。

如果你想确保你能在 65 岁退休，你需要从 30 岁开始并保持至少储蓄 20% 的收入。让我们来看看这将会产生怎样的影响。如果你在这 35 年内平均赚了 5 万美元，并且储蓄了 20%，或者大约 1 万美元，那么你退休时就已经储蓄了 349 860 美元。考虑到通货膨胀调整后的 7% 的增长率，这项投资将价值 1 615 340 美元。这是假设你的工资永远不会增加，但实际上通常工资会随着时间的推移而增加，所以你会拥有更多的钱（见图 2-4）。

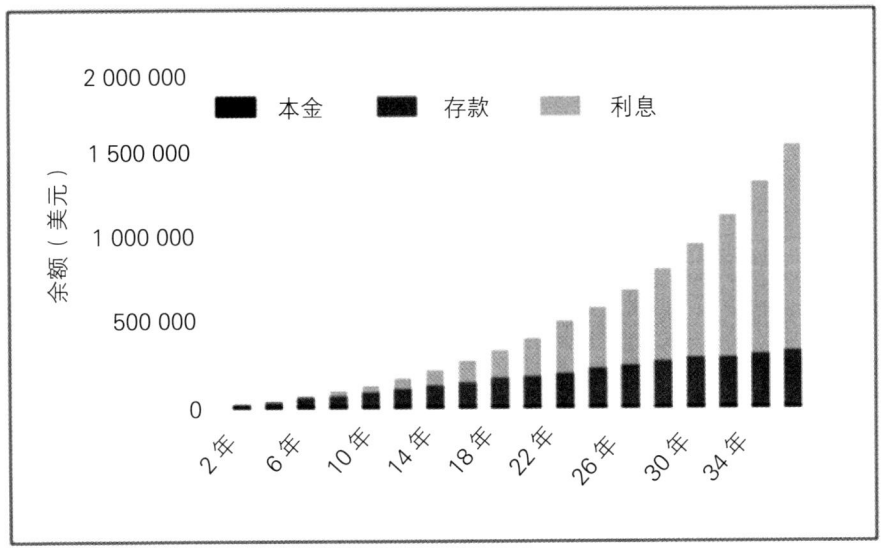

图 2-4　30 岁开始储蓄 20% 收入，65 岁退休时的金额

退休方法新编

储蓄 20% 的收入将大大增加你 40 年后退休的机会。但这却会产生传统投

资建议的第二个和第三个问题：这种方式不是为了帮助你提前"退休"，而是为了促使你在20～60岁一直工作。这并没有什么本质上的错误，工作40年后，人们可以过上幸福的生活，然后依靠以往几十年的储蓄安享晚年。但这需要一个巨大的取舍，因为你正在牺牲你人生中重要的40年时光只为了获取更多的钱，并且最终还不一定能如你所愿。

除非你多做一点调查，否则你通常得到的关于长期储蓄的唯一信息就是把你年薪的一部分投资到退休金账户上，比如401（k）退休福利账户（如果你的公司提供）或IRA（个人退休账户）。因为我们中的大多数人投资知识都极其匮乏，所以我们也无法判断这些建议是否真的可行。其实我们可以想象，很多人进行这样的投资方式，可能也仅仅是因为其他人这样做了，并且觉得还不错。

在我成长的过程中，周围就有很多一直工作，期盼某一天他们可以退休的人。我父母都不是有钱人，我从小就知道我们家境很一般，但是我们也不穷。但考虑到我们住在华盛顿特区以外，周围是美国最富裕的郊区，所以一直以来我的父母都过着节俭的生活。我们家买了一辆二手车，然后每年都要去海滩度假，为了省钱，我们会开12个小时的车到印第安纳州度假。

尽管后来我们居住到了东海岸，但我的父母仍然保留着中西部的价值观。所以我一直在接触美国经典的职业伦理：找份工作，支撑你的生活，明智地存钱，如果你干得不错的话，那么你就可以在你黄金时期的某个时候退休。我认识的每个人都工作到了60多岁。我的祖父母70多岁了还在工作，因为没有足够的钱支撑提前退休。

到我写这篇文章时，我的父母已经60多岁了，他们还在工作。他们可能有足够的钱退休，但他们担心以后也有可能不够。他们都想知道，如果他们真的退休了，他们会干吗？当你几乎一辈子都在为薪水而工作时，打破这个惯例会发生什么？当你整个人已经被职位、工作职责所淹没了会发生什么？当你太累了以至于不能去追求你的梦想时会发生什么？或者也许你已经很长时间没有梦想了？

我父亲最近告诉我,他的几个邻居在工作40年后退休了。"他们花很多时间在院子里捡树枝。"他说。我不认识这些人,但我无法想象这是他们希望在自己人生暮年会做的事情。

这暴露了典型退休方法的一个共同问题,我想很少有人想过:尽管他们如此努力工作以使自己能够退休,但在55岁以上的美国人中,48%的人甚至没有想过他们退休时想做什么。我不知道你是否也这样,这让我很难过,因为这意味着许多美国人选择工作几十年,而从没考虑过他们最终的工作目标。他们共同采用了传统的退休方式即工作到六七十岁,却从没有停下来想过这是不是他们真正想要的生活,或是否有更好的退休方式。

其实在我自己还没有开始质疑这种方式前,我也是这样做的。没有人告诉过我23岁多的年纪可以"退休"。这个想法太不寻常了,以至于从来没有出现过。我在成长过程中认识的唯一一个提前退休的人是吉姆,他是我们家的另一位至交,在攒了足够的钱并继承了一些财产之后,他在49岁时退休了。自从小时候我父母跟我说了这个事情之后,我就一直忘不了。

盲目接受这种退休方式,导致这个社会中很多人都过着无法选择或被迫放缓追逐梦想脚步(有时永远无法实现梦想)的生活,因为为了赚钱,他们只有一直努力工作。

在那本感人至深的书《临终前最后悔的五件事》(*The Top Five Regrets of the Dying*)中,邦尼·韦尔(Bronnie Ware)护士说,面对生命终结的人们的前两大遗憾是:"我希望我有勇气过一种忠于自己的生活,而不是别人期望我过的生活"和"我希望我没有那么努力工作过"。

她接着说,她绝大多数的病人从来没有完成过至少一半的梦,通常是因为他们选择继续工作而不是追逐梦想。这些人努力工作、储蓄,最后发现回首过去,竟然不知道这一切究竟是为了什么。这就是你想要的吗?你也想把你的梦想推迟到将来的某个时候吗?那时你可能没有精力或动力去做任何事。

只有在我尽可能快地节省100万美元之后,我才开始意识到典型的投资建议和传统的退休方式的局限性。当我更多地了解了如何赚钱、储蓄和投资时,我意识到快速赚钱并不像人们想象的那么复杂。事实上，考虑到互联网的效率，它比以前更容易做到。难的是，放弃这样一个臆断：只有一条可靠的退休之路，那就是稳定地工作几十年，然后储蓄一定比例的钱留作日后之用，而其他任何一条路都是留给少数幸运儿的。

重要的是要注意，即使是这种退休方法也有一些限制，因为提前"退休"绝对不是每个人都有的特权。

在美国，有数以百万计的人，他们只是想有个遮风挡雨的地方，然后有钱买食物，养家糊口。如果你的年收入低于 25 000 美元，那么你很难提前退休，因为你根本无法像那些收入更高的人那样储蓄。当然，除非你能靠每年 5000 美元过活，就像我在亚利桑那州弗拉格斯塔夫遇到的快乐流浪者。我不是说这是不可能的，它只是需要大量的创造力和牺牲。

所以，本书中关于财富进阶战略最重要的部分就是找出赚更多钱的方法，而不是简单地专注于储蓄。我没有把所有的时间都花在省钱上，而是把它花在寻找赚更多钱的方法上。如果你赚了 25 000 美元，我想帮你赚 50 000 美元，如果你赚了 50 000 美元，那么我想帮你赚 100 000 美元。以此类推。你赚的钱越多，你可以投资的钱就越多，你就能越快地实现财富自由。

相信我，在经济上独立最困难的部分并不是在你去执行它的时候。一旦你学习了收入、储蓄和投资的基本概念，执行这个策略就相对简单了，并且你很快就能看到效果。当然，也不是说就很容易，它需要你拥有足够的坚持和纪律，最后才能一步步实现财富自由。

快速实现财富自由最困难的部分是学会用不同的眼光看待世界，接受这样一个事实：即使你可能不认识任何一个做过这件事的人，也有可能在短短几年内挣到足够的钱，然后你就再也不会为钱烦恼了。

当你刚开始工作的时候，要想忽视所有的"专家"和"大师"以及生活中的其他人——那些像特拉维斯这样不断告诉你退休或赚钱的"最可靠"和"最好"途径的人，是非常困难和可怕的。同理，当你的朋友、家人或同事笑着告诉你，你根本没有办法赚大钱提前"退休"的时候，你也很难完全忽视这种说法。但是只要你还想按照自己的方式生活，你就需要拥有全新的视角并按照自己的方式去管理金钱。

时间与金钱

传统的退休和个人理财建议之所以如此有限，一个主要原因是它基于一个错误的假设，即金钱是有限的。绝大多数的个人理财建议都集中在削减开支上，而忽视了一个简单的事实，即只有当你不想赚更多的钱时，钱才是有限的。

金钱本质上是无限的。这是人类的发明，只要人们通过工作、消费和投资帮助经济增长，相应的，政府就可以印刷更多的钱。是的，富人和穷人之间存在着巨大的差距，数以十亿计的人没有生活在民主资本主义社会这样充满赚钱机会的地方。但是从理论上讲，世界上有足够的钱可供每个人使用。

问题是，许多人不会利用这些机会，而是通常被动接受老板们开出的价钱，而不考虑通过其他方法来赚更多的钱。他们总是嘴巴上说着他们想赚更多的钱，但却把所有的空闲时间都花在上网、玩游戏上，或者只是浪费时间。

这太糟糕了，因为当我们相信钱是有限的，我们最终会牺牲大量的时间来进行创造和储蓄。与金钱不同的是，时间本身是有限的。在我最喜欢的一本书《富足人生：要钱还是要命》中，作者维克·罗宾提出了几个简单但极具超越性的问题：你生命中的时间价值是多少？你愿意用它做什么？你愿意用多少钱来换取你的时间？

如果我们相信钱是有限的，我们将花费宝贵的时间来进行储蓄，而实际上有时候是不需要的。我们将花费数小时来收集优惠券，多开一英里只为节省1加仑3美分的汽油，或者在网上看看有没有可做的事，来减轻生活账单的压力。我曾经在购买新电视机时，花了4个多小时进行价格比对。直到后来我才意识到，我省下来的钱几乎不能弥补我浪费的时间，而这些时间一去不复返了。

赚钱也是一样的：当我们争分夺秒地挣钱时，我们失去了做其他任何事情的机会。大多数人在职业生涯中的工作时间在 7 万～8 万个小时之间,但即使这样也不能解释他们花在工作上的所有时间。美国人平均每天花在上下班往返上的时间为 52 分钟。在一个典型的职业人生涯中,这大约是 8700 个小时。总而言之,如果你不需要挣钱来维持生存,那么你就不必在一些不重要的事情上,浪费你宝贵的时间。

即使是这些很明显的数字也不足以说明这个问题。美国人平均每周工作 34.4 小时。如果我们加上上下班往返时间,大约是 38.7 小时。一周内有 168 个小时,所以当你减去 56 个小时的睡眠时间后,剩下 73.3 个小时。这听起来是你一周工作时间的两倍多,但是考虑到并非所有的时间都是相等的,所以可能也有些许差别。研究表明,在一天的早上,我们思维最敏捷,精力最充沛,但那时候,我们通常将时间花在了工作上。而经过一天疲惫的工作和往返后,我们通常都很累,甚至精疲力竭,除了坐在沙发上,我们什么都不想做。这就是美国人平均每天看 5.4 个小时电视的原因。

当然,我们也有周末,可是有时候,你还在赶那些本周内没有完成的杂事?重点是,你正在用一周中最好的时间和生活来换取薪水。我不反对工作,事实上,我喜欢工作。人类需要工作才能快乐。但和时间一样,并非所有的工作都是一样的。做你讨厌的工作且一周被困在办公桌上,或工作时间长达 40 小时或更长,与做你喜欢并且充满激情的工作以及拥有选择工作的自由之间,是存在巨大的差别的。

当你从整体上看待你的生活时,同样的取舍也会发生。通常人们在 20 岁、30 岁和 40 岁时比晚年更有活力,更健康,但是如果你不得不在这些宝贵的时光中为钱而拼命工作,那么我想你并没有充分利用这段时间。

从财务角度来看,如果你在 40 多年的时间里逐渐储蓄了一小部分收入,那么你就是在浪费时间,因为原本你的钱是可以自己增长的。当你在股票市场投资时,它的价值会随着时间的推移而增长,因为(从长期来看)它每年都能获得回报。如果你可以尽早地将钱用作投资而不是把年收入的 5%～10% 用来储蓄,你就能更早地享受复利带来的回报。所以,不要再浪费你宝贵的时间了。

记住，这是你的时间，你应该学会合理控制它，而不是浪费它。如果你充分利用每次机会赚更多的钱，且充分利用这些赚到的钱创造复利，那么你就可以拥有更多的钱，相应地，也拥有更多的时间。今天投资的1美元也极具价值，会对你获得财富自由产生不可忽视的作用。你现在的投资越多，将来拥有的就越多。

越早越多地开始投资，你就会越快获得财富自由。这是我战略的核心，它将迅速减少你实现财富自由所需的年限，帮助你尽快达到目标。记住：快速获得财富自由的关键是尽早和尽可能多地赚钱和投资。

幸运的是，金钱和时间之间的关系不是严格的线性关系，并不一定需要你牺牲大量时间来换取更多的金钱。你不必受限于你自己的时间，甚至一天中的某个时间。要找到工作半个小时挣两倍工资的人其实并不难，这并不总是因为他们更聪明、更有经验，或者从事更赚钱的工作，你会发现他们早期花了大量的时间创造了长期稳定的收入来源，所以后面花在赚钱上的时间就少之又少了。

同样地，如果进行股票市场投资，除了建立和管理账户需要时间外，你并不需要花大量的时间去想办法促使钱增长，只要保持投资，回报便会随着时间自动增长。这就是所谓的被动收入，因为你不再需要做任何事情来促使它增长，这才是最终的赚钱策略。

什么都不做就能赚钱难道不是最好的方法吗？

一旦不再需要牺牲时间来换取金钱的时候，你就可以选择把时间用在任何地方。当你有足够的钱（或者很多很多钱！）的时候，你可以辞掉那份你讨厌的高薪工作，转而寻找一份更有意义的低薪工作。你可以选择去探索、进修、捐赠，去做你喜欢做的事或者培养新的乐趣。你可以周游世界，培养新的爱好，学习新的技能，做志愿服务等，一切看你自己的选择。

安妮塔33岁退休了，这样她就可以每天睡觉，周游世界，而不必和老板申请假期或担心错过一封重要的电子邮件；莎拉32岁退休了，她可以学会拉小提琴和组建乐队了；米歇尔在28岁的时候退休了，她可以住在一辆房车里，出国旅行，还可以全职写博客；贾斯汀也做到了提前退休，他可以在周二上午11点坐在吊床上读一本好书。克里斯蒂和布莱斯分别在 31 岁和 32 岁的时候成功实现目标，他们可以随心所欲地周游世界了。南希也成功实现了提前退休的目标，她可以在中午遛狗，发展新的爱好，供养自己的家庭。布兰登 34 岁就退休了，他可以花时间创作音乐，探索新的事物了。

我提前退休了，是因为我不想把我一生中最美好的时光都浪费在一个光线不好的小隔间里、一份压力很大且我不喜欢的工作上。正因为我做到了，我才有时间写这本书，教别人如何在这场比赛中胜出，实现目标。那么，到底要如何才能在尽可能短的时间内挣到足够的钱来"退休"呢？第一步：就是弄清楚你需要多少钱！

要点总结

1.金钱是无限的。时间不是。不要浪费时间。

2.传统的退休方法有三个主要问题：

（1）对大多数人都不适用。

（2）你一生中最宝贵的时光将会被工作所占据。

（3）它不是为了帮助你尽快"退休"而设计的。

3.随着时间的推移，复利会以指数形式增加金钱的价值，而且投资得越早越多，你的钱增长得就越快。快速获取财富自由的关键是尽早和尽可能多地赚钱和投资。

4.通货膨胀导致住房、交通和食品等主要消费品的价格每年都在上涨，但是有一些方法可以将通货膨胀的影响降到最低，这样你就可以用更少的钱，保持投资的继续增长。

5.不要把你的梦想推迟到未来。面对生命终结，大部分人最遗憾的两件事是："我希望我有勇气过一种忠于自己的生活，而不是别人期望我过的生活"和"我希望我没有那么努力工作过"。

6.绝大多数的个人理财建议都集中在帮助你最大限度地利用现有的有限资金。它的重点是节俭、有限、削减开支,并且没有意识到金钱是无限的,除非你停止赚钱。

7.金钱和时间之间的关系不是严格的线性关系:并不一定需要牺牲大量时间来换取更多的金钱。

第二部分 七步创造终身收入

第三章

第一步：计算终身收入需要的资金总额

可能比你想象的要少

只有当你知道你的目的地，你才能找到到达那里的最佳路线。你需要计算出你的资金总额，即你需要多少钱才能获得财富自由。财富自由可能对于每个人来说都不一样。也许你的资金总额是基于你需要多少钱才能还清债务，才能改变目前这种凭薪水过活的生活；两年内，可以开始保持储蓄，这样你就可以集中一段时间去旅行；或者有足够的钱，这样你就可以找一份兼职工作，然后大部分时间和你的家人们待在一起。无论财富自由对你意味着什么，本书中的策略都是为了让你尽快达到你的目标。

对我来说，财富自由意味着获得经济独立，那一刻我有足够的钱，可以靠投资过日子，再也不用工作。虽然我可以选择继续工作，但我不再需要依靠工作来赚钱谋生。我所需要的资金总额就是可以帮助我达到财富自由（经济自由）的第6个水平，又称作我的"FI数字"。本章中，我将向你展示如何计算你自己的FI数字，即为了获取财富自由所需要的资金总额。或者，正如我将在整本书中提到的，无论你目前的财务自由程度如何，在计算到达第6级自由水平所需的资金总额的时候，也将帮助你计算第2、3、4和5级所需的资金总额，这些我将在本章中重点介绍。

这绝不是一门精确的科学，因为你的生活方式、生活地点、是否有孩子、股市回报率、你想"退休"的时间以及通货膨胀的影响等几个变量都会影响你未来需要多少钱。

虽然你可以通过这一章来计算你的资金总额，但由于你的梦想、价值观以及你所爱的事物在未来可能会有所不同，所以资金总额很有可能也会改变。

除非你已经投资了一大笔钱，而且薪水相对较高，并且你可以储蓄相当多的一部分，否则如果你想拥有足够的钱以及选择工作的权利，至少要花5

年到 10 年的时间。5 年前、5 年后、10 年后、20 年后你也会变得有所不同。这就是为什么你的资金总额会也应该会随着变化而变化。但是现在花时间来估计你的资金总额是有必要的，因为这将使你能够更好地计划和执行你的策略，并根据实际情况进行调整以达到预期目标。我建议你至少每年重新核算一次你的资金总额，确认它是否仍然准确。相信我，随着时间的推移，你的资金总额也会越来越精确。

你每年需要多少钱才能支撑现在甚至是将来的生活，这与你想要的生活方式直接相关。你的生活越豪华，你的花费就越高，你需要的钱就越多，这意味着你可能需要工作的时间就会越长，你是否愿意在时间和金钱之间做出权衡取决于你自己。但是如果你重新审视那些真正让你快乐，对你重要的东西，你便可以开始分析你到底需要多少钱。

你觉得好的一天、一个月和一年是什么样子的？你在做什么？你和谁在一起？你在哪里？你在和朋友一起烧烤吗？你和你的孩子在院子里玩耍？去异国他乡旅行？在约翰·穆尔的小径上徒步旅行？在当地的酒吧里演奏音乐？跳舞到深夜？在一个明媚的星期天打高尔夫球？在吊床上看书？和你的搭档一起做饭？花几分钟时间写下你对于美好一天的看法？为什么这么棒？为什么它会给你带来快乐？

然后再想一想你需要多少钱才能过上这样的生活。许多人在赚了更多的钱后，会奖励自己新的更好的东西，例如更大的房子、更好的汽车、更好的衣服。但如果你想更快地达到自己设定的资金总额，你便需要克服这样的老派消费者心态。我并不讨厌美好的事物，只是很多人的确在没有考虑他们是否真正想要或需要一件东西的情况下就贸然花钱。有时我们花钱买东西只是因为我们一直以来都是这样做的，或是因为我们的家人或朋友这样做，或是因为我们认为我们应该这样做，甚至仅仅是因为我们感到无聊。如果你有真正喜欢做的令你快乐的事，你可能会发现，其实也未必需要那么多金钱才能实现。坦诚面对自己，你真正看重的到底是什么？

在生活中，我赚的钱越多，我花的钱反而越少，因为我觉得我所热爱的很多事并不需要花那么多钱。这是一种我从未料到的感觉，但一旦我意识到我有足够的钱去买我想要的任何东西，我就不再想买它了。对我来说，仅仅拥有购买任何东西的能力就足够了。

当你看到钱的真正价值时，你自然会少花钱。我认识的那些最富有、最成功的人都是最节俭的。但这并不意味着他们很小气。节俭不是不花钱，而是不浪费你的金钱、时间和资源，把它们花在你真正所需要的东西上。

需要不同于想要。我们的需求通常只是食物、住所和衣服，现在它也包括对你的精神、身体、情感、幸福产生至关重要影响的东西。我不是告诉你买什么或不买什么，但是在需要和想要之间确实有一条明确的界限。只有你自己知道你真正需要什么，在你购买之前问问你自己，这是否是你真正需要的，而且问得次数越多，你就越会发现，你其实不需要这样东西。

如果你想要一件东西，在购买之前先等30天、60天，甚至90天，然后你会发现你可能一点也不想要了。冲动是财富自由的敌人。下次在你想购买东西的时候，问问你自己，这值得用我的自由来换取吗？

当你读完这本书时，把它记在心里。你需要花的钱越少，你就能越快地获得财富自由。你觉得你需要很多钱才能退休，但实际上它比你想象的要少。因为这是你在任何传统的个人理财或退休书籍中都不会读到的：

你越年轻，越早学到一些简单的方法，你在退休前所需要投资的钱就越少。

你可以在30岁时用比60岁时需要的更少的钱"退休"，而且不用再工作30年了！

这听起来很疯狂，但由于市场运作方式和复利的魔力，这是真的。具体原因详见如下：

你越年轻，你需要资金维持的时间越长，但是相应的，你的资金也有了更长的时间增长，即你的资金会有30年的时间进行复利。考虑到通货膨胀的影响，即使你从投资组合中提取生活所需的3%～4%，到你60岁时，你的资金仍有可能增长至少三到四倍。因此，如果你在 30 岁之前投资 100 万美元，并且可以靠 3%～4% 的资金生活，那么你就可以靠这笔钱再维持 30 年，你的余额将增加到 300 万～400 万美元，甚至更多。你甚至可以根据通货膨胀调整你的提款，重新规划你的花钱计划，只要你想，这也是可能的。

你越年轻，你拥有的时间和精力就越多，所以你可以选择继续工作或通过做你喜欢做的事情，去增加投资力度。如果你可以发展一些副收入或被动的收入来源，或者兼职工作，那么你就有机会、有实力放弃做你讨厌的工作，转而去选择一些你感兴趣的工作，即使获得的收入更少。

如果你在 30 岁的时候拥有了足够的钱来获得财富，然后你可能会花几年的时间来放松一下或者去旅行，但是你很可能会在某个时刻突然想再次工作。如果你是那种急于想拥有足够资金量的人（我知道你是！），那么你就是那种将来可能会赚钱的人。

相信我，无论你多大年纪，当你达到财富自由时，你都会非常兴奋，然后你便会去寻找一些你感兴趣的项目，正是这些项目才是最终让你赚大钱的机会。你将来可能赚的这些额外的钱会给你更多的安全感，并且会减少你从投资中提取资金的次数（如果有的话）。

让我们再深入一点，这样你就知道如何让你的钱一直持续下去。典型的退休建议是，在退休之前，你应该至少节省预期年度开支（即你每年计划在退休时花费的钱）的 25 倍。由于一份被称为"三位一体研究"的流行学术论文，这种计算成为标准建议。我不会太多地讨论这项研究的细节，但这里有一些基础知识，分析了基于 1926 年至 1997 年美国股市的表现（如表 3-1），投资组合将持续多长时间，这取决于本书中你将了解到的两个变量：

（1）资产配置（股票与债券的比例，决定投资组合的风险/回报水平）

（2）提款率（每个月从投资组合中提取的生存资金总额）

表 3-1　经通货膨胀调整后的每月提款的投资组合成功率：1926—1997 年

（投资组合支持的过去所有投资回收期百分比）

投资回收期	年化提款率占初始投资组合价值的百分比									
	3%	4%	5%	6%	7%	8%	9%	10%	11%	12%
100% 股票										
20 年	100	100	91	77	66	57	42	32	28	19
25 年	100	100	85	69	66	42	33	29	25	15
30 年	100	98	81	65	56	44	33	33	19	7
75% 股票 /25% 债券										
20 年	100	100	94	77	66	51	38	19	17	6
25 年	100	100	85	65	50	33	25	13	4	0
30 年	100	100	86	63	47	35	14	7	0	0
50% 股票 /50% 债券										
20 年	100	100	92	75	55	30	17	9	2	0
25 年	100	100	79	52	31	15	4	0	0	0
30 年	100	95	70	51	19	9	0	0	0	0
25% 股票 /75% 债券										
20 年	100	100	89	51	28	15	9	4	0	0
25 年	100	96	48	19	17	6	0	0	0	0
30 年	100	74	26	19	7	0	0	0	0	0
100% 债券										
20 年	100	96	57	23	15	13	9	0	0	0
25 年	100	52	19	15	10	0	0	0	0	0
30 年	79	19	16	12	0	0	0	0	0	0

20 年 =53 个重叠期；25 年 =48 个重叠期；30 年 =43 个重叠期

作者提供了 15 年的研究结果。

资料来源：Philip L.Cooley、Carl M.Hubbard 和 Daniel T.Walz，"Sustainable Withdrawal Rates from Your Retirement Portfolio"（"退休投资组合的可持续提款率"），《金融咨询与规划杂志》第 10 期，第 1 页（1999 年）。

论文的作者提出，根据你的资产配置和提款率，你的钱有多大可能性持续 30 年。之所以选择 30 岁，是因为在研究时，美国人平均在 62 岁到 65 岁之间退休，因此根据平均预期寿命，30 年的时间相当于他们需要的钱的维持时间。

研究表明，如果你在第一年提取4%，然后在接下来的每一年提取4%加上此时6%～7%的通货膨胀率，并且你的投资组合为100%的股票或75%的股票加上25%的债券，那么这笔钱至少有98%的成功率可以保持30年。成功率最终取决于资产配置和提取率。研究的表3-1显示了基于预期提款率的目标资产分配的预期成功率。注意，这些数字是根据通货膨胀进行调整后的（因此通货膨胀的影响已被考虑在内）。

根据三位一体的研究，你的资产配置比例和提款率最终决定了你余生拥有的金钱总额。如果你想每年提取4%（此比例已经根据通货膨胀的情况做了调整），那么你就得投资预期年度开支的25倍（100/预期提取率=25倍），且目标资产配置至少是75%的股票加上25%的债券，以便你的钱能持续30年。

但三位一体的研究只考察了30年的成功率，这意味着如果你的银行账户在第31年变成了0美元，它仍然是成功的。这项研究是基于收回你的投资收益和本金（你的出资额）。但如果你在30岁退休，需要再维持60年的钱，这个研究就没什么帮助了。

该研究基于历史数据以及未来的股市表现可能不如以前强劲，也可能更强劲——我们不知道。

但自三位一体研究以来的其他研究表明，即使在最低迷的市场中，3%～4%（已经将通货膨胀因素考虑在内）的投资提取率在50多年的时间内也具有极高的成功率。虽然你"退休"后前10年的股市回报率很重要，但长期以来，股市一直在反弹并保持增长。记住如果你的投资在几年的时间里增长了40%，而假设你依靠着6%的收益生活（4%的提取率加上2%的通胀率），那么你的净增长率将是34%，这将随着时间的推移而继续增长。你的1 000 000美元在提款后价值1 340 000美元。

因此，如果你的支出在五年内保持相对不变，但你的投资组合在同一时期内大幅上升，那么你的生活开支所需的提款率实际上会下降。随着时间的推移，这种差距可能会进一步扩大，这意味着你的钱能增长得越快越持久，这样在保证有足够剩余金钱的情况下，你越有可能增加你的开支和提款额。正如我之前提到的，在任何 30 年以上的时间里，只要你只提取 3% 到 4% 的投资收益（此数据需要将通货膨胀的因素考虑在内），你的投资组合的规模就越有可能实现两倍、三倍或四倍增长，这是很有可能的。

为了增加你余生（甚至远远超过余生）的资金持续性，你应该准备好做一些与三位一体研究所建议的略有不同的事情。从本质上讲，你应该从战略上尽量减少你的投资提款，这样你才能保有足够多的钱，并任其随着时间增长。虽然我们稍后会在书中详细阐述这一观点，但重要的是要获得其要点，以便了解一些特定场景。

以下是你如何用更少的钱更快地"退休"以及如何在你的余生（甚至更远的时间内）保持金钱的增长。

1. 你可以储蓄超过 25 倍的预期年度开支

一些提前退休人员会储蓄 30 倍或更多。当然，这是你自己的选择。我个人用 25 倍的现金作为乘数，觉得刚好适合我，因为我还有一整年的现金生活费可以应对一些花销，许多副业收入来源，以及将来如有必要用来赚钱的技能。而且，我还在一直赚钱。

2. 你应该尽可能推迟提取投资收益

如果你真的决定退休，并且有副业收入或被动的收入流，可以用来帮助甚至完全负担你的生活，然后你就只需要提取少部分投资收益，甚至不需要让投资保持最大限度的复利和增长。一个很好的例子就是投资房地产，用你的租金收入来支付生活费用，同时让你的股票投资保持增长。另外，正如我们已经讨论过的，仅仅因为你有退休的自由并不意味着你需要或将要退休。相信我，如果你 30 岁退休，你最不想做的就是再也不工作，仅仅因为你不再需要赚钱并不意味着你不会或者你不想赚钱。所以，在以后的生活中，你可以选择继续挣钱维持生活，然后尽量减少从投资收益中进行提取。

3. 离退休越来越近，你应该开始增加六个月应急基金来支付一整年的生活费用

你永远不知道将来会发生什么，所以拥有一年的应急基金会给你的生活提供更多的灵活性。如果股市在一年中持续下跌，你也不需要从投资中提取资金或者临时取钱来作为应急费用。如果不从投资中抽取资金，但需要花钱，拥有应急基金也是很靠谱的一个办法。拥有一笔"额外资金"将为你的生活提供更大的灵活性和保证。实际上，这笔钱不一定是现金，考虑到通货膨胀的影响，把它存入定期存款账户是一个明智的决定。

4. 当你的确需要通过提取投资收益生活时，也要最大限度减少提取次数和金额，即使在市场行情上升的时候

例如，如果股市在过去的一年里上涨了23%，但你只提取了投资增长的3%，那么你就可以在市场上保留20%的收益，以便在未来继续复利增长。随着时间的推移，这样做会产生比你需要的更多的投资盈余，并大大增加未来你提取金额的机会。如果市场下跌，你可以考虑使用你的现金或副业收入，而尽量减少从你的投资中提取。

5. 最后，试着保留你的投资本金（你最初投入的资金），因为你的本金是推动你投资增长的最大余额

三位一体研究建立在收回你的投资收益和本金余额的基础上，但是如果你保留了你的本金和大部分投资收益，你的资金持续30年以上的机会就会成倍增加。

记住，这绝不是一门精确的科学，但它给了我们足够的信息来更精确地计算你的资金总额。接下来我们会详细谈到这一点。

你实际需要多少钱？

为了帮助你弄清楚退休需要多少钱，几乎每家销售退休产品的银行都会提供退休计算器。具体操作方法很容易：去银行的网站，输入一系列数字（例如，你目前为退休储蓄了多少钱，你每年计划为退休计划投资多少钱，你退休后每年预期需要多少钱，你计划何时退休，等等），然后计算器就会向你显示为了退休你实际需要多少钱。

当我最开始决定要实现自己的财富自由之路时，我便设定了5年内储蓄100万美元的目标。这听起来是一笔不少的钱，它肯定会使我处于一个很好的财务状况，但这是否足以让我在30岁时退休呢？我使用一些在线计算器进行计算，结果竟然显示基于5万美元的预计年支出，我需要在65岁之前，储蓄一笔超大金额的钱，可能350万美元。即使我在401（k）退休福利账户（截至本文撰写之时为每年1.9万美元）中的最大存款额以每年7%的速度增长，30年后我最终只能拥有1 939 384美元——这只是我所需要的一半多一点！听起来很绝望，对吗？所以，在这种情况下那1%以外的人是怎么能拥有足够的钱退休的呢？

我不是想弄清楚40年后我需要什么，而是5年后我需要什么。这可能会更加复杂一点。如果我在65岁的时候需要350万美元①，并且很可能再活25年到30年，即如果我想让那笔钱维持60年到70年，我难道不需要拥有更多的钱吗？

直到我深入研究这些数字，我才意识到答案是否定的。这是标准退休方法的另一个问题。

因为金融服务公司假设你打算在六七十岁退休，他们的计算器不能解释如果你打算提前退休会改变的所有变量。一个问题，他们认为你存下的每一美元在未来的购买力以及价值要低得多（毫无疑问，这是由于通货膨胀造成的），

---

① 这个数字没有说明我退休后可能得到的任何社会保障福利，这会减少我需要储蓄的金额。大多数计算器都允许你把这个数字考虑进去，但我选择了不考虑，因为我希望至少可以提前30年退休，这样我才能有足够的社会保障。

但并不是所有东西都会上涨，你可以积极地寻找避免通货膨胀影响的方法，因为它只影响你买的东西，而不是你已经拥有、种植或制造的东西。例如，房价会上涨，但如果你已经拥有了自己的房子，那么通货膨胀对你的影响不会超过税收。避免通货膨胀这种情形并没有被退休计算器所考虑，所以它们提供的数字看起来比实际数字要高得多。但如果你想在未来5年到10年内实现财富自由，那么到你准备退休的时候，你今天储蓄的钱已经贬值了很多，所以你不需要那么多钱就可以使你拥有选择是否工作的权利。

这些计算器的另一个问题是，不管你打算在什么年纪退休，它们都假设你退休时所拥有的钱可以负担你余生的全部生活。换句话说，一旦你开始依靠自己的投资生活，你将从一个固定的数额中提取，这个数额将不会像以前那样继续增长并获得回报。按照这个逻辑，如果你在65岁退休，并且拥有350万美元，你就需要让这350万美元支撑你余生所有的生活支出。

但这不是投资的运作方式。如果你是靠退休或其他投资账户生活的，那么你不太可能一次提取所有的钱。相反，你只需要提取你在一段时间内需要的数额，然后将剩余的资金继续投资于市场。你投资的时间越长，复利持续的时间也越长，然后你的初始投资也会增加得越来越多。如果你在30岁退休，并且活到80岁，那么意味着你还有50年的时间让你的投资保持复利。而如果你60岁退休，到你80岁时，你只有20年的时间让投资保持复利。当然，60岁的时候，你的余生所需的钱比30岁的时候少，但同样你的投资增长的时间也少了。记住，复利的关键是，投资越早，你的钱增长越快。这是关于复利的另一个魔力！

举例说明，假设你投资了100万美元，你的投资在一年中增长了7%（根据股息和通货膨胀调整后，即7万美元）。即你现在投资了1 070 000美元。假设你已经没有挣钱的能力，并且需要每年靠税后4万美元（初始投资的4%）生活。如果你的钱是在一个应纳税投资账户里，你可以提取4万美元，然后将1 030 000美元保留在账户中。最初的100万美元保持原封未动的情况下，余额（最初的100万美元加上3万美元的剩余回报）将继续获得回报，只要它仍然继续用于投资。其中的关键就是永远不要碰你的投资本金，只提取你赖以生存的投资增长中的一小部分，而不要全部提取。如果你能坚持每年提取的金额少于你的回报，那么你不仅可以依靠你的投资增长生活，而且在接下来的几年里，你的投资总价值也很容易翻两倍、三倍或四倍。

而且，即使这笔钱是在一个税收优惠账户中（通常会对提前提款进行处罚），也有一些技巧、方法可以消除处罚，我将在下面向你详细展示。这就是为什么你在20多岁或30多岁时退休所需的钱要比60多岁或70多岁时少的原因。多亏了投资的魔力，使你可以在完全依靠投资回报生活的同时，继续保持资金的增长。这个提取的资金数字可能比你想象中要少得多。

复利使这一策略更具魔力，因为除了最初的投资，你也将继续获得回报。按照上面描述的场景，假设你继续投资的1 030 000美元每年可获得7%的回报。到那年年底，你的收入将从7万美元增加到7.21万美元。如果你把你的年提款率提高到4%（而不是固定的4万美元），你的钱将继续以每年3%的比例复利（假设随着时间的推移平均回报率为7%）增长，即使你再也不向这个账户进行投资，你最终也会在65岁的时候获得3 262 037美元！在这40年里，你不仅不必工作，而且你的投资组合余额将增加超过200万美元，几乎是总价值的3倍。

这儿，我想再次强调时间的重要性：因为你投入的钱越多越早，它就会有更多的时间增长。如果你在45岁之前还没有储蓄100万美元，那么直到你65岁时，你的钱只有20年的时间增长，其价值只有1 820 020美元——而且你还需要再工作20年（如表3-2）！

表3-2　假设提款后平均回报率为3%，且无额外的年度存款，则每年投资收益为100万美元　　　　　　　　　　　单位：美元

年	年初余额	年度收益	年末余额
1	1 030 000	31 328.44	1 061 328.44
2	1 061 328.44	32 281.32	1 093 609.76
3	1 093 609.76	33 263.19	1 126 872.95
4	1 126 872.95	34 274.92	1 161 147.87
5	1 161 147.87	35 317.42	1 196 465.29
6	1 196 465.29	36 391.64	1 232 856.93
7	1 232 856.93	37 498.52	1 270 355.45

续表

年	年初余额	年度收益	年末余额
8	1 270 355.45	38 639.08	1 308 994.53
9	1 308 994.53	39 814.32	1 348 808.85
10	1 348 808.85	41 025.31	1 389 834.16
11	1 389 834.16	42 273.14	1 432 107.30
12	1 432 107.30	43 558.91	1 475 666.21
13	1 475 666.21	44 883.80	1 520 550.01
14	1 520 550.01	46 248.98	1 566 798.99
15	1 566 798.99	47 655.69	1 614 454.68
16	1 614 454.68	49 105.18	1 663 559.86
17	1 663 559.86	50 598.77	1 714 158.63
18	1 714 158.63	52 137.77	1 766 296.40
19	1 766 296.40	53 723.60	1 820 020.00
20	1 820 020.00	55 357 65	1 875 377.65
21	1 875 377.65	57 041.41	1 932 419.06
22	1 932 419.06	58 776.37	1 991 195.43
23	1 991 195.43	60 564.11	2 051 759.54
24	2 051 759.54	62 406.23	2 114 165.77
25	2 114 165.77	64 304.37	2 178 470.14
26	2 178 470.14	66 260.25	2 244 730.39
27	2 244 730.39	68 275.62	2 313 006.01
28	2 313 006.01	70 352.29	2 383 358.30
29	2 383 358.30	72 492.12	2 455 850.42
30	2 455 850.42	74 697.04	2 530 547.46
31	2 530 547.46	76 969.02	2 607 516.48
32	2 607 516.48	79 310.11	2 686 826.59
33	2 686 826.59	81 722.40	2 768 548.99
34	2 768 548.99	84 208.07	2 852 757.06
35	2 852 757.06	86 769.34	2 939 526.40
36	2 939 526.40	89 408.51	3 028 934.91
37	3 028 934.91	92 127.95	3 121 062.86
38	3 121 062.86	94 930.11	3 215 992.97
39	3 215 992.97	97 817.50	3 313 810.47
40	3 313 810.47	100 792.72	3 414 603.19

当然，这是一个假设性的情况，但它说明了一点，由于复利，你越年轻退休，需要的钱就越少，只要你保持一些投资收益持续复利。安妮塔于2015年以70万美元的身家退休，她有30万美元的现金和退税，因此直到2017年才需要开始从投资中提取资金。在这段时间里，整个股票市场增长了11%，她的投资组合已经增加到大约90万美元。现在，她从她的投资组合中提取3%来支付她的开支，让剩下的投资收益继续保持增长，以这样的速度，30年内，直到她65岁，可能至少有300万～400万美元的投资组合，她便不必再赚更多的钱了。因此，与65岁相比，她在33岁退休所需的金钱更少。克里斯蒂和布莱斯以100万美元的身家于32岁退休，他们的生活离不开4%的利息，但他们的投资在过去的一年里增长了13%。史蒂夫以80万美元退休的，但仅仅一年后，他的投资组合就超过了100万美元，这降低了他第二年需要提取的用于支付生活费用的比例。

有一点需注意：股票市场的收益是不可预测的或不能保证的，所以当你开始提取的时候，你应该考虑市场情况。尽管从长期来看，股票市场的年平均收益往往在6%到7%之间，但每年的波动幅度很大，一年上涨20%，下一年下跌11%是常有的事。

幸运的是，投资时间越长，即使在经济低迷时期，也不必担心短期市场波动。如果你能在投资本金完好无损的情况下度过前10年，或者如果你靠4%的提款率生活，你成功的机会应该接近100%，因为这之后10年，你的投资应该足够可以进行复利，你就可以永远靠回报生活。当然，一场大的经济崩溃可能会稍微降低你成功的机会，你应该关注市场，并且在不减少本金的情况下开始提款。①

允许一部分投资收益持续增长的另一个好处是，在未来的某个时候，你将能够在需要时（如果需要的话），在没有资金耗尽风险的情况下开始进行更大规模的提款。在你30岁的时候购买50万美元的湖畔之家可能会使你的大部分积蓄化为乌有。但是，如果你等到50岁，并且让你的回报复利20年，你将能

---

① 仅供参考：美国国税局将强制你在70.5岁之后从你的一些递延税款账户中提取现金，这样你就可以开始用你辛苦赚来的投资收益举办一些盛大的聚会。

够负担同样的房子，即使由于通货膨胀它的成本更高。

计算出你的资金总额

据以上投资知识，你可以比任何退休计算器更准确地计算你的资金总额。你只需要弄清楚你需要投资多少钱，然后你才能完全依靠你的一部分投资回报生活，并同时保持剩余资金继续增长。

虽然最准确的计算你的资金总额的方法是确定一旦你决定退休后，你的余生每年需要多少钱（也就是你的预期年支出），但几乎不可能做到，因为你不知道你的目标、愿望、喜好、需求等在未来10年、20年、30年、40年或更长的时间内会发生什么样的变化。这就是退休计算器和财务规划师的不足之处，他们希望你知道你将来要花多少钱，然后根据这个数字来计算。

但是，即便是最好的规划师，为你未来的预期年度开支制定一个准确的目标也是不现实的。金融业通常出售的投资和退休计划是基于猜测给出的一个数字，他们也不会专注于帮你确定要过上你热爱的生活所需要的费用，只有你是唯一能真正做到这一点的人。这就是为什么我建议你要更全面地对待这个问题，计算出你目前生活所需的钱，并随着你的变化和成长每年调整一次。

考虑到这一点，我建议你使用当前的年度支出来计算你的资金总额，原因有两个：

（1）如果你计划在未来几年内退休，你的经常性开支可能不会有多大变化。

（2）弄清楚你现在的花费要比预计你未来二十年、三十年或四十年的花费容易得多。

此外，无论你目前的资金状况如何，你都可以根据当前支出来确定达到下一级财富自由所需的资金，因为第2级到5级是基于你当前的支出。

第2级，自给自足：当你可以挣到足够的钱来支付你自己的开支时＝你每月开支的一倍。

第3级，有所改善：当你可以不必再依靠工资度日时＝你每月开支的三到五倍。

第4级，稳定性：当你储蓄了六个月的生活开支，以及可以偿还信用卡等账单时＝你每月支出的六倍。

第5级，灵活性：当你至少有两年的生活费用可以用来投资时＝每月支出的24倍。

计算一年内的支出的最简单的方法，是查看在过去一年内，你每个月支出了多少，这些支出在表3-3中列出。通过查看你过去一年的银行和信用卡账单，并计算你在每个类别中的平均每月支出就可以很容易做到。

表3-3　你过去一年内，每个月的支出　　　　　　　　单位：美元

开支	美国家庭年平均值（2016年）	月度	年度
住房			
抵押/租金			
财产税			
维护和清洁			
住房/租赁保险			
电			
油/气			
水/垃圾/下水道			
电话			
有限/互联网			
其他（包括度假和酒店）			
住宅相关总额	18 886		
交通运输			
车款			
维护/维修			
汽/油			
执照/注册			
保险			
公共汽车/火车票价			
航班（包括假期）			
出租车/拼车			
运输相关总额	9049		

续表

开支	美国家庭年平均值（2016 年）	月度	年度
食物			
杂货 / 在家吃饭			
外出就餐			
食物相关总额	7203		
服装与服务			
衣服和鞋子			
珠宝			
干洗 / 洗衣			
服装和服务相关总额	1803		
现金贡献			
贡献			
其他			
现金贡献总额	2081		
保健			
健康保险			
长期护理保险			
残疾保险			
医疗费用			
牙科费用			
其他			
医疗保健总额	4612		
保险和养老金			
人寿和人身保险			
养老金和社会保障			
保险总额	6831		
娱乐项目			
聚会活动			
会员			
课程 / 嗜好			
宠物			
娱乐总额	2913		
所有其他支出			
学费			
书籍 / 报纸			
个人护理			

续表

开支	美国家庭年平均值（2016年）	月度	年度
所有其他支出			
法律/会计费用			
其他总计	3933		
税额（取决于收入）			
联邦税			
国税			
地方税			
总税费			
总开支	57 311		

数据来源：美国劳工统计局

一旦计算出你预期的年度开支，就可以计算出你的基数。要做到这一点，你需要利用最基本的一些数学技能来确定，在提取足够的资金负担你的年度开支前，你需要投资的金额。

具体公式计算如下：

提取率百分比 × 你的资金总额 = 年度费用

假设你每年花费大约5万美元，且你将以每年4%（0.04）的提取率进行提取，你的计算结果将是这样的：

0.04 × 你的资金总额 = 50 000（美元）

50 000/0.04 = 1 250 000（美元）

或者换一种方式写：50 000 × 25 = 1 250 000（美元）

我使用的是25倍原则，如果你想保守一点，建议你使用3.5%的提取率以提供一些缓冲。

50 000/0.035 = 1 428 571（美元）

如果你在线上退休计算器中输入 5 万美元，它会告诉你，如果想 60 岁退休，你需要储蓄 300 万～400 万美元，但只要稍微简单地计算一下，你就会发现提前 30 多年实现财富自由，你只需要不到一半的资金。

显然，如果你的支出增加或减少，你的资金数字也会增加或减少。也许你现在并没有很多钱，且仅仅依靠着 2 万美元生活，但我相信你还是希望最终能搬出现在和三个室友共住的公寓，在将来某一天生一个孩子，并抚养长大，或者你希望买一辆漂亮的古董车去旅游，无疑这些都会增加你的开支。开支越高，你的资金需求就越多，同理，削减一些开支，也能减少你所需要的钱。

单一经常性支出对你的资金总额的影响

在这本书中，我们将深入探讨具体如何在住房、交通和食品三大开支上节省资金。减少开支的一个简单方法就是减少开支的数目，可以用下面的简单公式计算每个经常性开支对你资金总额的影响：

月支出 ×12 个月 × 年度支出的 25 倍 = 经常性开支对你的资金总额的影响

例如，2017 年，我每月花费超过 350 美元在外卖食品上，如果这种昂贵的习惯持续下去，我需要：350×12×25=105 000（美元）。换言之，我需要 105 000 美元的积蓄来维持这个习惯。如果我能把这个数字降到每月 200 美元，那么我需要：200×12×25=60 000（美元），或者更少一些大概 45 000 美元。事实证明，任何类型的经常性开支都会增加你所需求的资金总额。

当你阅读本书时，请谨记这一点，并努力减少你的开支。

为将来一次性的支出调整资金总额

虽然 25 倍的乘数计算法可以帮助你预估生活开支总额，但它并没有考虑到未来一次性开支可能会增加你需要提取的钱。大多数退休计算器都没有考虑到此方面。所以，你应该估计一下在你生活的不同阶段可能需要多少钱，以及是否有一次性的巨大开支，比如孩子的大学教育。如果你有一些一次性的较大支出，请在本次或下次调整计算时将它们纳入到你的资金总额中去。

具体步骤如下：如果你估计需要 8 万美元来支付孩子的大学学费、住宿费和生活费，就不需要再增加 8 万美元作为开支，因为你以后的生活中不需要每月分期支付 8 万美元（或者希望不会！）。你增加它的方法是估算你何时需要这笔钱，并确定需要投资多少才能使它在需要的时候增长到 8 万美元。例如，如果你的孩子目前 3 岁，且在未来 15 年内不需要这 8 万美元的大学学费，那么你需要做的是在 7% 的预期年复利率的情况下，计算出你目前需要投资多少钱，才能保证 15 年后它能价值 8 万美元。使用一个非常简单的计算方法（也是个人理财中最有价值的计算方法之一），即现值公式，它衡量的是货币的时间价值，即你今天需要投资多少才能在未来 15 年内获得 8 万美元。

$$PV = FV \frac{1}{(1+r)^n}$$

PV（现值）= 达到目标所需的投资金额
FV（未来价值）= 大学学费需要多少钱（假设 8 万美元）
r = 根据通货膨胀调整后的投资增长率（例如，7% 表示为 1+0.07）
n = 资金增长的年数（如 15 年）

所以，在这个例子中，$PV = 80\,000 \frac{1}{(1+0.07)^{15}} = 28\,995.68$（美元）。

所以，你需要储蓄 28 996 美元，才能在复合增长为 7% 的情况下，使其在 15 年后价值达到 8 万美元。你应该把这个数字增加到你的投资计划中去。15 年后，你可以一次性提取此笔用于大学学费的资金，或一段时间内分次提取，以便让资金继续保持增长。你应该用同样的公式来调整你的投资总额，以应付将来任何一次性的大额支出。

另外的大额支出可能是未来的医疗费用，它不仅会越来越贵，而且随着年龄的增长，人们需要更多的护理，这笔费用也会增加。这就是为什么每季度或每年至少一次需要重新审视、调整、规划你的投资总额。只要经过一段时间的实际操练，你很快就会得心应手。

当你有一笔看起来很庞大的资金时，你可能会想：哇，我怎么能拥有那么多钱？然而1 250 000美元还远低于退休计算器显示的350万美元，所以你开始感到不知所措，难道要为此奋斗一生吗？真的需要那么多钱吗？

你最终需要多少钱取决于一个很大的变量。

生活方式的影响

当在计算你的投资总额和分析你的开支时，你需要仔细审视你目前的支出，并评估你是否需要花那么多钱来过你想要的生活。显然，你的支出越低，你需要的钱就越少。此外，支出越低，投资就可以越多，其增长速度就越快，获得财富自由的速度也越快。有没有一种方法可以用少量的钱就过上你爱的生活？简而言之，是那些经常给你带来快乐、意义、目的和成就的东西。

金钱只有在帮助你过上你热爱的生活时才重要，但我们很少考虑我们真正需要什么，我们经常把钱花在那些对我们来说并不重要的事情上，有时以牺牲让我们快乐的东西为代价。我们关注别人的钱花在哪些方面，并且倾向于采取类似于我们周围人的生活方式，即使那并不是我们所想要的。或者我们花钱是因为此刻它让我们觉得自己很强大、富有，而事实上，我们却忽略了未来金钱可能不断增值的可能性。

当我们赚更多的钱时，也倾向于花更多的钱，这一趋势被称为生活方式通胀，这解释了为什么一个流行歌星或运动员每年能赚数百万美元，但最终还是债台高筑。这也解释了为什么那么多挣10万美元或更多的人仍然靠着薪水勉强度日，或者背负着沉重的债务；他们的消费超出了他们的需要，他们过着自身负担不起的生活。如果有想要的东西，他们倾向于先消费，后偿还。这种情况下，一个比较好的办法是先投资。

我们喜欢花钱，是因为这样我们就可以得到一些东西，但实际上，每当我们花钱而不是投资时，我们无疑浪费了我们挣钱的时间以及未来可能得到的自由。

在美国，我们从小就被教导要买任何我们需要的东西或任何我们想要的东西，因为"我努力工作，我值得"。我们也被教导通过购买一些东西来解决我们的问题，特别是当涉及我们的基本需求时。

当我们饥饿时，我们会购买或订购食物，而不是尝试自己种植或与那些种植的人进行贸易，或者选择点外卖而不是自己做。这就是在周三晚上花60美元订购外卖，或者一年花2000美元购买墨西哥菜很常见的原因。这是目前我努力抗争、想改善的方面之一。

当我们需要一个地方住的时候，我们租一套最贵的公寓，或者买一套我们能得到抵押贷款的最大的房子。我们租昂贵的酒店客房，而不尝试寻找是否可以代别人照看房子、租个单间、露营或者和朋友挤挤。当然，也别误解我，我个人很喜欢住在世界各地的那些好酒店，我也愿意为此花钱。但我不能忍受花500美元在匹兹堡某家定价过高的连锁酒店。

当我们需要找到工作或升职时，即使我们的旧汽车各方面性能还不错，我们也很容易就说服自己买一辆新车。在我大学毕业后获得第一份工作时，我买了一辆价值2万美元的Mini Cooper，从此我就成了这个陷阱的受害者。多年来，我每月至少要支付400美元的车费。我本该花不到1000美元买一辆车的，但我最终还是超额了。

当我们的孩子不开心或者只是为了让他们开心时，我们会买太多他们不需要的高价玩具；当我们生病时，我们会去商店购买止咳糖浆和喷雾剂，或者去医生那里买一些药物来改善我们的症状，希望用药物改善生病的情况，这样我们就可以继续做事，但其实这根本就不是解决之道，还会导致更多的健康问题，并且随着时间的推移，治疗也将变得更昂贵，这种情况下，我们需要的其实是休息和锻炼。

当你确实需要一些东西时，寻找免费的替代品，向你的朋友或家人寻求帮助，或者以物易物等，这些都是可以帮你省钱的方法。如果你够聪明，你会发现几乎总有一个更便宜的，或在许多情况下免费的方式。归根结底就是你到底想储蓄多少钱。例如，如果你在聚会上需要一件衣服，你可以免费向朋友借一件，租一件，或者买一件旧衣服而不是买新的。

最近我通过帮别人寄养狗狗为期一周，以及帮助狗狗的主人在 Facebook 上做了一个简单的广告（这只花了大约 30 分钟），我挣了 400 美元。我用几个小时为理发师建立了一个简单的网站，以换取免费理发（价值 240 美元）。这简直是双赢。

如果你静下来思考一下，问问自己真正需要什么，真正给你的生活带来快乐的是什么，那么你就可以更理智地消费。当然，这也不是说你完全不应该购买一辆漂亮的老式奔驰，住五星级酒店，沉迷于购买名牌鞋，只要这些东西确实能给你带来快乐，你还是可以购买。只是说对于其他不重要的东西，你的消费就会更少，而且在计算你的年度开支时，你需要考虑到这些方面。如果你每小时的税后工资为 30 美元，想买一辆 6 万美元的车，你就要用你生命中的 2000 个小时来换取那辆车。如果你一周工作 40 个小时，那就是一年工作 50 个星期，才能购买那辆车。如果你认为那辆车值得你付出这么多的时间，那么就进行购买，只要你确实意识到你正在做的取舍。

同时也要意识到，6 万美元的汽车实际上要花费的远远不止 6 万美元，因为你失去了用这笔钱为将来的自己投资的机会。按 7% 的复利计算，10 年内 6 万美元将价值 120 579 美元，20 年内 242 324 美元，30 年内 486 989 美元！今天 6 万美元的车到底值不值得你再额外储蓄 486 989 美元达到你的目标？那辆 6 万美元的古董车在未来的实际成本是 486 989 美元。所以，你实际上是在交易你生命中的2000个小时和超过40万美元的增长潜力。如果是我，我宁愿将来有钱，但这是你的选择。

用"72"的规则使你的钱翻一番

在以7%的复利率的前提下，估计某物价值的一个简单方法是使用72的规则，即用72除以预期的复利率（7%），来确定你的钱要多少年才能翻一番。以7%的复利率，就是10.29年，所以以这个复利率，你的钱每十年就会翻一番。因此，如果你投资6万美元而不是购买新车，你的钱在10年内将价值12万美元，在20年内价值24万美元，以此类推。

不过，如果你和大多数人一样，觉得旅行、与朋友外出、与家人在公园里闲逛、在音乐节狂欢、露营、结识新朋友等体验可能会给你的生活带来比财产更大的快乐。这些体验可能仍然需要一些钱，但可能要少得多。

财富自由归根结底就是坦诚地告诉自己什么才是真正给你带来快乐以及对你重要的。把钱花在你真正看重的东西上，而不是无关紧要的事物上。不要总是关注你朋友所做的，邻居所买的，父母所说的，或者同事所挥霍的……相信我，吸引你购买的东西总会层出不穷（我们的经济取决于我们的购买方式！）。但是，如果你只把钱花在对你重要的事情上，将极大减少你的开支，更快地实现财富自由。

过幸福的生活或者你所热爱的生活，现在看起来可能是一个非常陌生的概念，或者你可能会说，"我真的不知道什么能让我快乐"。别担心，你并不孤单。许多人都不知道什么让他们快乐，他们只是需要更多的时间、空间和自由来弄明白这一点，或者有些人只是想尽快摆脱现代社会的激烈竞争，这些听起来都不错，这是一个旅程，当你探索新的方法来节省时间和金钱时，你会惊讶地发现新的东西带给你快乐，带给你和平，赋予你生活的意义，使你的生活更有趣。

随着时间的推移，当你考虑每年要花多少钱才能真正得到快乐时，你很可能会发现你需要的钱比你想象的要少得多。例如，史蒂夫觉得自己的全职IT工作从未让他感到满足，所以几年前，他决定提前退休，并知道这需要他储蓄大量的钱。首先，他仔细分析了自己的支出，并评估了他每年需要多少钱才能幸福。他认为，他可以靠每年4万美元或更少的钱生活：和妻子一起生活在清风房车中，而不必为住房所累。

当然，史蒂夫可以通过留在工作岗位上赚更多的钱，他也知道提早退休意味着他要生活得更节省一点才能达到他的目标。但他也知道时间比金钱或金钱能买到的东西更有价值，所以他35岁退休了，并投资了89万美元。通过评估什么使他快乐，以及需要多少钱来维持一种充实的生活方式，他能够比他想象的更早地退休，并且在依靠投资收益过日子的同时，仍然可以保持投资增长！随着时间的推移，史蒂夫每年的生活费可能超过4万美元，如果他想让自己的钱有足够长的时间可以获得复利，他也找到了一些可以在业余时间从事的副业，比如写博客来补充和减少他的投资提取数额。

你可能已经"退休"了

你可能正处于一个压力很大的工作环境中，一年挣12万美元，但你只需要4万美元来支付你的开支，如果你已经储蓄了一笔可观的钱，就可以辞掉你目前正在从事的压力很大的工作，转而去做一份压力较小的工作来支付你每月的开支，这样你也会更快乐。或者为了多陪陪孩子，你可以换一份兼职工作。

许多人被迫从事他们讨厌的工作仅仅是因为：

（1）他们觉得自己没有选择。
（2）他们并没有意识到其实并不需要那么多的钱。
（3）他们没有意识到通过做一份喜欢的工作，也可以完全负担生活开支。

我和许多人交谈过，他们告诉我"我一直在工作，我讨厌它"，但他们从来没有仔细考虑过他们的开支，看他们真正需要多少钱，或者他们不愿意改变现有的生活方式。人生太短，好好珍惜吧！

最重要的是找到一条使我感到快乐的消费水平线。对我来说，令我快乐的就是尽可能少地购买一些无关紧要的东西，而真正投入到那些对我来说非常重要的事情上去。我测试过降低消费水平线，结果导致更加贫困，所以我适当地将消费水平线进行了一定提高。后来我找到了这之间的平衡。实际上，我们已经意识到，我们不想像以前预想的那样去旅行和出去吃饭。弄清楚什么对你重要，什么样的消费能让你快乐。当你稍微测试一下你的消费极限时你就能很清楚地知道这一点。

——布兰登

在监控我自己的开支并努力减少开支几年后，我终于确定可以过上我真正喜欢的生活了，那就是每年在类似芝加哥这样的城市花费5万美元（如表3-4）。

表3-4　我和妻子在2016年的支出　　　　　　单位：美元

2016		
年平均支出	美国家庭平均数	我和妻子
食物	7203	6000
住房	18 886	24 000
服装和服务	1803	1000
交通	9049	2000
保健	4612	7000
娱乐	2913	3000
个人保险和养老金	6831	2000
所有其他支出	3933	4000
现金贡献	2081	1000
合计	57 311	50 000

这对我来说就是最好的选择。花费更多既不会让我更快乐，也不会让我的

生活更丰富。但我也要明确指出，虽然目标是5万美元，但我却没有完全达到，从2010年到2015年，我每年花费不到5万美元，并实现了财富独立，但到了2016年，我成了可怕的通货膨胀生活方式的受害者，花费了20多万美元，其中包括许多事后很后悔的琐碎购买。事实证明，花5万美元比花20多万美元带给我的快乐更多。2016年，我犯了很多关于金钱的错误，这使我的计算有了偏差。我需要重新校准和设定我的目标，最后我做到了。如果你也犯了关于金钱的错误，就需要重新审视、更正，并实现你的新目标而不是一错再错。

现在我已经32岁了，当我写这篇文章的时候，知道什么使我快乐，我的价值会随着时间的推移而不断变化，可能会再搬几次家，可能想改变我的生活方式，我会重新审视我的年度支出目标，并将其纳入我至少每年一次对资金总额的调整中。

当你更得心应手与金钱建立更深入的关系时，你会更好地理解如何在时间、金钱、开支之间做出权衡，以保证能过上一个你目前甚至余生都热爱的生活。

地段、地段、地段！

到目前为止，住房是美国人最大的开支。你住的地方会对你需要多少钱产生最深刻的影响。如果想要汉普顿的豪宅和曼哈顿的公寓，你将需要数百万美元的额外收入，这意味着当你想省下这一大笔钱时，你可能需要在你的生活中做出一些巨大的权衡。

但是，如果你告诉我你想要这种生活方式，并且愿意为了得到它而做出牺牲，我强烈建议你在行动之前考虑一下这些地方对你到底有什么特别的吸引力。也许你想住在汉普顿，因为你热爱海洋，但是汉普顿太冷，一年中有六个月不能在那里享受海滩，即使这样，你还需要特别购买房子吗？夏天在那里租几个星期（也许和朋友平摊费用），不是能得到同样的乐趣吗？或者你也可以帮那些已经在汉普顿有房子的人免费照看房子住几周不是更好？如果你真的必须在海边拥有一个住所，那你可以搬到像威尔明顿、北卡罗来纳州这样经济实惠的地方，那里的平均房价是汉普顿的10%！

就在我写完这本书之前，我和妻子决定搬到纽约。我们不打算永远住在那里，但如果我们这样做了，我可能需要在我30岁时至少拥有1 250 000美元的两倍。住的地方越实惠，你为获得财富自由所需的储蓄就越少。如果你把低成本的生活和高收入的机会结合在一起，比如在明尼苏达州，有很多高收入的工作，但生活成本却很低，这样，你就可以更快地实现财富自由。纽约市完全又是另一种情况，要支付一笔数额庞大的费用才能住在那里，但生活成本在纽约市存在很大差异。例如，如果你在皇后区买了一套公寓，你仍然可以使用曼哈顿提供的所有一切平价服务。

表3-5是美国最昂贵和最实惠的居住场所的样本。这些数据由社区和经济研究委员会提供，每季度在其网站上更新一次。

表3-5 美国最昂贵和最实惠的居住场所

最昂贵		最实惠	
城市区域排名	生活成本指数	城市区域排名	生活成本指数
纽约　曼哈顿	235.0	得克萨斯州　麦卡伦	76.0
加利福尼亚州　旧金山	192.3	阿肯色州　康威	77.8
夏威夷　火奴鲁鲁	186.0	得克萨斯州　哈灵根	78.5
纽约　布鲁克林	180.2	印第安纳州　里士满	78.7
华盛顿特区	153.4	密西西比州　图珀洛	79.2
加利福尼亚州　奥兰治县	152.4	密歇根州　卡拉马祖	80.5
加利福尼亚州　奥克兰	150.4	得克萨斯州　威奇托福尔斯	80.5
加利福尼亚州　圣迭戈	146.9	田纳西州　诺克斯维尔	82.2
华盛顿　西雅图	146.9	弗吉尼亚州　马丁斯维尔亨利县	82.4
夏威夷州　希洛	146.8	田纳西州　孟菲斯	82.3

生活成本指数（COLI）中十大最实惠的城市地区

2017年第二季度

全国253个城市平均值=100

生活成本指数衡量了五分之一收入最高的工作家庭和管理家庭的消费品和服务成本（不包括税收和非消费支出）的区域差异。它基于 90 000 多个价格，涵盖几乎 60 个不同项目，这些价格由每个参与城市地区的商会、经济发展组织或大学应用经济中心每年收集三次而来。指数的微小差异并无太大的影响。

综合指数以六个组成部分为基础：住房、公用事业、杂货、运输、卫生保健以及其他商品和服务。

资料来源：C2ER（coli.org）发布的生活成本指数。

一种估算一个地方对另一个地方的经济影响的方法是，使用一个特定的乘数来比较两个地方。例如，写这本书的时候，我住在芝加哥，芝加哥的平均生活成本由生活成本指数（COLI）决定，但这本书出版时，我将住在曼哈顿，所以我可以将我目前的支出乘以 2.35（纽约市特定乘比）。表 3-6 将我目前的开支（每年约 5 万美元）与我在纽约生活所需的开支进行了比较。

表 3-6　美国家庭平均数与我和妻子的年平均支出对比　　　　单位：美元

城市倍数调整	美国家庭平均数 2016 年	我和妻子	年平均支出 2.35（纽约市）
食物	7203	6000	14 100
住房	18 886	24 000	56 400
服装和服务	1803	1000	2350
交通	9049	2000	4700
保健	4612	7000	16 450
娱乐	2913	3000	7050
个人保险和养老金	6831	2000	4700
所有其他支出	3933	4000	9400
现金贡献	2081	1000	2350
合计	57 311	50 000	117 500

如果你对未来的目标有清晰的认识，那么你可以通过挖掘每一个特定的支出类别来做出更精细的预测。如果你想比较两个特定城市间的生活成本，你可以在 https：// store.coli.org/compare.asp 找到一个非常详细的费用细目表。你也可

以使用一个免费的生活成本计算器（银行利率就不错），或者基于你想要的生活方式，自行搜索计算，以得到具体的评估。例如，生活成本指数或计算器将显示某一特定市场的平均房价，或者同一套房子在两个不同的城市间的价格差距，但是这些数据是基于媒体和平均值而不是你的生活方式。

也许你想住在比一般人拥有的更贵的房子里，或者对比一般家庭在食物上花费更少的钱，这两者都可以通过将它们放入更精细的支出预测中进行预测。

做出这些预测的最佳方法是重新查看你的支出表，并尽可能详细地填写你的愿景。如果你想知道在某个特定的地方某种特定的生活方式会花费多少资金，你可以根据那个位置搜索更详细的资料以便预测，并进行适度调整。

例如，你可以很容易地在 Zillow 或 Trulia 或其他房屋搜索网站上找到一个你想要的房子，并查看该房子的租金、抵押贷款和财产税。利用这些信息，你可以进行更准确的预测，你也可以对该地区的天然气成本和其他运输相关费用进行类似的搜索。虽然这可能对你来说太详细了，但当你日后调整你的资金数字时，也许可供你选择使用。这也是一个了解你可以做出的权衡的有效方法（也许你会决定住在一个小房子里，这样你就可以经常去旅行）。你可以使用与分析当前支出相同的图表，来预测在其他地方的支出费用（从 https：//financialfreedombook.com/tools 获得）。

一旦你根据当前和 / 或未来的支出计算出预期的年度支出，你就可以计算出新的资金数字。就我而言，如果我想在纽约度过余生，我的资金数字是：

提款率百分比 × 资金数字 = 预期年支出

0.04× 资金数字 =117 500（美元）

117 500/0.04=2 937 500（美元）

如果我的开支保持在每年 5 万美元，我最终可以拥有 1 250 000 美元。可是就算这样还需要额外的 1 687 500 美元才能达到我的目标。所以住在纽约市是一个昂贵的选择。

使用同样的策略，你也可以通过搬到一个便宜的城市来计算你能节省多少钱。如果你想从芝加哥搬到孟菲斯，支出将只占你目前的82.8%，也就是说，如果你现在一年支出在5万美元以上，搬家后，你的支出一年可能在4.14万美元以下，甚至更少。或者你可以继续支出5万美元，但住在更好的社区或更好的房子里。

在前一种情况下，你的资金数字是：

$$41\ 400/0.04 = 1\ 035\ 000（美元）$$

当然，这些只是用于规划目标的粗略估计，你当然也可以在纽约找到一个每年花费不到5.64万美元的地方居住。无论如何，熟悉、使用这些计算方法，将有助于你计算你的资金数字。

正如你已经了解到的，如果你更爱冒险，想在国外生活，实际上有好几个不错的地方远远比在美国要实惠得多。事实上，由于通货膨胀是特定于国家的（由于不同的国家有不同的货币和经济，货币的价值随时间的不同而变化），所以美国的许多东西往往比世界其他地方更昂贵。在某些情况下，货币价值实际上会下降（通货紧缩过程），因此随着时间的推移，某些地方的价格可能会降低。

我的朋友克里斯蒂和布莱斯，利用通货膨胀率来决定他们在不同的情况下住在不同的地方。他们使用"地理套利"这个术语来描述他们根据不同国家的通货膨胀率来确定生活地点的过程。目前，他们居住在加拿大，并计算出他们每年只需支出4万美元。如果国内的通货膨胀率过高，他们可以直接搬到另一个国家去。布莱斯说："如果膨胀率太糟糕了的话，我们就要去泰国了。泰国的土地价格非常便宜，因为那里的价格在20年内还没有真正上涨过。"截至本文撰写之日，12个最经济、最适合居住的国家和地区是乌克兰、泰国、中国台湾、越南、墨西哥、匈牙利、厄瓜多尔、捷克共和国、菲律宾、波兰、马耳他和西班牙。

经常性收入对于减少资金数字的影响

随着时间的推移，当你计算和调整资金数字时，一个可以显著减少你需要的金钱的变量是你积极地或被动地创造收入。你可能会想，如果我在挣钱，那么我还没有真正退休。如果是基于这个词的传统定义，确实如此。但我更愿意认为，一旦你不再需要为钱而工作，你可以做任何你想做的事情，也可以称之为退休。记住，你的资金数字代表你可以在不需要工作的情况下生活下去的金钱数额。如果你继续工作或以某种方式挣钱，那么你将需要更少的钱。为钱而工作与做你喜欢的工作挣得额外的收益，并保持忙碌充实，这两者之间有很大的区别。

如果你能够创造任何额外的收入（通过租金、在线业务或其他经营的业务等），那么你需要储蓄的钱就会更少，你的资金数字也会更低。事实上，你的额外收入会帮助你获得更多的自由；足够的、稳定的额外收入可以负担你每个月部分甚至全部的生活开支，有效地减少你所需要的总金额，或者你需要从投资中提取资金的比例。并且，如果你不依赖提取投资收益来维持生活开支，就可以保持投资收益以更快的速度复利。

为了衡量持续的预期额外（主动或被动）收入的影响，你可以从目标投资提款额中减去你的平均年收入。例如，假设你每月可以从出租房产或博客获得 2000 美元的税后收入。这意味着，每年你从投资中提取所需的资金减少了 24 000 美元。

要计算额外收入对你的资金数字产生的影响，只需从你的年度支出目标（你赖以生存的钱）中减去你的副收入。如果你的预期年支出是每年 5 万美元，并且你有 2.4 万美元的税后副收入，那么你就只需要从你的投资中提取 2.6 万美元，比原来少 48%。

由于你只需要 2.6 万美元而不是 5 万美元，因此你可以使用此数字作为新的调整后的资金提取目标，并通过将2.6万美元乘以25倍（上面使用的乘数）来调整你的资金数字。即2.6万美元×25=65万美元！比你最初计算的数字少了60万美元，所有这些都得益于你每个月都能稳定地获得2000美元的副收入。

假设你每年税后收入为7.5万美元，你将收入的33%（2.5万美元）用于投资，此外你每月还拥有2000美元的副业收入。根据你的投资表现，你可以提前20年～25年实现财富自由！当然，如果你能获得稳定的副收入和/或增加你每年储蓄的数额，你就能更快地实现你的目标。任何可靠的、持续的副收入都会随着时间的推移而产生巨大的影响，最后助你尽快实现财富自由。即使是一个月额外的200美元，一年也是2400美元，那么按照之前的乘法规则，即2400美元×25=60 000美元的资金数额，这也大大减少了你从投资中提取的比例。

在下面的表3-7中，查看持续的月度、年度副收入对投资总额所产生的影响。

表3-7 持续的月度、年度副收入对投资总额的影响 单位：美元

月度副业收入	年度副业收入	25倍乘数（减少你的资金数字）	30倍乘数（减少你的资金数字）
250	3000	75 000	90 000
500	6000	150 000	180 000
1000	12 000	300 000	360 000
1500	18 000	450 000	540 000
2000	24 000	600 000	720 000
2500	30 000	750 000	900 000
3000	36 000	900 000	1 080 000
4000	48 000	1 200 000	1 440 000
5000	60 000	1 500 000	1 800 000
6000	72 000	1 800 000	2 160 000
7000	84 000	2 100 000	2 520 000
8000	96 000	2 400 000	2 880 000

请记住，只有当你乐于持续不断地创造副收入时，它对抵消/消减投资金额的作用才会最大。租赁收入较可靠、稳定（而且可能会随着时间的推移而增加），

而网上业务所创造的副收入可能会按月波动。这就是为什么当收入来源及其可靠性发生变化时,你至少需要每年一次重新计算你的资金数字,这非常重要。

副业收入的另一个好处是,它可以有助于你的投资业绩,并且可以给你更多的安全保障,让你安享余生。

例如,布兰登有足够的钱在32岁退休,但他一直工作到34岁才退休,而且由于他通过写博客产生了副业收入,他可以选择每年花更多的钱(如果他想的话),也不必担心需要从他的投资中提取更多资金。写博客能让他拥有更多自己的时间,也给了他更多的安全感。同时,他也喜欢写博客,所以是双赢的。史蒂夫、贾斯汀和米歇尔也是如此,他们都在35岁之前退休,并通过博客来抵消每月的开支,并保持投资的增长。

分解目标

虽然从资金数字上来看,你可能会觉得很复杂、很难实现,但如果你把它分解成小的目标,那就容易达到了。因为人类很难理解大量的数据,也很难思考未来,所以把你的数据分解成更容易理解的目标确实有帮助。所以,我建议把你的资金数字目标分为年、月、周和日储蓄目标(如表3-8)。

表3-8 拆解你的储蓄目标一览　　　　　　　　　　　　单位:美元

年限	你的资金目标	年度目标	月度目标	每周目标	每日目标
1	1 250 000	1 250 000	104 166.67	24 038.46	3 424.66
2	1 250 000	625 000	52 083.33	12 019.23	1712.33
3	1 250 000	416 667	34 722.22	8012.82	1141.55
4	1 250 000	312 500	26 041.67	6009.62	856.16
5	1 250 000	250 000	20 833.33	4807.69	684.93
6	1 250 000	208 333	17 361.11	4006.41	570.78
7	1 250 000	178 571	14 880.95	3434.07	489.24
8	1 250 000	156 250	13 020.83	3004.81	428.08
9	1 250 000	138 889	11 574.07	2670.94	380.52

续表

年限	你的资金目标	年度目标	月度目标	每周目标	每日目标
10	1 250 000	125 000	10 416.67	2403.85	342.47
11	1 250 000	113 636	9469.70	2185.31	311.33
12	1 250 000	104 167	8680.56	2003.21	285.39
13	1 250 000	96 154	96 154	1849.11	263.44
14	1 250 000	89 286	7440.48	1717.03	244.62
15	1 250 000	83 333	6 944.44	1602.56	228.31
16	1 250 000	78 125	6510.42	1502.40	214.04
17	1 250 000	73 529	6127.45	1414.03	201.45
18	1 250 000	69 444	5787.04	1335.47	190.26
19	1 250 000	65 789	5482.46	1265.18	180.25
20	1 250 000	62 500	5208.33	1201.92	171.23
21	1 250 000	59 524	4960.32	1144.69	163.08
22	1 250 000	56 818	4734.85	1092.66	155.67
23	1 250 000	54 348	4528.99	1045.15	148.90
24	1 250 000	52 083	4340.28	1001.60	142.69
25	1 250 000	50 000	4166.67	961.54	136.99
26	1 250 000	48 077	4006.41	924.56	131.72
27	1 250 000	46 296	3858.02	890.31	126.84
28	1 250 000	44 643	3720.24	858.52	122.31
29	1 250 000	43 103	3591.95	828.91	118.09
30	1 250 000	41 667	3472.22	801.28	114.16
31	1 250 000	40 323	3360.22	775.43	110.47
32	1 250 000	39 063	3255.21	751.20	107.02
33	1 250 000	37 879	3156.57	728.44	103.78
34	1 250 000	36 765	3063.73	707.01	100.73
35	1 250 000	35 714	2976.19	686.81	97.85

假设你需要储蓄 1 250 000 美元（这是我第一次计算时的数字）。你希望多久实现财富自由，你可以很容易地根据年、月、周和天，进行除法计算，算出你更精细的目标。尽管你投资的任何一笔钱一投入市场就会产生复利，但第一次计算时，最好不要考虑预期回报率。你只需知道，根据市场的增长情况，你可以很快达到你的目标。

表3-9显示了基于你想退休的时间，你需要储蓄多少钱，从一无所有，到落实至每年、每月或每天的目标。为了弄清楚这一点，你可以使用我在https：//financialfreedombook.com/tools/ 创建的简单计算器。如果你愿意的话，你也可以考虑预期7%的年回报率，以根据复利调整资金数字。这个计算有点挑战性，但在Excel表格中编辑或使用我为你构建的在线计算器却很简单。要手动执行此操作，请使用以下公式：

$$S = [(Y-A)/(1+r)^n] / [[(1+r)^n - 1]/r]$$

S= 你每年需要储蓄多少钱才能达到你的资金目标，并如你所愿退休
Y= 你的资金数字 / 投资总额
A= 你已经投资的金额（即你的本金）
r= 年复利率（以十进制表示，即7% 为0.07）
n= 退休年限

所以，我的1 250 000美元：

Y = 1 250 000美元
A=0美元，作为已投资金额
r=7%（0.07）
n = 5年
S= [1 250 000−0)/(1+0.07)^5)] / [[(1+0.07)^5−1]/0.7]
=1 086 816（美元）

表 3-9　投资复合增长随着时间的推移而产生的变化　　　单位：美元

年限	你的资金目标	年度目标	月度目标	每周目标	每日目标	预期复利
1	1 250 000	1 250 000	104 166.67	24 038.46	3 424.66	7%
2	1 250 000	603 865	50 322.06	11 612.78	1 654.42	7%
3	1 250 000	388 815	32 401.22	7 477.20	1 065.25	7%
4	1 250 000	281 535	23 461.26	5414.14	771.33	7%
5	1 250 000	217 363	18 113.61	4180.06	595.52	7%
6	1 250 000	174 745	14 562.06	3360.48	478.75	7%
7	1 250 000	144 442	12 036.79	2777.72	395.73	7%
8	1 250 000	121 835	10 152.89	2342.98	333.79	7%
9	1 250 000	104 358	8696.51	2006.89	285.91	7%
10	1 250 000	90 472	7539.32	1739.84	247.87	7%
11	1 250 000	79 196	6599.68	1523.00	216.98	7%
12	1 250 000	69 877	5823.12	1 343.80	191.45	7%
13	1 250 000	62 064	571.96	1193.53	170.04	7%
14	1 250 000	55 431	4619.26	1065.98	151.87	7%
15	1 250 000	49 743	4145.27	956.60	136.28	7%
16	1 250 000	44 822	3735.17	861.96	122.80	7%
17	1 250 000	40 531	3377.62	779.45	111.05	7%
18	1 250 000	36 766	3063.81	707.03	100.73	7%
19	1 250 000	33 441	2786.77	643.10	91.62	7%
20	1 250 000	30 491	2540.93	586.37	83.54	7%
21	1 250 000	27 861	2321.77	535.79	76.33	7%
22	1 250 000	25 507	2125.60	490.52	69.88	7%
23	1 250 000	23 392	1949.37	449.85	64.09	7%
24	1 250 000	21 486	1790.52	413.20	58.87	7%
25	1 250 000	19 763	1646.93	380.06	54.15	7%
26	1 250 000	18 201	1516.77	350.02	49.87	7%
27	1 250 000	16 782	1398.51	322.73	45.98	7%
28	1 250 000	15 490	1290.83	297.88	42.44	7%
29	1 250 000	14 311	1192.57	275.21	39.21	7%
30	1 250 000	13 233	1102.75	254.48	36.25	7%
31	1 250 000	12 246	1020.51	235.50	33.55	7%
32	1 250 000	11 341	945.10	218.10	31.07	7%
33	1 250 000	10 510	875.84	202.12	28.79	7%
34	1 250 000	9746	812.16	187.42	26.70	7%
35	1 250 000	9042	753.54	173.89	24.77	7%

所以在 7% 的复利率条件下，我需要投资 1 086 816 美元，才能在 5 年后拥有 1 250 000 美元。当然，如果你至少五年内都没有退休的打算，你需要的钱也许会更少。通过电子表格中的此类计算，你可以确定每月需要投资的金额，方法是将每年的投资金额除以 12，将每年的目标除以 52 以确定每周的金额，将每年的目标除以 365 以得到每天的金额。

看到这些数字后，我觉得简直不可思议。每天多投资 2 美元可以帮助我提前一年退休（从 35 岁变成了 34 岁）；每天多投资 10 美元可以帮助我提前两年退休（从 25 岁变成了 23 岁）。无论你的资金/投资目标是大是小，你赚的钱和投资的越多，你就能越快实现目标。只要你保持资金的投入，你就会发现它会以惊人的速度增长。

接下来，你需要弄清楚你目前所处的资金水平。

要点总结

1.退休计划不是一门精确的科学，需要多少钱会随着你的改变而改变。关键是要设定一个现实的目标，让你有时间朝着它努力，并且随着时间的推移、状况的改变而进行适度调整。

2.你最终需要多少钱取决于你想要的生活方式。你觉得完美的一天是什么样？过上你梦想的生活所花费的钱可能比你想象的要少。金钱只有在帮助你过上你所爱的生活时才重要。

3.你越年轻，退休前所需的投资就越少，因为你的投资组合复利期要长得多。基于复利的好处，你越早投资，你的钱增长得就越快。

4.为了最大限度地增加你余生的钱，你需要遵守一套具体的指导方针，包括：

（1）每年至少投资预期年度开支 25 倍的费用。

（2）尽可能创造副收入或被动收入来推迟提取投资收益。

（3）手头有一年的现金支出。

（4）尽可能少地提取投资收益。

（5）尽可能长时间地保留你的投资本金（你原来的贡献额）。

5. 使用你当前的花费支出来估计你的投资目标。一旦计算出预期的年度开支，你可以使用25倍或30倍的乘数来计算你的基数，同时调整基数以包括未来的支出，以获得更精确的目标数字。

6. 一辆6万美元的古董车未来的实际成本是486 989美元。无论何时，你所购买的东西都是以牺牲你生命中的重要时间以及这笔钱未来的潜力为前提的。

7.72规则：将72除以预期的复利率（7%），以确定你的钱要花多少年才能翻一番。按7%的复利率计算，为10.29年，按这个复利率计算，你的钱每10年就会翻一番。因此，如果6万美元是用来投资而不是购买新车，你的钱在10年内将价值12万美元，在20年内价值24万美元，以此类推。

8. 持续的经常性收入能减少你需要的钱，加快实现财富自由。

9. 把投资目标数字分解成更小、更容易实现的每日、每周、每月和每年的投资目标。根据不同的股市回报情况实时调整这些目标。即使每天多存1美元，也会随着时间的推移而产生巨大的变化。

第四章

第二步：你处于终身收入的哪个阶段

弄清楚你的财务状况

既然已经计算了你的投资数字并把它分解成更小的目标，接下来你需要通过计算你的净值来看看你该从哪里开始。你的净资产是你的资产（即有价值的东西，如现金、你的房子和投资）和负债（即任何种类的债务）之间的差额。净资产是你需要定期追踪的最重要的个人财务数字。我每天都会看看我的净资产，你也应该如此，或至少一周一次。

如果你从来没有这样做过或者有一段时间没有这样做了，那实现起来可能会有点困难，但是你必须开始着手评估了。如果你不关心你资金的状况，就是在牺牲可以创造财富的宝贵时间，因为只有当你真正弄清楚自己的资金状况时，你才能制定出一个有效的策略。如果你推迟评估，那就是在浪费时间。相信我，虽然现在评估你的资金状况可能很难，但你很快就会得心应手的，而且总有一天你会发现你甚至有点期待做这件事。你评估得越早，你就能越快获得财富自由。

如果你持续投资，你的净资产将不断增长，由于复利的原因，其增长速度尤为惊人。当看到你的投资每天增长 10 美元，100 美元，甚至 1000 美元时，跟踪评估你的净资产实际上会使你上瘾。这会不断促进收益的增加，并助你尽快实现财富目标，就像在游戏中，不断看着自己得分，离胜利更近一步似的。即使你对于胜利没有那么渴望，当看到那些看似微不足道的投资以难以置信的速度增长时，也是一件很棒的事。

如果你想按照常规做这件事，你只需要一支笔、一些纸和一个计算器。即使你使用免费的在线工具，我也建议你手动完成计算，以便了解你所有的资金组成部分。在我们开始之前，请喝一杯葡萄酒、咖啡或任何你喜欢的饮料。相信我，会有帮助的！

资产

让我们从你的资产开始。资产是任何你可以出售的真正有价值的东西，但为了计算你的净资产，你不需要计算出所有你拥有的东西的价值，这会耗费大量的时间，而且会变得非常复杂。你只需这样做：登录你所有的银行和投资账户，并将每个账户的余额记在表 4-1 中。然后列出你所拥有的价值超过 100 美元可以卖掉的东西（如果你需要卖掉的话），以及目前的实际售价。如果你购买沙发时花了 500 美元，但现在只能得到 60 美元，那么它价值 60 美元。这可能包括你的车、艺术品、不动产、贵重的珠宝、家具，甚至类似于你奶奶那套漂亮的古董餐盘。写下每个项目的价值（如果你不确定，可尝试通过网络研究调查），并把每个类别的价值加起来，所有这些东西的总和就是你的总资产。

表 4-1　账户余额表

	银行账户		投资		房地产		贵重物品	
	描述/种类	价值	描述/种类	价值	描述/种类	价值	描述/种类	价值
1								
2								
3								
4								
5								
6								
7								
8								
9								
10								
总计								
资产总计								

举个例子，让我们看看其他人的资产。朱莉30岁，在一家大公司的IT部门工作。她还经营着一家在线销售复古服装的副业。她每年可获得7万美元的税后收入，且希望尽快实现财富独立。她的财富目标是100万美元。朱莉目前拥有41.25万美元的资产（如表4-2）。

表4-2 朱莉的资产　　　　　　　　　　　　　　　　　　　　　　单位：美元

	银行账户		投资		房地产		贵重物品	
	描述/种类	价值	描述/种类	价值	描述/种类	价值	描述/种类	价值
1	储蓄1	10 000	401(k)退休福利账户	67 000	公寓	250 000	汽车	10 000
2	储蓄2	5000	罗斯个人退休账户	31 000			吉他	2000
3	活期储蓄1	6000	经纪业务账户	9000			手表	500
4	活期储蓄2	1000	雇主缴费个人退休账户	14 000			唱片	1000
5	商业储蓄	4000					珠宝	2000
6								
7								
8								
9								
10								
总计		26 000		121 000		250 000		15 500
资产总计	412 500							

债务

现在你需要计算你的负债，也就是你欠别人的钱，比如任何学生贷款债务、信用卡债务、个人贷款、汽车贷款或抵押贷款。把这些记在表4-3上，并在单独的一列中记下你当前支付的债务利率。

表 4-3 债务

	描述/种类	欠款金额	利率
1			
2			
3			
4			
5			
6			
7			
8			
9			
10			
11			
12			
13			
14			
15			
16			
17			
18			
19			
20			
总计			

你目前的资金状况如何?

通过表 4-4,你可以清晰地看到你最高的利率,这将有助于制定你的债务偿还策略。确保你是诚实的,不要隐瞒任何事情。把这些欠款暴露在你面前,尽管这会让你痛苦。

表 4-4 朱莉的债务

	描述/种类	欠款金额（美元）	利率
1	信用卡 1	7000	17.50%
2	信用卡 2	4000	22.40%
3	信用卡 3	800	15.60%
4	助学贷款 1	21 000	9.40%
5	助学贷款 2	13 000	5.50%
6	助学贷款 3	6000	7.80%
7	个人贷款	14 000	5.50%
8	抵押贷款	187 000	4.75%
9	汽车贷款	4000	4.25%
10			
11			
12			
13			
14			
15			
16			
17			
18			
19			
20			
总计		256 800	

不管你欠多少钱，都有一条摆脱困境、通向财富的道路。

虽然朱莉擅长投资，但她也有很多债务，她在三家不同的信用卡公司都有欠款。她还有三笔助学贷款、一笔个人贷款、一笔抵押贷款和一笔汽车贷款，这些都降低了她的净资产。

计算你的净值

要计算净资产，只需将总资产减去总负债。如果你没有拥有很多钱，而且还有很多待还清的债务，那么你的净资产实际上可能是负数。这可能令人沮丧，但也别太担心。当我设定财富自由的目标时，我有超过2万美元的信用卡债务，而其他许多已经实现了财富自由的人，最开始的债务甚至更多。

如果你的净资产目前是负数，那么你需要把你的债务加到你的目标投资数字上。当我第一次做这些计算的时候，我的投资目标是1 250 000美元，但由于我有20 000美元的债务，所以我需要投资12 700 000美元，加上我为达到目标而支付的20 000美元利息。实际上，连带利息，我可能需要投资将近1 290 000美元。

基于你的净值计算你的目标投资数字

重要的是要注意区分你的目标投资数字和净值之间的不同。目标投资数字是你需要投资的钱的数量，这样你就可以用你的投资收入来度过余生。你的净资产包括（或将包括）你的投资，但也包括其他可能不会为你带来收入的资产，比如你的房子或黑胶唱片。

你可以用投资收入来支付晚餐的费用，但是除非你租出一个额外的房间，这样你的房子就能产生租金收入，否则你就无法负担出去住一晚上的成本。

为了计算你和你的目标投资数字之间的差距，可从你的净资产中减去产生收入的投资。让我们再看朱莉的例子，假设朱莉的预计支出是每年4万美元（税后），那么100万美元（40 000×25）是她的目标投资数字。虽然她的净值是155 700美元，但她的投资账户却有121 000美元。因此，在这100万美元的目标中，她已经投资了12.1万美元，所以只再需要投资87.9万美元（100万美元-12.1万美元），比她的目标投资数字高12.1%。

虽然朱莉目前住在自己的房子里，不出租房间，但如果她决定出租一个房间或卖掉自己的房子并将这笔收入用于投资，她就可以在她的计算中加上房地产收入。比如说，她每月以 1000 美元的价格出租一个房间，每年就能获得 12 000 美元的收益，而且她不打算卖掉自己的房子。可以简单计算为：40 000 美元（她的目标投资数字）-12 000 美元（持续的租金收入）=28 000 美元。现在，她每年只需要从投资中提取 28 000 美元，因此她的目标投资数字减少到 28 000×25=700 000 美元，这比她最初的计算少 300 000 美元。她每月以 1000 美元的价格出租一个房间，产生了巨大的投资回报率。

如前一章所述，你可以通过从支出目标中减去任何可靠的副收入来调整自己的计算。如果朱莉以 20 万美元的利润卖掉自己的房子，她就可以用这笔钱免税投资。即使她需要重新找一个居住的地方，但如果租金与她的抵押贷款差不多，那么她的费用就不会改变，因为她投资了 20 万美元，她现在的投资总额（121 000 美元 +200 000 美元）=321 000 美元，这使她达到了 100 万美元目标的 32.1%！

债务呢？

很多个人理财书籍建议你先还清最低款项，然后还清其他债务。这种想法是，偿还一个较小的款项比偿还一个较大的款项更容易，而且一旦你还清了一笔债务，你会感觉很好，而且随着时间的推移，你可以更好地处理剩余的债务。

这种先付清最低款项的方式可能会让你觉得比较轻松，但如果你想尽早退休，你需要采用一种可以让你尽可能多地存钱（和投资），而不仅仅是尽可能快地还清债务的方式。出于这个原因，你应该首先偿还那些利率最高的债务，即使金额很庞大。

这是一个数字游戏，一个简单的数学。如果你持有的债务是以 15% 到 20% 的高利率（或更高）累积的，那么你的债务的累积速度可能比投资增长的速度更快。通常，信用卡（尤其是商店专用信用卡，而不是银行发行的信用卡）的利率最高，而学生贷款和抵押贷款的利率相对较低。查看前几页写在图表上的利率就可清晰得知。首先偿还最高利率的债务，而不是基于最大或最小的金额。

一些个人理财专家也建议你在开始投资之前还清所有债务，但这通常是一个糟糕的想法，因为当你在一步一步地还清债务，而不是将钱投资于股票市场时，你会错过任何可能获得的回报。在许多情况下，你在股票市场上得到的回报实际上高于你偿还债务的利息。从理论上讲，你可以在你的余生中持有某种债务（比如抵押贷款），然后用股票市场投资产生的更高的收益来支付你的债务。

尽管我可以很容易地还清我的房贷，一个为期 15 年的抵押贷款，利率为 2.625%，但我选择保留这个抵押贷款，因为我宁愿把钱投资在 7% 的回报上，而不是用它来还清我的抵押贷款。投资股票能带给我更高的回报。我还可以利用房屋所有权的税收优势，比如抵押利息和税收减免。如果你的债务利率高于你实际获得的投资回报，那么你应该在投资前偿还债务，因为债务的复合增长速度比你投资的任何货币都快。

你目前的资金状况如何

复利有两种方式，所以一定要根据目标投资数字做出最明智的决定。例如，信用卡的利率通常非常高，所以在投资前还清这些是有意义的。假设你的信用卡年利率是 22%，这意味着你的信用卡欠款每年会增加 22%。听起来简直是高得离谱，但不幸的是事实就是这样！截至 2016 年 5 月，美国居民信用卡欠款 9530 亿美元，32% 的信用卡持有人持有欠款，且平均欠款为 7527 美元。在年利率为 22% 的情况下，一个持有 7527 美元欠款的人将额外欠下 1 655.94 美元的利息，总额为 9182.94 美元。两年后，他总共欠了 11 203 美元，如果他不能还清，债务只会继续增长。

正如我向你们所说的，股票市场的长期回报率约为 7%（对你们有利），这是一个合理的回报预测，但仍然比信用卡债务增长的 22% 低得多。所以在投资之前先偿还你的信用卡欠款是有意义的。即使在股市上涨之际，它的回报率仍可能远低于 22%。这就是为什么信用卡业务对银行如此重要，几乎没有任何投资可以让你的钱获得 22% 的回报。如果你在使用信用卡，一定要尽力每月付清全部欠款，这样你就不会累积任何利息。如果你不能做到这一点，那么你需要重新考虑你的支出。如果你已经有 15% 以上的债务，在进行任何投资之前，尽可能快地偿还你所有的债务。

那么，学生贷款和投资呢？当然，也取决于利率。如果你的学生贷款利率是 6%～7%，那么这是一个更艰难的选择，因为这接近你在投资中获得的平均年回报率，如果你有像样的信用，你可以再融资贷款，并将利率降低到 3%～6%。如果你可以再融资到这个水平或更低，那么你应该将所有额外的钱用于投资，而不是用于偿还学生贷款。不管你选择做什么，你都应该每月支付你的最低助学贷款。如果你的利率达到或接近你期望在市场上获得的 7% 的水平，那么你可以选择更快地还清你的债务，也可一次还清两个月的债务，然后再将任何额外的现金用于投资。

如果你的公司可以基于你在 401（k）退休福利账户中贡献额的一定比例为你建立基金，那么无论你有多少债务或需支付的利息，你都应该始终保持投资。通常，一家提供退休计划的公司会基于你的贡献额的其中一部分提供建立基金的计划，最高可达到你工资的一定百分比（通常在 3%～6%）。这是免费的钱，当你利用它的时候，基本上就像你的投资获得了 50%～100% 的回报。你永远不会从市场本身获得这些回报，所以如果你没有充分利用公司的这种基金计划，你就是在浪费一个绝佳的机会。如果你的公司提供一定比例的基金计划，那么你一定要投入足够的资金来最大化利益。因此，如果你的公司以你薪水的 3% 为比例帮助你建立基金，那么你应该在你的 401（k）退休福利账户中至少投资 3%。如果你的公司以你贡献的 50% 作为建立基金的比例，假设 4%～6%，那么你应该至少贡献 6%。增加财富的第一条规则：不要浪费那些可以属于你的钱。

控制情绪、稳定心态

除了政治、宗教或性，可能没有什么比金钱更能让人激动的了。人们为了金钱而杀人。家庭、社区和整个社会都因金钱而遭到破坏。但是，在创造财富方面，你可能犯的最大的错误之一就是让你的情绪阻碍你做出一个好的决定。

因为我们把历史、情感、欲望和梦想都融入金钱中，所以学习如何感知和控制我们对金钱的反应是很重要的。这种正念需要一些练习，但你越频繁地与金钱互动，做起来就越容易。如果你真的想建立财富，面对波动时，你应该学会控制情绪、稳定心态，这样你才会更成功。

当我刚开始投资时，我买了价值3000美元的股票，花了很多时间研究。那时候我的钱几乎都用光了，所以第二天我不断刷新手机，查看股票价格。第一天我损失了大约500美元。我感到很沮丧，负面情绪在我脑海中挥之不去。一周后，在损失了将近1200美元之后，我卖掉了它。可是在后来的几年里，这只股票的价格竟然翻了一番多。如果我能控制住自己的情绪，再坚持一下，也许我就成功了。

即使在那次教训之后，每每遇到股票市场和我的投资在短期内下跌时，我还是吓得够呛。我告诉朋友，"这周我在股市损失了1万美元！"事实上，只有当你出售投资时，亏损才真正开始了。我没有损失任何东西，真的，因为我一直在投资我的钱。

这可能是非常困难的，但是你越情绪化，你赚的就越少，你投资的就越少，所以要最大化金钱的潜力就越困难。最近有一天，我的投资在一周内损失了5万美元，我却一点也不担心。虽然大多数媒体都预测股市即将崩溃，但我却表现得很冷静，因为我在打一场长线游戏。回忆起以前损失钱时我那个糟糕的样子，我自己都忍不住发笑。你在金钱上越有经验，就越容易控制你的情绪。

财务顾问存在的一个主要原因不是因为管理资金有多么复杂（读完这本书后，你会知道你需要知道的几乎所有东西），而是因为他们知道如何阻止客户在涉及资金时做出愚蠢的决定。金融顾问们经常遇到这样的事：每当市场下跌时，他们都会接到客户打来的惊慌失措的电话。这些客户无比恐慌，认为他们应该立刻卖掉所有的股票以避免未来的损失，但投资是一个长线游戏，若对每一个市场的波动都表现得如此惊慌，那可不是一件好事。所以要学会冷静下来，专注于全局，打持久战！

你不仅需要学习如何在市场下跌时沉着应对，还需要学习如何承担计算好的风险，甚至承担一些未知的风险。我认识一些害怕投资的人，因为通货膨胀每年上升2%到3%，他们把钱存在一个储蓄账户里，只赚1%或更少，实际上是在赔钱。当然，你可能会在投资上损失金钱，但在通货膨胀中损失是有保证的损失！而且，如果明智地投资，长期来看，在大多数情况下，上涨趋势远远大于下跌趋势。但是，我们人类比起享受胜利，其实更害怕失败（这一概念被恰当地称为损失厌恶），这就是为什么有些人要么根本不投资，要么陷入情绪的过山车中，总是追逐下一个大的收益，要么惊慌失措，对波动、下跌做出草率的决定。但是投资不是赌博，有很多方法可以将风险降到最低，正如你在本书中看到的那样。

同样的情况也发生在偿还债务上。有些人会因为背负大量债务而感到沮丧、害怕或尴尬，直到他们付清所有债务后才想投资。尽管数据显示这通常不是一个好的决定，但他们被自己的情绪所控制，太过于忧心自己的债务，一心想还清。再加上对风险的厌恶，如果这些人能逐步提升他们的财富，可谓真的很幸运了。简而言之，请记住金钱只是一个数字游戏，不管你感觉如何或相信什么，它的运作原理都是那样。你越早开始投资，你就越了解资金是如何运作的，你就越有信心，越容易实现你的目标。

日常习惯 = 财富

大多数人不关心他们的钱，他们要么什么都不做，要么做出错误的决定。太多的人仅仅每月一次、一年一次，甚至直到他们的税款到期时才想起来去审视他们所用的钱。他们计划在月底存钱,但除去各种开支,到月底时,即使还有些许金钱剩余,那也是极少了。等到下个月,同样的事情依旧会发生。另一个问题是,许多人没有密切跟踪他们的支出,他们要么认为自己很富有(实际并非如此),要么认为自己只是超支了,而一旦超支,往往会导致他们的内疚情绪和对金钱的恐惧,这是创造财富的两大障碍。

这是信用卡和一键在线订购的问题之一。在你还没挣到钱或者没有钱的时候消费是很容易的。早在信用卡产生之前(20世纪50年代以前),要预支花费你所没有的钱简直不可能,这个想法根本就不存在,除非你从一个不正当的家伙那里借钱。当然如果你不还钱,他就会来找你。但在银行使借款变得如此容易之后,个人债务在美国激增。银行每年从每月未付清欠款的用户那里获得数十亿美元的利息。(小窍门:如果你的信用卡在过去几个月里有任何利息支出,打电话给你的银行,要求他们删除。如果已经超过三个月,他们可能不会移除它们,但是有99%的可能他们会移除过去几个月的记录,以维持你的客户身份,索要和拿回你的钱很正常。)

你可以通过养成一系列日常习惯来避免这个陷阱,监控你的资金,并制定如何使其增长的策略。我们每年花2000多个小时来赚钱,但是我们要花多少时间来管理它呢?每天只需5分钟。当金钱成为你日常生活的一部分时,控制你的情绪、评估和适应风险以及做出更好的金钱策略会变得容易得多。虽然建立一个新的习惯可能需要一些时间,但是每天的小决定和习惯对生活的影响可能是巨大的。

建立更好的习惯最有效方法是每天做一次。事实上,这与大多数关于金钱的常识相反,后者认为你应该尽可能地自动化你的金融生活,以减少你的错误决定。很多专家都会告诉你"先设定好,然后忘记它",因为,思想是这样的,你付出的努力越少,你就越有可能做一些长期有益于你的事情。

很多个人理财专家会告诉你,财富的关键是自动化,但自动化远远不够。自动化是现状。这只是开始,但这也是你自满的原因,因为他认为投资5%到10%的收入就足够了,然而这远远不够,这才刚刚是起点。如果你目前投资

10%的收入，那么接下来你需要尽你所能的投资至少11%，然后是12%，尽可能多地提高你的储蓄率。

要实现自动化并实行下去其实很容易。但是它却不能让你达到下一个水平。更努力地工作是你获得财富自由的方式。例如，在每个美好的周六，在别人起床忙碌之前，你就已经早早地投入奋斗中去了。财富自由不是建立在自满之上，它建立在许多可能挑战你极限的方面，有时候会令你感到很艰辛，它是关于成长、学习、挑战和前进的，然后延伸至更多、更远。幸福是在旅途中，在挑战中，在成长中。

你在优化金钱时越积极和投入，就越能挣到钱并进行投资。如果你每天都密切跟踪你的资金，你就会越来越得心应手。而且这不需要花费很多时间和精力，也不烦琐。举个例子，每天早上我都会煮点咖啡，然后用一个简单的免费跟踪应用程序分析我的净值，你可以从 https://financialfreedombook.com/more 中下载。我会登录我的投资账户，看看投资组合前一天的表现。然后分析我前一天的支出以及本月截至目前的所有支出，看我是否坚持了我的消费目标。再看看我从所有的收入来源（包括我的投资）中赚了多少钱，以及我的投资目标是否实现。我还检查了我的银行和信用卡账户，以查看一切是否正常，例如是否有额外的或欺诈性的费用和不明所以的费用，以及是否仍有些我没收回的欠款。

最后，我花了几分钟的时间思考我能赚钱的其他方法。这周我能开发个新客户吗？我能把一个新项目卖给一个老客户吗？我认识的人需要额外的帮助吗？整个过程大约需要5分钟～10分钟，但是这个习惯是我每天做的最重要的事情之一。当我看到我的钱增长时会很兴奋，并且想知道如何能赚更多。当它停止增长或资金很少时，就会促使我去赚钱。

如果我偏离了轨道，我就知道发生了什么，并可以立即解决问题。上个月是否进行了大量的支出？是否没达到我的投资目标？那么这个月我需要更努力。因为我知道我的钱是如何运作的，所以我可以更好地决定如何赚钱、投资和消费。以这种方式开始我的一天有助于我节省数十万美元，这会帮助我减少每日的开支，真的很管用。

你可能在想，每天都要坚持做吗？对，每天。当你花更多的时间在你的金钱上时，你与它的关系将会加强。你不会一直担心，而是会开始感觉到金钱按照着你想要的方式运作。你会与金钱更加熟悉、亲近。相较于以前，你也能更容易控制你的情绪和发现最佳的机会。金钱将伴随你一生，所以花时间和它建立一种积极的关系，不会有坏处。

虽然我偶尔会怀念以前一些潇洒的日子（没有人是完美的），但第二天我又会继续保持自己的习惯，监督自己。即使我在度假或旅行，没来得及保持我的习惯，我仍然尽量将这个期限控制在三天以内。我每天、每周、每月、每季度和每年做的和推荐你做的每件事将在第十二章中做详细的介绍。你可以使用我的习惯作为基准，并根据自己的具体目标对它们进行定制。

说真的，坚持这个习惯一周，你会惊讶地发现，你开始注意一些细微的地方，并且对金钱的控制能力大大增强。你会感觉轻松、自由。很快，你就会发现金钱就是一场数字游戏，你玩得越好，你就越有机会成功。你会发现更多的机会。承担一些预计好的风险也会变得更容易。随之，你收获的金钱也会更多。

要点总结

1. 净值是个人理财中最重要的数字，也是你的理财计分卡。为了计算你的净资产，你需要把你的资产（即有价值的东西，如现金、房子和投资）加起来，然后减去你的负债（即任何种类的债务）。你应该至少每周监控一次。

2. 你的净值和目标投资数字不一样。目标投资数字是你需要投资的钱的数量，这样你就可以用你的投资收入来度过余生。净资产包括（或将包括）你的投资，但也包括其他可能不会为你带来收入的资产。

3. 通过从你的目标投资数字中减去你净资产的创收投资，来计算你和你的目标投资数字之间的差距。

4. 以一种尽可能储蓄（和投资）金钱的方式偿还债务。不要只是专注于尽快还清债务。而是无论欠款多少，都应该首先偿还那些利率最高的债务。

5.如果你的公司提供一定比例的401（k）退休福利账户基金建立计划，一定要投入足够的资金来最大化这个计划，因为它是免费的。

6.人们对金钱的态度过于情绪化。合理控制你的情绪，稳定心态。

7.日常习惯等于财富。当金钱成为你日常生活的一部分时，控制你的情绪、评估和适应风险以及做出更好的决定会变得容易得多。虽然建立一个新的习惯可能需要一些时间，但它的终生影响可能是巨大的。

8.自动化是现状。它只是开始，要自动化并实行下去很容易，但不会让你达到下一个水平，拓展和成长是你获得财富自由的方式。

9.每天花5分钟研究你的钱。金钱就像是一场数字游戏，你玩的次数越多，获得的成果就越好。你会发现更多的机会，也能更好地承受一些预计的风险，收获更多的金钱。

第五章

第三步（上）：彻底改变你对金钱的看法

如何快速创造财富

既然你已经知道目前的资金状况，也明确了目标，接下来就可以开始建立实现目标的策略。虽然有很多方法可以创造财富，但它们都依赖三个相同的基本变量（我喜欢称之为杠杆）：

（1）收入：你赚了多少钱。
（2）积蓄：你储蓄/投资了多少钱。
（3）开支：你要花多少钱。

这并不是什么尖端科学。你的储蓄和收入增加得越多，支出减少得越多，你拥有的钱就越多，你就能越快地达到下一水平的财富自由和财富独立。

大多数个人理财的问题在于，它主要关注以上三个变量中的两个：如何减少开支以及如何增加积蓄。但是，如果想在经济上有保障的话，就要削减大量开支。即使你大量削减开支，减少与朋友聚会的次数或者从承办的公司活动中获得免费食物，你能省下的钱也都会受到赚钱能力的限制。

这里有一些更深层的东西是大多数书籍和专家所疏忽的。为了快速创造财富，你需要最大化这三个杠杆的潜力。通过减少开支，并且增加收入，你将有更多的钱来储蓄/投资，这将帮助你提高储蓄率。

虽然这两者都是必不可少的，但为了快速实现财富自由，增加收入比削减开支更为有效，因为你可削减的力度受你收入的影响，所以增加收入，你就有更多的钱用于投资，并通过复利的原则，使你的钱以飞快的速度增长。

当我尝试是否可以在30岁拥有100万美元的时候，我做了一个数学计算，我意识到即使我将年薪5万美元的一半用于投资，以每年7%的速度进行复利，那我也至少需要 25 年才能拥有 1 250 000 美元。但到那时，由于通货膨胀，那点钱也不足以退休。除非你已经赚了不少钱，否则仅靠储蓄很难迅速实现财富独立。不是说你做不到，你一定能做到，只是可能要花 20 多年的时间，当然这比 40 年，或者永远不会退休听起来乐观许多！

也就是说，储蓄是非常重要的，你赚的钱越多，你能储蓄的钱也越多。如果你能成为一个超级储蓄者（我对那些每年储蓄超过总收入 25% 的人使用这个词），你可以大幅度减少你需要的年数，直到你"退休"。

你的储蓄率越高，退休的速度就越快

有两种方法来衡量你储蓄了多少：美元和百分比。当你试图看待你储蓄的钱（你的每日、每月和年度目标）时，用美元来考虑这些是有意义的，因为你的数字是一个固定的美元金额。但在计算储蓄金额时，从百分比的角度考虑更有效，因为你储蓄的收入百分比与你退休所需的时间直接相关，而且随着收入的增加，跟踪和比较你不同时段储蓄的金额也更容易。因此，重要的是要同时监控你的储蓄金额和储蓄率，这样你就可以跟踪和优化你的储蓄金额和收入的百分比。这两种方法都会激励你储蓄更多的钱，因为有些人觉得百分比更直观，而另一些人则觉得美元更直观。

你储蓄和投资的收入百分比被称为你的储蓄率，储蓄率越高，你就能越快达到目标资金数字。要计算你的储蓄率，你需要把储蓄的所有美元加起来，包括税前账户［例如401（k）退休福利账户和罗斯个人退休账户］和税后账户（经纪），然后除以你的收入。右侧是一个实例，假设你有10万美元的收入，并且储蓄率为40%。监控储蓄率的一个简单方法是使用每月更新的电子表格（如表5-1）。

表 5-1 每日监控你的储蓄率　单位：美元

年度储蓄	
银行账户	
储蓄 1	5000
储蓄 2	2000
投资	
税前	
401(k) 退休福利账户	18 500
罗斯个人退休账户	5500
税后	
经纪业务账户	9000
总计储蓄	40 000
收入	100 000
储蓄率	40%

安妮塔，一位居住在芝加哥的律师，在33岁时，以70万美元的投资组合，在五年内实现了财富独立。她通过投资85%的收入和每年不到25 000美元的生活费开支实现了财富自由。史蒂夫和妻子考特尼通过将工作所得收入的70%用于投资，共计储蓄了89万美元，两人都在35岁得以退休。克里斯蒂和布莱斯在投资了70%的总收入后，以超过100万美元的收入于32岁退休。J.P. 通过投资80%的收入，获得了250多万美元，且得以在28岁时退休。布兰登在34岁的时候就投资了85%的收入。我通过储蓄和投资至少60%的全职和兼职收入，共计获得了125万美元，实现了经济独立。

虽然现在想把50%以上的收入用于储蓄/投资可能听起来很疯狂，但如果你愿意把储蓄和赚更多的钱放在首位，对大多数人来说实际上是可能的。正如我之前提到的，我总是把投资看作一个机会，而不是牺牲。或者正如布兰登所说："这不是剥夺，而是优化。"

即使你无法赚很多钱，但能尽可能地减少开支，提高储蓄率，你也可能提前退休。这很难做到，但却有许多教师、看门人、公务员和其他人以自己的方式大量储蓄，早早实现了财富自由，听起来很不可思议，是吗？从字面上看，每多储蓄1%的钱，你就可以减少为达到经济独立所需的时间。记住，在62岁（传统退休年龄）之前的任何时候退休都是提前退休，所以如果能提前1年、2年、5年或10年退休，将是一项不可思议的成就。

让我们来瞧瞧在不同收入水平上提高储蓄率是如何影响你实现财富自由的速度的。我将使用我的目标值1 250 000美元和预期的年投资复合率7%为例计算。

花几分钟时间研究下面的储蓄率图表。

通过表5-2，收入和储蓄率之间的关系显而易见。假设你想在15年内退休，要在那时拥有1 250 000美元，就需要每年投资50 000美元。200 000美元的税后收入相当于你收入的25%，此外，你留下了150 000美元负担日常开支。如果收入是100 000美元，你就必须将储蓄率提高到50%，这是完全可行的，因为你可以以每年50 000美元在任何地方过上美好的生活。在75 000美元收入的情况下，要投资50 000美元听起来很困难，但这仍然可能，取决于你住在哪里和如何生活。但如果你的收入在50 000美元以下，15年内退休是不可能的，因为你根本没有足够的钱来用于投资。

表5-2 储蓄率与收入的关系表　　　　　　　　　　单位：元

储蓄率	收入	支出	年度储蓄存款	月度储蓄存款	你的目标投资数字	年限（年）
5%	30 000	28 500	1500	125	1 250 000	60.35
10%	30 000	27 000	3000	250	1 250 000	50.35
15%	30 000	25 500	4500	375	1 250 000	44.6
20%	30 000	24 000	6000	500	1 250 000	40.59
25%	30 000	22 500	7500	625	1 250 000	37.53
30%	30 000	21 000	9000	750	1 250 000	35.06
35%	30 000	19 500	10 500	875	1 250 000	33.01
40%	30 000	18 000	12 000	1 000	1 250 000	31.26
45%	30 000	16 500	13 500	1 125	1 250 000	29.74
50%	30 000	15 000	15 000	1 250	1 250 000	28.4
55%	30 000	13 500	16 500	1 375	1 250 000	27.21
60%	30 000	12 000	18 000	1 500	1 250 000	26.14

续表

储蓄率	收入	支出	年度储蓄存款	月度储蓄存款	你的目标投资数字	年限（年）
65%	30 000	10 500	19 500	1 625	1 250 000	25.16
70%	30 000	9 000	21 000	1 750	1 250 000	24.27
75%	30 000	7 500	22 500	1 875	1 250 000	23.46
80%	30 000	6 000	24 000	2 000	1 250 000	22.7
85%	30 000	4 500	25 500	2 125	1 250 000	22
90%	30 000	3 000	27 000	2 250	1 250 000	21.35
95%	30 000	1 500	28 500	2 375	1 250 000	20.75
100%	30 000	0	30 000	2 500	1 250 000	20.18
5%	50 000	47 500	2500	208	1 250 000	52.96
10%	50 000	45 000	5000	417	1 250 000	43.12
15%	50 000	42 500	7500	625	1 250 000	37.53
20%	50 000	40 000	10 000	833	1 250 000	33.66
25%	50 000	37 500	12 500	1 042	1 250 000	30.73
30%	50 000	35 000	15 000	1 250	1 250 000	28.4
35%	50 000	32 500	17 500	1 458	1 250 000	26.48
40%	50 000	30 000	20 000	1 667	1 250 000	24.86
45%	50 000	27 500	22 500	1 875	1 250 000	23.46
50%	50 000	25 000	25 000	2 083	1 250 000	22.23
55%	50 000	22 500	27 500	2 292	1 250 000	21.15
60%	50 000	20 000	30 000	2 500	1 250 000	20.18
65%	50 000	17 500	32 500	2 708	1 250 000	19.31
70%	50 000	15 000	35 000	2 917	1 250 000	18.52
75%	50 000	12 500	37 500	3 125	1 250 000	17.79
80%	50 000	10 000	40 000	3 333	1 250 000	17.13
85%	50 000	7 500	42 500	3 542	1 250 000	16.52
90%	50 000	5000	45 000	3 750	1 250 000	15.96
95%	50 000	2500	47 500	3 958	1 250 000	15.44
100%	50 000	0	50 000	4 167	1 250 000	14.95

续表

储蓄率	收入	支出	年度储蓄存款	月度储蓄存款	你的目标投资数字	年限（年）
5%	75 000	71 250	3750	313	1 250 000	47.18
10%	75 000	67 500	7500	625	1 250 000	37.53
15%	75 000	63 750	11 250	938	1 250 000	32.11
20%	75 000	60 000	15 000	1250	1 250 000	28.4
25%	75 000	56 250	18 750	1563	1 250 000	25.64
30%	75 000	52 500	22 500	1875	1 250 000	23.46
35%	75 000	48 750	26 250	2188	1 250 000	21.67
40%	75 000	45 000	30 000	2500	1 250 000	20.18
45%	75 000	41 250	33 750	2813	1 250 000	18.9
50%	75 000	37 500	37 500	3125	1 250 000	17.79
55%	75 000	33 750	41 250	3438	1 250 000	16.82
60%	75 000	30 000	45 000	3750	1 250 000	15.96
65%	75 000	26 250	48 750	4063	1 250 000	15.19
70%	75 000	22 500	52 500	4375	1 250 000	14.5
75%	75 000	18 750	56 250	4688	1 250 000	13.87
80%	75 000	15 000	60 000	5000	1 250 000	13.29
85%	75 000	11 250	63 750	5313	1 250 000	12.77
90%	75 000	7500	67 500	5625	1 250 000	12.29
95%	75 000	3750	71 250	5938	1 250 000	11.84
100%	75 000	0	75 000	6250	1 250 000	11.43
5%	100 000	95 000	5 000	417	1 250 000	43.12
10%	100 000	90 000	10 000	833	1 250 000	33.66
15%	100 000	85 000	15 000	1250	1 250 000	28.4
20%	100 000	80 000	20 000	1667	1 250 000	24.86
25%	100 000	75 000	25 000	2083	1 250 000	22.23
30%	100 000	70 000	30 000	2500	1 250 000	20.18
35%	100 000	65 000	35 000	2917	1 250 000	18.52
40%	100 000	60 000	40 000	3333	1 250 000	17.13
45%	100 000	55 000	45 000	3750	1 250 000	15.96
50%	100 000	50 000	50 000	4167	1 250 000	14.95

续表

储蓄率	收入	支出	年度储蓄存款	月度储蓄存款	你的目标投资数字	年限（年）
55%	100 000	45 000	55 000	4583	1 250 000	14.07
60%	100 000	40 000	60 000	5000	1 250 000	13.29
65%	100 000	35 000	65 000	5417	1 250 000	12.6
70%	100 000	30 000	70 000	5833	1 250 000	11.99
75%	100 000	25 000	75 000	6250	1 250 000	11.43
80%	100 000	20 000	80 000	6667	1 250 000	10.92
85%	100 000	15 000	85 000	7083	1 250 000	10.46
90%	100 000	10 000	90 000	7500	1 250 000	10.04
95%	100 000	5 000	95 000	7917	1 250 000	9.65
100%	100 000	0	100 000	8333	1 250 000	9.29
5%	200 000	190 000	10 000	833	1 250 000	33.66
10%	200 000	180 000	20 000	1667	1 250 000	24.86
15%	200 000	170 000	30 000	2500	1 250 000	20.18
20%	200 000	160 000	40 000	3333	1 250 000	17.13
25%	200 000	150 000	50 000	4167	1 250 000	14.95
30%	200 000	140 000	60 000	5000	1 250 000	13.29
35%	200 000	130 000	70 000	5833	1 250 000	11.99
40%	200 000	120 000	80 000	6667	1 250 000	10.92
45%	200 000	110 000	90 000	7500	1 250 000	10.04
50%	200 000	100 000	100 000	8333	1 250 000	9.29
55%	200 000	90 000	110 000	9167	1 250 000	8.65
60%	200 000	80 000	120 000	10 000	1 250 000	8.09
65%	200 000	70 000	130 000	10 833	1 250 000	7.61
70%	200 000	60 000	140 000	11 667	1 250 000	7.18
75%	200 000	50 000	150 000	12 500	1 250 000	6.79
80%	200 000	40 000	160 000	13 333	1 250 000	6.45
85%	200 000	30 000	170 000	14 167	1 250 000	6.14
90%	200 000	20 000	180 000	15 000	1 250 000	5.86
95%	200 000	10 000	190 000	15 833	1 250 000	5.6
100%	200 000	0	200 000	16 667	1 250 000	5.36

通过前表 5-1，可以看到根据你的年度税后收入和年度支出（开销），你需要多少年才能实现财富独立。如你所见，收入越高，支出越少，所需的时间就越短。

这也说明了仅仅关注消费和储蓄并不足以帮助大多数人提前退休。因此，考虑到这一点，让我们把注意力转移到真正有趣有用的事情上，赚更多的钱！

企业思维方式

尽管有无数关于如何赚钱的书籍、文章和案例研究，但基于一个简单的原因，富人变得更富有：他们利用尽可能多的方法来赚钱和省钱。我称这种思维方式为企业思维方式，因为它与企业如何赚钱、积累和增长资金非常相似，他们不会浪费金钱和时间。

富人不会把金钱视为他们需要最大化的有限资源（大多数人这样做），而把金钱视为一种可替代的工具，可以用于任何目的。他们利用每一个机会，通过削减开支、优化费用/价格、减少税收、建立多个收入来源以及使用他们能找到的任何其他方式，来赚取更多的钱和创造财富。他们把精力集中在如何每时每刻挣更多钱上。世界上最成功的投资者沃伦·巴菲特（Warren Buffett）每小时的收入约为 134 万美元，即使在他睡觉的时候也是如此。虽然现在我可能快赶上沃伦·巴菲特了，但去年我睡觉时每小时才挣 45 美元。

好消息是，几乎所有可接触到互联网的人都可以采用这种企业思维方式。多亏了科技，监控和优化，使赚更多的钱变得前所未有的容易。跟踪和优化你每小时赚的钱也从来没有这么容易过。网络上，有许多可以借助分析你投资绩效的在线工具，以及推荐不同方法优化性能的工具。由于人工智能和机器学习的发展，这些工具才变得更好。

在撰写本文时，我正在测试一些新的工具，这些工具可以分析你的赚钱、储蓄和支出模式，不仅能提供优化建议，实际上还可以使你的大部分财务生活

图 5-1 财富自由的前几年

年度支出 \ 税后年收入	$25k	$30k	$35k	$40k	$45k	$50k	$55k	$60k	$65k	$70k	$75k	$80k	$85k	$90k	$95k	$100k
$95k																65.8
$90k															64.7	21.4
$85k														63.6	50.3	42.8
$80k													62.4	49.1	41.7	36.7
$75k												61.1	47.9	40.6	35.6	31.9
$70k											59.8	46.7	39.4	34.5	30.8	28
$65k										58.4	45.3	38.1	33.2	29.7	26.9	24.6
$60k									56.8	43.9	36.7	31.9	28.4	25.7	23.5	21.6
$55k								55.2	42.3	35.2	30.5	27.1	24.4	22.3	20.5	19
$50k							53.3	40.6	33.7	29	25.7	23.1	21	19.3	17.8	16.6
$45k						51.4	38.8	31.9	27.4	24.2	21.6	19.6	18	16.6	15.4	14.4
$40k					49.1	36.7	30.1	25.7	22.5	20.1	18.2	16.6	15.3	14.2	13.3	12.4
$35k				46.7	34.5	28	23.8	20.7	18.4	16.6	15.1	13.9	12.9	12	11.2	10.5
$30k			43.9	31.9	25.7	21.6	18.8	16.6	14.9	13.6	12.4	11.5	10.7	10	9.3	8.8
$25k		40.6	29	23.1	19.3	16.6	14.6	13.1	11.8	10.8	10	9.2	8.6	8	7.6	7.1
$20k	36.7	25.7	20.1	16.6	14.2	12.4	11	10	9.1	8.3	7.7	7.1	6.7	6.3	5.9	5.6

资料来源：Four Pillar Freedom 网站的文章

自动化，人工智能总是能为你做出正确的资金决策，也可以告知你缘由。

在许多情况下，正确的货币决策即有关于数学上的正确。但正如我已经与你分享的，虽然自动化还远远不够，但令人难以置信的是，潜在的技术可以帮助更多的人根据实际模式、行为和性能数据，用他们的钱做出更明智的决策。

还有很多不错的网站，你可以学习到赚钱的新技能，以及找到一些可以帮助你额外创收的机会，例如有可能是50美元的遛狗表演或者是一个月的辅导项目。最近，我自己就在网上找了个辅导学生在线学习英语的工作，一周只花几个小时，但是一个月差不多可以挣2000美元。关键是，采用企业思维方式赚更多的钱从来都不容易，但很少有人能充分利用这一事实。说真的，到处都有赚钱的机会。

为了尽可能多地赚钱，你需要尽可能使用多样性的赚钱策略。赚钱的方式有四种：

（1）全职工作——为别人工作
（2）副收入——尽可能多地创造副收入的来源
（3）企业家精神——扩大你的工作范围和/或让它成为你的全职工作
（4）投资——通过市场，不断增加你的钱

专注于这四个方面可以帮助你在最短的时间内赚最多的钱，同时也可以不断提高你对金钱的控制力。不管是一个动荡的股票市场，还是一个随时可能失业或选择解雇你的雇主，你都知道，不管发生什么，你仍然可以依靠至少一种方式来赚钱。如果你可以通过帮助人们建立网站（我是这样做的）来创造收入，或者在Etsy上销售手工贺卡等，即使你失业了，也不用惊慌。同样地，如果你不喜欢你的全职工作，那么拥有其他收入来源可以让你在任何时候都有辞职的自由。多种收入流为你提供了选择、灵活性和更多的控制力。

在后面的章节中，我将向你详细介绍有关这些知识的所有方面，但首先，重要的是要理解为什么每一个方面都对实现企业心态至关重要。

充分利用你的全职工作

仅仅为别人工作是很难取得进步的，因为你赚的钱受你的时间和薪水限制，而你的雇主会尽量压低你的工资水平，因为公司（遵循企业的心态）会试图压缩一切的企业开支。你是在牺牲时间换取金钱，赚的钱有限，因为你的时间有限。

但是，做一份全职工作却也有很多其他工作没有的好处。把你的全职工作当作日后赚更多钱的基石，也是不错的选择。你的全职工作不仅能带给你稳定的薪水（可以通过升职或加薪来增加），而且可能会给你提供大量的额外福利，比如学习新技能和建立人际关系的机会，以及那些在企业界之外无法获得或如果自己支付异常昂贵的服务，最常见的就是保险。

在美国，医疗保险是非常昂贵的，但拥有大量员工的公司通常可以获得较高的团体费率，保费更低，福利更好。另外，公司通常会支付一部分溢价，所以你的份额相对来说是最小的。大多数公司都有人力资源部门，可以为你提供选择计划的建议。他们也可能提供残疾保险，这样你就不必担心如果你受伤、生病或有孩子（育儿假通常包括在短期残疾保险中）时，会损失收入来源。此外，也提供人寿保险，所以如果你出什么意外，你所爱的人就会得到照顾。

另外，正如我们之前提到的，许多公司都会提供基于401（k）退休福利计划一定比例的基金建立计划，这些对你来说无疑就是免费的钱。如果你为自己工作的话，很明显，你会损失掉这笔钱。

你也很可能会得到一些带薪休假，比如休假、病假或事假。一些公司还提供一系列其他福利，如免费或打折的托儿或健身房会员资格、免费食物、免费现场医生、免费交通、免费教育机会。只要你利用好这些福利，你就相当于省下了可能需要自己额外为此部分服务付费的钱。在某些情况下，这些福利的总价值加起来很容易能占到你工资的 20% 到 50%，从而增加你的整体薪酬。

另一个有价值且完全可以谈判的好处是股权，它是公司所有权的一部分，你的公司可能会利用股权来吸引你继续在那里工作。

成为公司的"所有者"可能真的很令人兴奋，但只有当你的公司业绩很好并且持续发展，或者你的公司被出售时，股权才是有价值的。很多员工都梦想着能得到数百万美元的现金，即使这可能会发生，但也绝对是一个例外。把你的资产看作一个潜在的未来红利往往更有价值，而不是当你困顿时拯救你，使你振作的一笔资金（即使可以的话）。

此外，如果你是一名老员工，那你拥有的股份价值也比新员工的高，即使你的股份或所有者权益可能不增值时。任何投资都有风险，你的全职工作就是在用你的时间做投资。

要想弄清楚股权目前是否有价值或将来是否有价值，你需要像投资者一样思考。你会投资于你的公司吗？你相信公司的愿景、业务和领导力吗？你愿意留下来帮助公司发展吗？如果答案是肯定的，那么对于股权的谈判就是有必要的，且其最终可能成为非常有价值的利益。此外，全职工作还有一个很大的好处，即有远程工作的机会，在许多情况下，这不仅给了你更多的时间控制权，而且给了你更多的灵活性来赚更多的钱。值得庆幸的是，为了保持竞争力和获得顶尖人才，越来越多的公司正在制定更宽松的远程工作政策，因为我们的大部分工作都可以在任何地方的计算机上完成。这对你和任何一个一心想赚更多钱的人来说都是一个巨大的机会，它打破了金钱和时间之间的线性关系。

在许多情况下，只要你高效高质地完成了工作，就可以选择在任何地方工作。如果你已经完成全职工作任务，还有额外的时间，也可以找一些副业或者赚钱的项目做。一定要检查你的员工合同，看看其中是否有对你在办公室以外工作的任何限制。许多公司都有一个非竞争条款，明确你不能为竞争公司工作。虽然这是可以理解且合理的，但不要让你的公司限制你在全职工作之外赚钱的能力。一切都是可协商的，只要不与你的公司竞争，你就有权抽时间赚更多的钱。

有些公司试图限制你赚外快的能力或使用恐吓策略来阻止你赚钱，这样的公司要尽量避而远之。

Millennial Money 网站上一位名叫布赖恩的读者有一份全职的网络管理员工作，有着丰厚的福利，年薪为 10 万美元，但他几乎 100% 地进行远程工作，每周只需 15 到 20 个小时就能完成工作，把剩下的时间花在经营一家小型咨询公司上，为一些小公司做类似的工作，这些公司每年给他带来 15 万美元的收入。

尽管他可以辞掉全职工作，发展自己的咨询业务，但他热爱全职工作的好处和保障，找到了正确的平衡点，如果有一天他真的想从雇主那里跳槽，或者被解雇了，那么也有选择的权利。这种情况我经常见到，你可以这样有目的地设计你的职业生涯。现在要实现远程工作已经变得十分容易，且赋予你一个绝佳的机会，使你以自己的条件赚更多的钱。

当把这些雇主的福利最大化时，你可以省下一大笔钱。布兰登，23 岁，在谷歌工作，住在公司停车场的一辆卡车里。皮特和卡拉，一对在谷歌工作的夫妇，住在停车场的一辆房车里。由于谷歌薪酬和福利均很丰厚，并提供了免费的食物，这三个有进取心的员工能够靠微薄的收入生活，投资了 80% 的收入。

当然，即使你喜欢你的全职工作，但为了赚钱而必须在一家公司工作的最大缺点是：你的时间不是你自己的，而且工资越高，你的雇主就越期待你通过大量的工作来证明你的工资是合理的，这就是即使你的薪水很高，你的收入流仍然值得多样化的原因，这样你就可以在你觉得目前这一份全职工作已经没有意义时，果断辞职离开。

在本书的后面，我将向你说明如何具体地最大化你的全职工作效力，包括如何分析你的市场价值和对公司的价值以获得加薪，如何让你的老板认为你是有史以来最好的员工，如何在今天和将来快速提升你的工资，以及如何最大化你的所有福利，包括获得远程工作的机会。

发展副业，多样化你的收入来源

如果你真的想赚更多的钱，你需要成为一名企业家。这里的企业家不是要求你创建一家非常成功的公司，然后以10亿美元将其售出。你可以通过出售人们会买的东西来成为企业家。如果你在全职工作之外赚了钱，即使每周多赚10美元，你也是一个企业家。

很多人在走上职业道路或者在从事一份全职工作之前，都会找些零工赚钱。他们可能会兼职做服务生；或者可能会照看、修剪草坪；或者在叔叔的美容院工作。当没有钱时，你需要抓住任何机会赚钱，即使只有东拼西凑的50美元。也许这些工作并不是你真正想做的，也许它们没有太大的发展潜力，但你还是挣到钱了，对吧？

有许多人一旦得到一份全职工作后，就停止寻找其他赚钱的机会了。我觉得这是一个不明智的决定！副业（我定义为任何你在全职工作之外赚钱的方式），是一种成为企业家相对简单的方式，且可以通过保留你的全职工作，使你的收入来源尽可能多样化。

你也可以选择用较少的时间来开创你的副业，获得些许额外收入，这样你的学习机会很高，但是财务风险却很低。如果其中一项副业无法开展了，你可以随时选择另外一种副业。你有越多的副业，赚的钱就越多，而且如果你已经从你的主要工作中获得了一份完整的薪水，你可以将你副业收入的100%用于投资，这将自动提高你的储蓄率。

再小的一笔钱（东拼西凑的20美元）也都可用于投资。在我开始一年赚30万美元之后，我仍然会帮忙照看邻居家的猫来获得额外的60美元，然后将这笔钱用于投资。即使是1美元也会加速复利的速度。额外投资的收入会以疯狂的速度增长。记住，任何额外投资的资金，在7%利率的情况下，每十年将翻倍！我净资产的至少40%都是通过投资副业所赚的钱而来。事实上，如果我没发展其他副业，我至少要花两倍的时间才能实现财富独立。

我将在本书后面部分深入探讨副业。为了找到一个非常有利可图的副业，需要列出你拥有的所有技能、你擅长的方面和你喜欢做的事情。哪些相互重叠了？首先评估这些机会。如果你热爱你的副业，你就愿意在它们身上花时间，甚至更愿意花心思思索如何使它们变得更赚钱。

从字面上看，只要能帮助你赚钱，副业可以是任何不违法的工作。再次多亏了互联网，现代社会有比以往更多的赚钱方式。

你喜欢用钩针编织吗？那你可以选择在Etsy上卖一些手工手套。你收集漫画书吗？那你可以在易趣上拍卖一些。你喜欢开车吗？那么你可以考虑成为拼车公司的司机，或者更好的是，成为你所在城市所有共享骑乘服务公司的司机！你喜欢音乐吗？也许你可以做DJ，或者在线销售伴奏包。只要你想，就有无穷无尽的可能性！

虽然有无数可以帮助你挣钱的副业，但每个副业的实际情况却不同。例如，如果你为一家共享骑乘公司当司机，你可以自由选择工作时间。但同时你仍然为一家大公司工作，就像全职工作一样，这限制了你的收入潜力。

为了最大限度地发挥副业的赚钱潜力，你需要专注找到以下相关的副业：

（1）你实际上只是在为自己工作的。
（2）薪水不错，与你的时间耗费成正比的。
（3）你热爱做的。
（4）可以教给你新技能的（技能是未来的货币）。
（5）有成长潜力的（只要你愿意，它有巨大发展潜力的）。
（6）具有被动收入潜力的（你可以雇用其他人来完成工作或创造经常性收入流）。

我最喜欢的（也是最有利可图的）副业是购买和销售网站域名，倒手轻便摩托车和大众露营车，创建网站，写博客，以及开展数字广告活动。

副业的一个好处是，通过它们，你可以去探索不同的领域，而不必局限在其中任何一个。如果你发现你爱狗，但讨厌遛狗，那也没什么。做你想做的，如果不是你所热爱的，你完全可以另找一份副业。（我可以向你保证，做一名"猫保姆"的工作要少得多。）你也可以访问像 TaskRabbi、Postmates 或者 Craigslist 这样的网站，看看能不能找些零工做。确实，这些都需要花时间，因为你需要不断地寻找新的机会，但只要最后你能获得额外的收入，也是值得的不是吗？记住，金钱是无限的。越努力，你就越能更好地了解针对一项服务，薪酬定位多少才算合适。另外，你可能会建立一个稳定的客户群，他们会一次又一次地来找你，他们也会开始向其他人推荐你，所以不必花费额外的时间来探索新的机会。这意味着你将以更少的工作换取同样的钱，如果你有忠诚的客户，你甚至可能最终会赚更多的钱。

副业的最大好处之一是，你做得越多，就越能训练自己的企业心态，你就越容易找到其他赚钱的机会。最有利可图的副业是那些满足市场需求，但竞争却相对较少的。竞争越激烈，你能获得的收入就越少，除非你有一些独特的竞争优势或价值来证明你的高价是合理的。当你开始尝试如此做，你会学到很多，随着时间的推移，还会发现到处都有新的赚钱机会。

随着你对市场的了解，你还将发现新的方法来发展你现有的副业，使其变得更有利可图。例如，如果你已经在帮别人修剪草坪了，为什么不给他们的花园浇水，修剪他们的树篱来赚一点额外的钱呢？副业也是一种尝试成为企业家的好方法。事实上，如果你真的热爱你的副业，且其显示的市场需求很大，你很可能会想把副业变成全职工作或者将其发展成更大的事业。

雇用员工为你工作，并创造被动收入来源

从长远来看，最好的赚钱方式是雇用其他人为你工作，并专注于建立被动收入来源。这就是为什么世界上大多数最富有的人都是那些创办并发展自己公司的创业者。当你可以雇用别人来修剪草坪，而且还可以赚大钱的时候，为什么还要自己修剪草坪呢？

当你建立一个企业时，你所创造的价值并不完全取决于你自己的时间，它的价值更大，因为你的员工也在创造价值。建立一个企业，并拥有一些员工为你工作，将会成倍增加你赚钱的能力。

记住，你的"雇员"不必是全职雇员，他们可以是你一次性或长久性雇用的人。许多人通过雇用别人为他们工作，并致力于提供市场需求的产品而发家致富。

如果你正在建立一个赚钱的企业，即你也是在建立一个能增值的资产，你甚至可以选择把它以你所创造的更高的价值卖掉，大赚一笔。

但你并不总是需要大量的员工或时间来赚钱。作为一个企业家，最好的事情是你有控制权，这样你就可以设计一个适合你理想生活方式并为之提供资金的企业。正如你已经了解到的，金钱和时间之间的联系并不一定是线性的。你可以建立一个能赚很多钱但只需要很少的（如果有的话）员工和时间的企业。这些被称为被动收入企业，因为你可以赚钱而不必做很多积极的工作。如果你能找到一个能产生稳定、可靠的被动收入（如租金收入或股票股息）的企业或投资，那么你甚至可以赚足够的钱来抵消或支付你的每月开支。一旦每月有了可靠的被动收入，你就有效地实现了财富独立。

被动收入业务的另一个例子是建立在线课程：你花费时间创建和打包内容，然后再进行销售。即使你不主动推销你的课程或知识，但当人们在网上找到并购买时，它也会产生被动收入。我认识一些人，他们在网上开设了一些关于特定主题的课程，比如照料兰花，修理吉他，甚至出版书籍，他们完全靠五年前开设的课程所创造的收入生活。每年他们都会更新课程的内容，他们的受众也在不断增长。

代发货公司也是受欢迎的被动收入企业。其中蕴含的想法是，你设计了一个产品，并完全将制造、订购、分销和客户服务外包出去，所以你不必做太多。当有人订购你的产品（例如通过亚马逊），那么亚马逊就完成了订单，你就得到了报酬。当库存不足时，你和你的供应商会收到提示，以便你可以重新进货。萨曼莎，我认识的一个女人，创办了一家非常有前景的超轻量露营公司，整个公司几乎都是自动化的，她几乎可以通过亚马逊从自己的业务中每月赚5000美元，而且这一切只需要一个月中的几个小时就可以完成。

这听起来太棒了，简直不像真的，但建立被动收入流是完全可能的。然而也由于被动收入企业也是企业的一种形式，它们与其他企业一样受到相同的市场力量的影响：竞争、需求和许多其他因素都会威胁到它们的长期性。

虽然统计数据令人望而生畏，且只有20%的企业维持了五年，4%的企业维持了10年。但也不要让这些阻碍你获取更多的副业机会和变得更具创业精神。这些统计数据是具有误导性的，因为它们无法衡量一个创办了许多企业的创业者的最终成功率。大多数成功的企业家在创业的头几次均失败了。我尝试创办的前两个公司（都是与移动应用程序相关的）完全失败了，但我在这个过程中学到了很多，这些在我创办成功的企业时都是宝贵的经验，而这些企业都是以副业发展而来的。

通过副业创业，可以降低跳槽为全职创业者的风险，在建立了稳定的收入来源或者你有足够的客户来最小化风险之前，继续做你的全职工作。当然我也不是反对你放弃你的全职工作，完全投入到一个好的想法中去，光有好的想法是远远不够的。我们都有很好的想法，但商业成功归根结底是执行，你必须真正做到这一点。我见过太多的企业家放弃他们的全职工作去追求一个想法，而那时他们并不知道他们的想法是否正确，以及是否能带给他们客户。

全职创业者的发展状况通常时好时坏。做事时，你也许觉得自己挺不错，但是要建立一个企业，并不断发展它却是一件很难的事，你需要一直考虑下一笔交易或者下一笔薪水，所以在现实中，自由职业反而会拥有很多压力。

商业就像生活，就像投资，都是为了承担计算好的风险。当22岁还是单身时，你所承担的风险较小，如果失败了，你有足够的时间再去尝试、失败直至成功。但是，如果你35岁，有两个孩子，且你是主要收入来源，那么风险显然要高得多。我不是说你不能在35岁时成功，只是你冒的风险确实更大。承担的风险越大，你要去实践、实行的想法就越需要有说服力，这时，在保留全职收入的情况下，去创造一些副收入是一个不错的选择。

为了增加作为一个企业家成功的机会，你可以选择从副业入手。如果你能建立稳定的客户流或收入来源，并且有足够的储蓄可以依靠，那么成为一个全职企业家可能是你的最佳选择。你的事业，就像你一样，会随着时间的推移而改变，如果成功的话，你会有很多选择。你可以选择继续发展你的业务，或者可以把它变成一个被动的收入来源，甚至可以卖掉它。

在本书的后面，我将告知你如何挑选和培养一个有利可图的副业，如何定价和销售你的产品，如何决定是否或何时应该拥有一份全职工作，以及如何将你的副业变成一个被动的收入流或理想的企业，以帮助你赚足够的钱和实现你想要的生活方式，在最短的时间内让你赚最多的钱。记住，时间 > 金钱。

尽早投资

投资收益是最终的被动收益，这是富人致富和保持富有的主要策略。富人总是知道，由于复利，今天投资的 1 美元明天其价值将超过 1 美元，而由于通货膨胀，今天放弃投资的 1 美元明天其价值将低于 1 美元。

这是企业思维的最后一部分：学会从你的每 1 美元收入、储蓄和投资中看到未来的潜在价值。如你所知，投资越早，你的钱增长越快。这就是为什么几乎只要我银行账户上一有钱，我就把它用来投资，即使是只有几天的复利利润。虽然你可以投资任何东西，但我发现股票、债券和房地产投资是最容易管理和最可靠的投资。

如果你想快速提高储蓄率，最有效的策略之一就是每 30 到 90 天提高 1%。1% 的比例很小，你甚至都感受不到它对于你生活的影响，但它却会对你实现财富自由的速度产生巨大的影响。

比如说，你一年赚 5 万美元（税后），而且已经投资了收入的 5%。如果每 3 个月增加 1%（每年 4%），一年后你就会投资 25% 的收入。如果你继续以这种方式提高储蓄率，直到达到 65%（15 年后会发生这种情况），20 年后你将拥有 814 349 美元（不考虑任何复合收益）。很庞大的一笔数字对吧！如果你收入

10万美元(税后)，按照同样的方式进行，你最终将得到 1 628 698 美元(如表5-3、5-4、5-5)。

是的，5万美元的65%是一大笔钱，但如果你一直在寻找增加收入的机会，你仍然有很多剩余的资金用来周转。我个人资产净值的50%以上来自投资收益。但无论多么有效，仅仅依靠一种方法都是有风险的，这就是企业心态如此强大的原因。通过使你的收入来源多样化，不断寻找新的赚钱方式，并尽可能多地投资，你就可以让自己更好地控制自己的财务命运，并在有任何意外干扰收入来源时保护自己。

表 5-3　50 000 美元（每 3 个月提高 1%，最高储蓄率为 65%）=814 349 美元

单位：美元

年	储蓄率	年储蓄率增长	薪水	总储蓄	预期收益率	总投资余额
0	5%	4%	50 000	2 500	7%	2 675.00
1	9%	4%	50 000	4 500	7%	7 677.25
2	13%	4%	50 000	6 500	7%	15 169.66
3	17%	4%	50 000	8 500	7%	25 326.53
4	21%	4%	50 000	10 500	7%	38 334.39
5	25%	4%	50 000	12 500	7%	54 392.80
6	29%	4%	50 000	14 500	7%	73 715.29
7	33%	4%	50 000	16 500	7%	96 530.36
8	37%	4%	50 000	18 500	7%	123 082.49
9	41%	4%	50 000	20 500	7%	153 633.26
10	45%	4%	50 000	22 500	7%	188 462.59
11	49%	4%	50 000	24 500	7%	227 869.97
12	53%	4%	50 000	26 500	7%	272 175.87
13	57%	4%	50 000	28 500	7%	321 723.18
14	61%	4%	50 000	30 500	7%	376 878.81
15	65%	4%	50 000	32 500	7%	438 035.32
16	65%	4%	50 000	32 500	7%	503 472.80
17	65%	4%	50 000	32 500	7%	573 490.89

续表

年	储蓄率	年储蓄率增长	薪水	总储蓄	预期收益率	总投资余额
18	65%	4%	50 000	32 500	7%	648 410.25
19	65%	4%	50 000	32 500	7%	728 573.97
20	65%	4%	50 000	32 500	7%	814 349.15

表5-4 100 000美元（每3个月提高1%，最高储蓄率为65%）=1 628 698美元

单位：美元

年	储蓄率	年储蓄率增长	薪水	总储蓄	预期收益率	总投资余额
0	5%	4%	100 000	5 000	7%	5 350.00
1	9%	4%	100 000	9 000	7%	15 354.50
2	13%	4%	100 000	13 000	7%	30 339.32
3	17%	4%	100 000	17 000	7%	50 653.07
4	21%	4%	100 000	21 000	7%	76 668.78
5	25%	4%	100 000	25 000	7%	108 785.60
6	29%	4%	100 000	29 000	7%	147 430.59
7	33%	4%	100 000	33 000	7%	193 060.73
8	37%	4%	100 000	37 000	7%	246 164.98
9	41%	4%	100 000	41 000	7%	307 266.53
10	45%	4%	100 000	45 000	7%	376 925.19
11	49%	4%	100 000	49 000	7%	455 739.95
12	53%	4%	100 000	53 000	7%	544 351.75
13	57%	4%	100 000	57 000	7%	643 446.37
14	61%	4%	100 000	61 000	7%	753 757.61
15	65%	4%	100 000	65 000	7%	876 070.65
16	65%	4%	100 000	65 000	7%	1 006 945.59
17	65%	4%	100 000	65 000	7%	1 146 981.78
18	65%	4%	100 000	65 000	7%	1 296 820.51
19	65%	4%	100 000	65 000	7%	1 457 147.94
20	65%	4%	100 000	65 000	7%	1 628 698.30

表 5-5　200 000 美元（每3个月提高 1%，最高储蓄率为 65%）=3 257 397 美元

单位：美元

年	储蓄率	年储蓄率增长	薪水	总储蓄	预期收益率	总投资余额
0	5%	4%	200 000	10 000	7%	10 700.00
1	9%	4%	200 000	18 000	7%	30 709.00
2	13%	4%	200 000	26 000	7%	60 678.63
3	17%	4%	200 000	34 000	7%	101 306.13
4	21%	4%	200 000	42 000	7%	153 337.56
5	25%	4%	200 000	50 000	7%	217 571.19
6	29%	4%	200 000	58 000	7%	294 861.18
7	33%	4%	200 000	66 000	7%	386 121.46
8	37%	4%	200 000	74 000	7%	492 329.96
9	41%	4%	200 000	82 000	7%	614 533.06
10	45%	4%	200 000	90 000	7%	753 850.37
11	49%	4%	200 000	98 000	7%	911 479.90
12	53%	4%	200 000	106 000	7%	1 088 703.49
13	57%	4%	200 000	114 000	7%	1 286 892.74
14	61%	4%	200 000	122 000	7%	1 507 515.23
15	65%	4%	200 000	130 000	7%	1 752 141.29
16	65%	4%	200 000	130 000	7%	2 013 891.18
17	65%	4%	200 000	130 000	7%	2 293 963.57
18	65%	4%	200 000	130 000	7%	2 593 641.02
19	65%	4%	200 000	130 000	7%	2 914 295.89
20	65%	4%	200 000	130 000	7%	3 257 396.60

如果你想尽快实现财务独立，你需要全力以赴。你需要找到尽可能多的方法赚钱、储蓄并投资。今天早上写作时，我登录了我的账户，在过去的48个小时里，我已经赚了大约2000美元，其中大部分是通过投资回报获得的被动收入。富人就是这样变得富有的，你也可以这样，充分利用你的时间让每一刻、每一天、

每一年都充满意义。

现在辛勤工作、努力奋斗，将来就能拥有 5 年、10 年甚至 20 年的自由。你需要把储蓄和投资看作是一个机会，而不是一种牺牲，一个努力工作几年就能获取财富的机会。

要点总结

1. 建立财富依赖于同样的三个基本杠杆：
- 收入：你赚了多少钱。
- 积蓄：你储蓄/投资了多少钱。
- 支出：你要花多少钱。

2. 大多数个人理财书籍过于注重削减开支。虽然赚钱和削减开支对实现财富自由均至关重要，但赚更多的钱比削减开支的影响更大。

3. 储蓄率：以美元和百分比衡量储蓄。要计算你的储蓄率，需要把你储蓄的所有美元加起来，包括税前账户［例如 401（k）退休福利账户和 IRA 个人退休账户］和税后账户（例如经纪账户），再除以你的收入。

4. 你的储蓄率与达到你的目标投资数字所需的时间紧密联系。即使每天增加 1% 或 1 美元也会产生不可忽视的影响。

5. 企业思维模式：利用每一个机会，通过削减开支、优化费用/价格、减少税收、建立多个收入来源以及其他方式，尽可能多地赚钱和创造财富。集中精力在你有限的每一分钟去赚取更多金钱。

6. 为尽可能多地赚钱，你需要使用尽可能多的赚钱策略。主要有四种方式：
- 为别人工作的全职工作。
- 私下可做的其他副业。
- 创业——建立一个企业，增加你的副业，和/或使它成为你的全职工作。
- 投资——在股票市场和房地产中增加你的资产。

7. 找到这样的副业：

- 你可以真正为自己而工作。
- 付出和收获成正比。
- 你热爱并且可以坚持的。
- 可以教授你新技能（技能是未来的货币）。
- 具有增长潜力（如果你愿意，可以把它发展成一个更大的事业）。
- 具有被动收入潜力（你可以雇用其他人来完成工作或建立经常性的收入流）。

8. 投资是最终的被动收入，这是富人致富和保持财富的主要策略。虽然你可以投资任何东西，但股票、债券和房地产投资是最容易管理和最可靠的投资。

第六章

第三步（下）：彻底改变你对金钱的看法

消费前，你需要考虑的 11 个问题

一杯咖啡多少钱？如果你去咖啡店，你可能会发现一杯12盎司咖啡的价格是3美元（含税），所以你的答案可能是3美元。看起来很简单，那我为什么要问这个问题呢？

因为3美元一杯的咖啡实际上会让你付出比你想象中更大的代价。现代社会，花钱非常容易，但却很少有人花时间来考虑每笔交易的真实成本。刷一下卡、按一下手机支付或者直接按付款键，就可以很快完成。不幸的是，花钱越容易，人们花的钱就越多，这会产生许多人从未想过的后果。

存钱就是赚钱。你的每一次购买都是一笔交易，把钱花在一件事物上，势必就会减少花在其他事物上的金钱。如果你想快速追踪你的财富，你不仅需要理解这个概念，而且要学会考虑你在这些条件下所做的每一笔财务交易。你用什么来换取你的钱？值得吗？把钱花在X上，会不会用于Y上的钱就变少了？如果是这样，X和Y哪个更重要呢？换句话说，这些东西实际值多少钱？

当你购买的时候，你不仅仅是在消耗美元，你也在消耗你的时间和这些钱未来的潜在价值。你同时也增加了达到你目标投资数字所需的时间。你所购买的一切，都是以你的财富自由为代价的。那对你来说，哪个更有价值呢？是几周的自由还是那件新外套？

如果你想就金钱做出更明智的决定，那么在你花钱时就需要更谨慎，考虑每件东西的真实成本，并以此来决定它是否值得购买。要做到这一点，你需要问自己一些深入的问题，而不仅仅只是关心"这需要多少钱？"事实上，在做出任何有助于你解决这一问题的支出决策之前，你可以先问自己11个关键问题。你不必每次买东西时都问自己这11个问题，但在你支付时（无论是用现金还是手机），头脑中保留对这些问题的印象，我相信会帮你无意识地避免一些不必要、不明智的购买，也会帮助你对自己的投资更加自信。

当学会用这种方式看待金钱时，你会发现许多东西实际上比表面上看起来要贵得多，慢慢地，你所花费的钱就会变得越来越少，而储蓄的钱会越来越多。虽然这 11 个问题听起来可能很难记住，但过一段时间后，它们会成为你日常购物的一部分，你可以从 https：//financialfreedombook.com/tools 下载、打印或保存到手机上。

计算并定期追踪你的实际时薪

在开始问自己这些问题之前，你需要弄清楚你到底赚了多少钱。具体来说，你每小时实际挣多少钱？即你的实际小时工资。本书的目标之一是帮助你在尽可能短的时间内赚尽可能多的钱，最终获得足够的被动收入，这样你就不再需要牺牲时间来获取金钱了。你的实际小时工资越高，你赚的钱就越多。

计算你的实际小时工资率是非常重要的，因为在考虑某物的实际成本和是否值得购买时，它可以让你清晰地看到一个明确的数字，以及你牺牲了多少时间来获取金钱，最终帮助你权衡取舍。

你的工资存根可能显示你每小时可以得到 20 美元的税后报酬，但那只是你坐在办公桌前或工作的时间，它并没有包括所有其他与工作相关的额外时间。你需要花时间上下班，为工作日做好准备，买工作服，出差，下班后或周末去减压，也许还有其他事情。很明显在这些时间内，你是没有任何报酬的。而且，即使你没有工作，那么你也很可能把这些时间花在其他地方。一份全职工作所消耗的时间和生活比你想象的要多得多。当你把所有这些时间加起来，并将其包含在你的实际小时工资计算中时，你会发现你赚的钱比你雇主说的要少得多。

当你能在全职工作中挣更多的钱，并开创副业时，你的实际小时工资将发生变化，因此，就你的净资产而言，定期计算和监控是很重要的。我建议你单独计算每个收入流的实际小时工资率，并将其汇总，理想情况下每季度计算一次，或至少每年计算一次。当你知道你的小时工资时，就可以在提高工资的同时更好地评估新的工作和收入机会。

虽然要精确地计算你的实际小时工资率很难，且准备、通勤、购买工作服、出差、放松等每周不可避免地会有所不同，所以，对我们来说，一个可靠的估计就足够了。首先计算出你的基本小时工资率，也就是你公司承诺的每工作一小时支付给你的钱。如果你现在是按小时付费的，那么要计算实际小时工资率就变得无比容易了，也许你已经知道了。

如果你是一个拿薪金的职工，你的工资存根可能会显示小时工资，但这通常是基于35～40个小时的工作周计算的，而且很可能你的工作时间超过了这个标准。你工作的时间越多，你的实际小时工资就越低，如果你每周工作50个小时，每年工作50周，那么你每年就工作了2500个小时。数字很吓人对吗？

如果你一年赚5万美元，那就是20美元（5万美元/2500小时=20美元）的基本小时工资。如果不知道你每周工作多少个小时，那留心你几个星期的工作时间，然后算出一个平均值可能会很有帮助。即使你没有很多工作要做，花了一个小时上网，那也应该把这一小时算作工作，因为你的工作妨碍了你把这段时间用在其他事情上。

既然有了基本小时工资，你可以计算你的实际小时工资了。想想所有你在上下班、出差（如果你常年都在出差，那么这将是致命的！）、买工作服、参加活动、减轻工作压力，或者其他不是为了工作，你根本不必做的事情上所花费的时间。美国人平均每天要花大约53分钟在上下班的路上。这意味着如果每年工作50周，他们每年要花大约220个小时在上下班路上。相当于每年增加了27.5个8小时工作日！而公司是不会为这部分时间所付费的。

如果你为了工作出差，那么即使是某几个晚上去参加会议，或者陪同客户的行程，算起来，一年也给你增加了数百个小时的时间。当你在参加圣路易斯的销售会议时，你无法去其他地方做其他事，所以正常的8或10小时工作日就成了16小时以上的工作日。一个为期3天的出差行程可能会消耗你48个小时，而不是在家的24个小时。如果一直在出差，最终你可能会发现你的实际小时工资非常低。我为我的一个朋友做过这个计算，他作为一名商业顾问一年赚25万美元，但他一年中大部分时间都在出差。这些出差以及其他花费的时间，他的实际税后小时工资是每小时35美元！当他意识到他花了如此多的时间来换取金钱时，他惊呆了，于是几个月后他换了一份工作。

在表6-1、6-2中写下你每周花在工作和与工作有关的事情上的时间。然后用这些信息计算你的税前和税后实际小时工资，用你的工资除以你工作花费的总小时数。

表6-1　你每周在工作和与工作有关的事情的时间

	每周平均小时数	每年工作小时数（每年工作周数 × 每周工作小时数）
工作		
准备工作		
上下班往返		
出差（拜访客户等）		
购物		
放松/解压		
其他		
总计		

表6-2　你的税前和税后实际小时工资

薪水	
有效时薪：年薪/总时数（税前）	
年税率（联邦 + 州）	
有效时薪：年薪/总时数（税后）	

第120页的表6-3、6-4显示了我每周在一家数字营销机构工作50个小时，一年挣5万美元的数字。天呀！最终，我意识到这比我认为的实际20美元的工资率竟然低了那么多。

如果你的实际小时工资比想象的要低，不要担心。在后面的章节中，我们将探讨如何最大化你的实际小时工资率，但现在我只想让你知道它是什么，这样你就可以更好地确定你每一笔费用的真正成本。

表 6-3 我每周在工作和与工作有关的事情上的时间

	每周平均小时数	每年工作小时数（每年工作周数 × 每周工作小时数）
工作	50	2500
准备工作	5	250
上下班往返	7.5	375
出差（拜访客户等）	3	150
购物	.25	13
放松 / 解压	8	400
其他		
总计	73.75	3688

表 6-4 我的税前和税后实际小时工资

薪水	50 000 美元
有效时薪：年薪 / 总时数（税前）	13.56 美元
年税率（联邦 + 州）	25%
有效时薪：年薪 / 总时数（税后）	10.17 美元

既然知道了你的实际小时工资，你就可以开始问自己这 11 个问题了，这些问题将帮助你评估每一笔费用的真实成本，每一个都旨在帮助你思考每一次购买的核心问题：是否真的值得购买？我想答案会令你大吃一惊。

问题 1：这次购买会让我开心多久？

大多数人想买东西的时候，他们会先看看价格，然后问自己是否想买。越便宜，决策就越容易。"这杯咖啡 3 美元。我愿意花 3 美元来买这杯咖啡吗？"在美国，人们每天喝 4 亿杯咖啡，这是一种相对便宜且容易买到的东西，人们根本没太在意。

但当你下次想买东西时,在你考虑价格或者是否负担得起之前,或者在本章后面我们将讨论的所有其他问题之前,先问你自己一个更私人的问题:"这会给我的生活带来多少价值?这会让我现在很开心?明天和下个月我依旧会开心吗?是否将来同样会令我开心?"

随着时间的推移,回答这个问题会变得更加容易,因为你会意识到你认为会让你快乐的很多东西其实并不会,或者那些曾经让你快乐的事情已经不复存在了。这是一个理财概念,因为它迫使你根据更深层的东西做出选择。当然,前提是你知道什么让你真正快乐以及值得消费。

你需要考虑一下短期和长期幸福,因为下个月你可能会后悔买了一些只是当初带给你快乐的东西。以咖啡为例,思考这一问题会变得更容易。如果你很爱喝咖啡,早上第一件事就是喝一杯美味的咖啡,这会为你的一天开启一个好心情,那么你可能会决定花 25 美元买一袋咖啡豆,或在一个本地咖啡馆里花 3 美元买一小杯咖啡,你觉得这是值得的。

很多个人理财书籍和理财专家建议减少日常咖啡或葡萄酒的消费,或者减少一周内那些你可能随时放纵的购买。他们的看法是,这些微小的购买,如每天 3 美元的咖啡,最后加起来也是一年 1095 美元。如果把这些钱用于储蓄或投资,会发挥更大的作用。但这些小事情往往给你的生活带来快乐,因此它们实际上比它们看起来更有价值。你最好的朋友可能不想每周花 25 美元修指甲,但如果这样做让你感觉良好和自信,而且你可以在一天疲劳的工作之后,在美甲沙龙好好地放松一下,那么一定要去做这件事。不要为了省钱而放弃你喜欢的东西。相信我,如果从全局、长远考虑,那些小小的幸福时刻可能比你省下的额外金钱更有价值。

如果你在机场感到有点无聊、口渴,你可以用这个问题来确定你到底多想要有机冷榨的绿色果汁。最后,当你发现绿色果汁每瓶 14 美元时,你也可能决定不买果汁,而是要一杯免费的水就可以了。

但是"这会让我快乐吗?"对于一些金额更大的购买来说,比如一套漂亮的新衣服、一辆汽车，甚至一栋房子，可能行为更具挑战性。人们经常花最多的钱在豪华的房子、昂贵的汽车或花式旅行上，因为他们觉得这是他们应该做的，而不是他们真正想要的，或者不是真正让他们快乐的。

如果你喜欢开车，并且对酷车极富热情，那么花额外的钱购买一辆高性能敞篷车也许是值得的。再者，也许你更愿意在车上花少量的钱，然后用那笔省下来的钱，去负担你每年的欧洲之行，这可能也是会令你更快乐的决定。当然最后，你可能会花费同样的钱，但每一个决定能带给你的快乐是不一样的。如果你不确定，那就睡一觉吧，或者制定一个个人规则，在你不确定某件东西的价值时，暂时不要进行购买。购买那些你真正想要并带给你快乐的，拒绝任何会让你说出"嗯……""也许"或"我不知道"诸如此类的答案。

所以下次当你在咖啡厅、沙龙、酒吧外面徘徊或在网上寻找房产时，请记得问问自己这个问题："这真的会让我感到开心吗？它值得我花这么多钱吗？"或者先等几天、几周甚至几个月，然后再问自己同样的问题，看看你是否仍想购买它。一个普遍的策略是，在购买一个固定金额（比如100美元）的东西之前等待30天，或者，每月只结算一次你的在线购物车。随着时间的推移，这种意识水平将帮助你更容易识别出值得消费的东西，并真正最大化你消费的每1美元的价值。

问题2：我要赚多少钱才买得起？

现在我们来讨论一些数字。买东西时，你用税后收入来支付，这意味着你实际上必须赚比所标价格更多的钱才能买得起。例如，如果在30%的有效税率范围内，这意味着你一周工作的5天中有1.5天只是为了纳税！这也意味着你每赚1美元实际上只值0.70美元的购买力。

根据你所处的联邦税收等级，以及你在社会保障、州和地方所得税上支付的金额，3美元一杯的咖啡的真正成本无疑更高，可能要比你买的任何东西的标价多赚至少 20% 到 40%，所以想计算一些东西的税前成本时，可以使用下面的公式。

（你要购买的商品的广告价格）/（1－你缴税的百分比）= 该商品的税前成本。再以咖啡为例，假设你缴纳了 25% 的所得税。所以公式为：

$$3/(1-25\%) = 4（美元）$$

换句话说，你必须赚 4 美元才能买得起 3 美元一杯的咖啡。虽然 1 美元看起来挺少的，但当你分析一些金额更大的购买行为时，差异可能很大。例如，如果你收入的 25% 要用来缴税，并且你想买一辆价值 4 万美元的汽车，你需要赚大约 53 333 美元的税前收入才能买得起。比标价高出 13 333 美元！一个简单的道理是，不管你交了多少税，你必须赚更多的钱才能买得起东西。所以如果缴纳 15% 的税，你消费的东西实际上比标价贵 15%。从专业角度来说，事实上是因为你的所得税不包括你需要支付的社会保障和医疗保险税，至少还有 7.5%～15%（取决于你是为自己工作还是为雇主工作）的收入加在你的税种上。

这只是税收优化之所以重要的众多原因之一，它使你赚的每 1 美元都尽可能地值钱。只要适当将你的税收减少 5%，就像每周节省 2 个小时的时间，也就是一年节省 100 多个小时！用时间单位来思考金钱也是很有帮助的，这就将我们引入了下一个问题。

问题 3：我要牺牲生命中多少时间才买得起？

正如我们已经讨论过的，金钱是无限的，但时间不是。无论你什么时候拿到工作报酬，你都是在牺牲生活中的时间为代价。

美国的平均预期寿命约为 79 岁，这意味着美国平均寿命为 692 040 个小时。

因为人一生中至少有三分之一的时间在睡觉，所以平均每个美国人的生活中只有 461 360 个小时是醒着的。如果你现在 20 岁，要活到 79 岁，还有 344 560 个小时醒着的时间。如果你 30 岁，要活到 79 岁，还有 286 160 个小时醒着的时间。如果你 50 岁，那么还有 169 360 个小时醒着的时间。以此类推。下次在你想消费的时候，问问自己："我牺牲了生活中多少的时间只为了得到它？我得工作几个小时才能买得起那 3 美元一杯的咖啡？"

关于咖啡的消费是一个很小的例子，这个计算在心理上对一些金额更大的消费更有意义，但也适用于咖啡。利用你在本章前面计算的税后实际小时工资率，让我们来计算一下为了购买一杯 3 美元的咖啡，你需要牺牲你生活中多少的时间。

（广告价格）/（税后实际小时费率）= 你牺牲的小时数

为了说明这个例子，让我们使用我在本章前面计算的每小时 10.17 美元的税后利率。

3 美元 / 10.17 美元（每小时）= 0.295

现在，0.295 小时是 17.7 分钟，所以我得工作大约 17 分 42 秒才能购买这杯咖啡。听起来好像也还好是吗？可能大多数热爱咖啡的人会愿意工作 17 分钟来喝一杯好咖啡。但如果是一些更昂贵的东西呢？如果我想买一辆 4 万美元的新车呢？

40 000 美元 / 10.17 美元（每小时）= 3933 小时

这些数字简直太可怕了！这是 79 个 50 小时的工作周，也就是大约一年半的工作只是为了买一辆新车！要明白，除非你所购买的东西能像房地产一样升值,否则如果选择购买它,你将不得不节省更多的钱或工作更长的时间来实现财富自由。另一种思考方法是,如果你不买那辆价值4万美元的车,根据目标投资数字,你也许可以提前五年退休!那辆新车值得你牺牲五年的时间吗?如果最后你还是觉得,购买这辆新车可以使你快乐,你觉得是有价值的,那么对于下一个问题,你可以回答"yes"。

问题4: 我有购买能力吗?

这似乎是一个显而易见的问题,但是很多人经常超出他们能力范围行事,买了他们实际上买不起的东西,所以尝试问我们自己这个问题是很重要的,尤其是当你试图决定一笔较大金额的支出时。

你买得起3美元一杯的咖啡吗?也许能。但是如果是30万美元的房子呢?这一切都取决于前几章我们提到的你的财务状况和净值。此外,还取决于你已经拥有了多少储蓄。

当你看看美国人的平均净资产和平均家庭年支出,很容易看出,在大多数情况下,针对"我有购买的能力"这个问题,答案是否定的。2016年,美国家庭平均税前收入为74 664美元,年支出为57 311美元。如果我们计算税后净收入大约会减少20%,那么这个家庭就只剩下59 731美元,这意味着他们的收入几乎没有超过他们的支出。这就是美国家庭的平均信用卡债务为15 654美元,汽车贷款债务为27 669美元,学生贷款债务为46 597美元的原因。

一般来说,你不应该在任何一次购买上消费超过总净值的2%到3%,比如度假或汽车。如果刚起步时的净资产为负,你需要做一些大的权衡才能在财务上有所缓和,比如尽量避免拥有汽车,或者购买你能找到的最便宜、最可靠的二手车。当然,如果的确需要一辆车,那么你可以花更多的钱,但我鼓励你尽可能少花钱,直到你的净资产是积极正向的。在大多数城市里,你可以用现金购买一辆价值2000美元以下的二手车,这样就不必支付汽车贷款利息了。这也可能意味着将假期推迟一段时间，但请记住，今天的选择意味着以后你可以拥有更多的时间和自由。

买房是一个例外，因为不像大多数汽车那样会贬值（随着时间的推移价值会下降），房地产通常会升值，使其本身成为一项合理的投资。从银行抵押贷款买房子是有道理的，但你应该只抵押你所需要的，而不是银行愿意给你的。银行通常愿意借给你超出你需要的更多的钱，因为它们靠你的利息赚钱。除非你是"房屋租赁者"，战略性地使用银行和租房人的钱来支付你的抵押贷款，否则你应该只借你所需要的最低贷款。

我将在第十一章中详细解释如何评估购买房地产。现在，一个很快的经验法则是，你每年只应该把税后收入的30%或更少的钱花在抵押贷款或租金上。一些财务顾问会说，你可以把收入的40%花在住房开支上，但我认为那太多了。住房是大多数人最大的开支，你应该尽可能地减少它，这样就有更多的钱来投资。

问题5： 如何比较价格的百分比？

一杯3美元的咖啡和一杯4美元的咖啡之间的1美元差价可能看起来不多，但实际上却是25%的差价。通过留心百分比差异，更容易评估金额之间的实际差异。

下次购买时，如果你想比较多个产品或同一产品的多个版本，请将价格差异视为百分比，而不是以美元为单位。例如，商店品牌的咖啡可能是9美元一袋，名牌的咖啡可能是12美元一袋。3美元并没有那么大的差别，但在这种情况下，如果从百分比来看，那就是33%的差别，十分吓人的一个数字。事实上，在这种情况下，购买商店自有品牌的咖啡，反而就像从你的钱中得到33%的回报似的。太疯狂了！你在其他任何地方都不能得到这样的回报！

当你把注意力集中在两种价格之间的百分比差异上时，在对比两种产品时，你就更容易判断，哪一样值得你花更多的金钱。对于我个人来说，如果要多付33%甚至更高的差价，产品必须更好。而且，即使我认为这是值得购买的，那么至少我知道我是用我掌握的所有信息做的决定。对于同一种咖啡来说，多付 33% 可能是不值得的（因为商店品牌和名牌之间的质量差异通常很小），但对于我来说，多付 33% 甚至 50% 或 75% 可能是值得的，因为咖啡的味道明显更好。

最简单的赚钱方法是不要消费，当你试图省钱时，你可以使用同样的策略。例如，如果你选择外出就餐，而不是在家做饭，那么价格会高出多少？芝加哥有一家牛排馆，我真的很喜欢。餐厅的氛围很好，点餐程序很便利，并且饮料很棒，但是我计算出 60 美元的肋眼牛排比我选择在杂货店花 15 美元买一块差不多的牛排带回家自己煎，足足高出近 400%。自从做了计算，考虑到这之间如此大的价格差距，我很多时候都会选择自己在家里煎牛排。但如果有特别的安排，出去吃也是值得的，因为在家里很难创造出整个餐厅的体验和氛围，但是如果我只是想要一份像样的牛排，要接受 400% 的加价是很难的。

问题 6：我能以更少的成本或免费获取吗？

这是一个简单的问题，任何购买的行为都必须考虑到。当然，获得免费的东西总是最好的，如果你有耐心并且愿意去寻找，你可以找到很多免费的东西。我是 FreeCycle 的忠实粉丝，FreeCycle 是一个以物易物的平台，拥有数百万的用户。如果定期浏览，你可以在那里找到很多东西。不久前，我发现了一台价值 300 美元的榨汁机，一辆价值 500 美元的健身自行车和一把很棒的办公椅。不要觉得以物易物会令人尴尬。如果你有一些不再需要的东西，找一个愿意与你交换的人，会是一个不错的选择。

第二，如果找不到免费的东西，你可能会选择购买二手产品，这也会比你购买一样新的便宜很多。从字面上看，几乎所有东西在购买后都会贬值，所以当你购买二手产品，如汽车、衣服、电脑、书籍、家具等，而不是新产品时，都会替你省下一大笔钱。我不是说你不能购买新产品，关于金钱/时间之间的权衡最终取决于你，我只是提醒你考虑一下，是否可以通过购买价格更低的二手产品来获得相同的价值。就我个人而言，我很少发现新产品真的值那么高的价格。就像我有一双鞋，看起来像刚花 100 美元买的新鞋一样，可是我在 eBay 上购买它只花了 19 美元，只需要几次简单点击操作，就帮我省下了几乎 80% 的费用。

当然，这可能跟食物的购买又不太一样，但你仍然可以找到更便宜的选择。不要花几个小时试图节省几块钱，而是花时间寻找你附近是否有最便宜的杂货店或农贸市场，随着时间的推移，你会发现这将给你带来巨大的回报。

另一个你可以考虑的选择是，是否可以通过交易／易货来获取你想要的东西。比如说，可以将你的车借给朋友来换取他们每周带你出去吃一次饭的机会。这在我们上大学的时候很常见，但现在我们往往会忘记交易和易货是可能的，只要想办法找到这样一些机会，你会发现你能以更低的成本获取你想要的东西。我一直尝试用我的网页设计技能来交换免费的东西，比如说免费的家具、遛狗、理发、房地产咨询、免费的饭菜等，虽然我从来没有这样做过，但我也遇到过许多人，他们用其他东西来换取免租金，进而将收入存入银行。关于这一点，稍后将在本书中深入探讨。

问题 7：为了所谓的"方便"，我多花了多少钱？

你每天在家里煮一杯咖啡要花多少钱？

当我们购买包括某种服务的东西时，为了方便起见，我们都会支付很高的溢价。例如，咖啡的溢价，送货的溢价，等等。

比如说，你最喜欢的一包咖啡要花 12 美元，大约每盎司 75 美分，平均 12 盎司的咖啡需要大约 0.75 盎司的咖啡豆，而在家里煮一杯咖啡大约需要 56 美分（每盎司 0.75 美元 ×0.75 盎司），外面要花 3 美元。那么为了此次便利你将付费 435.71%！

你可以很容易地用类似于上面的公式计算一次食物的费用。但是别忘了需要考虑到你为自己做一顿饭所花费的额外时间，包括购买原料、准备饭菜和打扫卫生。你还需要考虑你是否真的可以自己做这顿饭，这是不可量化的，但至少会帮助你找出"便利的"实际价值。选择花 15 美元，请别人为你做一个烤奶酪三明治或恺撒色拉可能不是一个明智的决定，但是，花 50 美元请别人给你做一顿五星级的饭菜却是值得的，因为如果你选择自己在家做，可能需要花上好几个小时，但和其他所有事情一样，如果你喜欢烹饪，那么选择自己动手做可能也是值得的，即使你可能会花很长的时间。这对你来说也是一种更健康的方式。

家庭清洁或庭院作业等服务，如果你的实际小时工资是 40 美元，那么以 20 美元/小时的费用支付给帮助你修剪草坪的邻居，以及 120 美元的 4 小时家政清洁服务都是合理的。而如果 4 个小时的家政清洁服务花了你 200 美元，我想还是你自己打扫更为划算。当然，你可能也会认为这 4 个小时的花费是值得的，这样你就可以把时间用在其他更有趣的事情上。这一切都是权衡取舍的问题。你需要意识到你为便利所付出的代价。

所以，我建议你为经常消费的东西计算其中的便利成本。我以前每天会花 3 美元买一杯美味的咖啡，直到有一天我意识到如果我在家里做同样的咖啡，其实可以用更少的成本来获取我想要的东西。不过，每次旅行时，我还是会买一杯价值 6 美元的斯顿普敦咖啡（有史以来最好的咖啡），因为这会让我快乐。我也经常在餐馆点寿司，因为靠我自己在家做不太现实。

问题 8：每年或余生我将在这上面花多少钱？

不管那些经常性开支总共看起来有多微小，计算每年、更长时间内的经常性开支对你其他一些开支或者是你余生会产生怎样的影响是很有必要的。另外，记住，你一生中的每一笔经常性开支都会增加你为了获取财富自由而需要的目标投资数字。如果你一年每天都要买咖啡，那要花多少钱？你每月的健身房会员费是多少？一天一杯3美元的咖啡一年加起来是1095美元，10年加起来是10 950美元。10年来每天喝一杯咖啡听起来也是不错的。3美元一杯的咖啡，你可能很爽快地就付钱了，可是看到总金额呢？一个月75美元的健身房会员费，一年总共是900美元，那么在未来10年至少是9000美元（因为会员费可能会增加）。如果你去健身房，只是骑骑自行车，用用椭圆机，那么可能在你家地下室，自己开辟一个健身房，买点健身器材会更明智。同理，你每月14.99美元的家庭影院频道订阅费，一年下来是179.88美元，等等。

在分析了我的开支之后，我意识到我每周吃墨西哥辣豆的习惯至少每年要消费我820美元，这的确是一大笔钱，但是当计算我为便利所付的费用时，我发现自己购买食材做午餐，其实更昂贵。与此同时，我发现，如果在外面买一杯咖啡喝，每年要花费1095美元，而如果在家里自己冲，每年只需要花费204美元，也就是足足多出了891美元。当我第一次做这个计算的时候，我的实际小时工资是10.17美元，所以我决定放弃在外面喝咖啡的便利，珍惜我自己89个小时的生活，但是随着我的收入和实际小时工资的增加，现在我愿意每年牺牲20个小时的时间来维持我在外面喝咖啡的习惯，这对我来说是值得的。

问题9：这个东西每次的使用成本是多少？

对于这个问题不适用于一杯咖啡的例子，所以我将使用不同的例子来说明这个问题。

如果你买了一些要经常使用的东西，就值得根据每次使用和／或使用的频率来估算物品的成本。例如，你可能很喜欢吃烧烤，你正在两种不同的烤架之间做选择，一种是500美元，另一种是1000美元。

除了比较美元价格外，你还可以考虑（1）每年使用烤架的频率，（2）使用烤架的时间。如果你一周使用两次烤架，那就是每年104次。如果你估计这个新烤架像你的老式烤架一样，拥有10年的寿命周期，那么每年使用104

次 ×10 年 =1040 次使用频率。然后你可以把这个数字除以你评估两个烤架的价格，得到预期的每次使用或每年使用的成本，即 500 美元 /1040 次使用 =0.48 美元 / 次或 500 美元 /10 年 =50 美元 / 年。使用相同的方式来计算 1000 美元的烤架，那么就是 1000 美元 /1040 次使用 =0.96 美元 / 次或 1000 美元 /10 年 =100 美元 / 年。

虽然 1000 美元的烤架可能比 500 美元的烤架贵很多，但通过比较同样使用 1040 次之间的差异，你最终可能更倾向于选择每次多付 0.48 美元或每年多付 50 美元来使用一个更好的烤架。当然，每年多花 50 美元（或每周多花 1 美元）来购买一个更好的烤架是否值得由你决定。如果这个更好的烤架更容易使用，速度更快，或者允许你为更多人服务，我想，这就是一个非常容易做的决定。这种方法在评估大额消费时尤其有效，比如汽车、船只和你可能只穿几次的特殊服装（如燕尾服或超级漂亮的晚礼服）。

问题 10： 这些钱将来的价值是多少？

如果你已经做到了这一步，并且开始以不同的方式思考金钱，恭喜你，我想我们在一条道路上了。这些问题改变了我的生活。但是还有一个问题你应该考虑，准备好了吗？这是我最喜欢的计算方法。

如果你的钱没有用于消费，那么你就可以用于投资，你应该经常尝试分析（尤其是在考虑大额消费时），如果你尽可能地将你的钱用于投资，它们的未来价值会怎样。看一下我们花在咖啡上面的金钱的未来价值，以确定今天在某件东西上消费的钱在 5 年、10 年和 30 年后的价值。

假设年增长率为 7%，那么我们今天花在一杯咖啡上的 3 美元 5 年内将价值 4.21 美元，10 年内价值 5.90 美元，30 年内价值 22.84 美元。这些数字可能看起来无关痛痒，但让我们看看咖啡的年成本，你每年花费的 1095 美元，5 年后将价值 8123.26 美元，10 年后价值 18 086.70 美元，30 年后价值 120 859.30 美元！天呀！可以想象下，外面那些讨厌喝咖啡的人可能会有一大笔巨额的银行存款！

你今天消费的任何东西，都是在牺牲储蓄和使这笔资金增多的机会。因此，每次消费时，你都在增加为了获取财富自由所需投资的资金。而且，由于通货膨胀，随着时间的推移，货币会贬值，你可能最终需要更多的时间来投资更多的钱，这是消费与投资的负净效应。正如你所投资的每1美元都能帮助你更快达到目标投资数字，获得财富自由。反之，你所消费的每1美元，都意味着你需要工作更长的时间来获取财富自由。当你消费时，失去的并不仅仅是那笔钱，更是你使钱增多的机会。

如果你选择不买那辆新车，把那4万美元存下来用于投资。那么在接下来的10年、20年或30年里，你能从你的目标投资数字中减少的就不是4万美元，而是每年4万美元×7%的资金了，这笔钱每10年就会翻上一番，最后10年内你将获得8万美元，20年内将获得16万美元，30年内将获得32万美元。因此，如果你每次都选择将钱用于投资，而不是消费，你将最大化资金的盈利。

通过反问自己，"这些钱对我来说是现在有价值还是将来有价值呢？"你会发现最后你会更愿意投资而不是消费。

接下来就是最重要的问题了。

问题11：这会给我创造多少时间（自由）？

在追求财富自由的目标时，我计算出，每投资25美元，我就在将来多拥有了一天的自由（即使是每小时投资的每1美元都对将来的自由起着至关重要的作用）。所以，当我一天投资100美元时，我知道我又多拥有了4天的自由。这使得我在考虑消费时更容易说"是"或"否"，因为我能够用代表自由的未来时间单位来量化它。由于复利，你越年轻，你获取一天、一周或一年的自由所需的金钱就越少。由于手工计算有点困难，我创建了一个简单的在线工具，你可以根据当前的投资余额、预期投资增长率和平均预期通胀率，来计算你需要多少钱才能拥有一天或一年的自由，也可以用它来确定你所投资的任何一笔钱在将来可以创造的自由的天数。在 https：//financialfreedombook.com/tools 里查看财富自由计算器。

结论

虽然这些问题看起来很难一下被消化，但经过你不断地练习，它们会变得很容易。而且随着时间的推移，我保证你会逐渐做出更好的财务决策。相信我！这种心理作用很强大！记住，如果那杯3美元的咖啡让你快乐，你也意识到你正在牺牲生命中17分钟的时间来获得它，但仍然觉得这种取舍是值得的，那么无论如何，开心地把咖啡喝光吧！但是当你把这些问题应用到每年的经常性开支或金额更大的消费上时，你会开始质疑你所消费的每1美元的价值。再说一次，这就是为什么省钱的最好方法就是不消费。由你决定是否值得。

要点总结

1. 计算你的实际小时工资。你一生中的每一个小时赚了多少钱，需要考虑所有包括工作准备、上下班往返、出差、下班后放松以及任何为了工作花时间做的事情。

2. 在任何消费之前，先问问自己以下11个问题：

（1）这次购买会让我开心多久？

（2）我要赚多少钱才买得起？

（3）我要牺牲生命中多少时间才买得起？

（4）我有购买能力吗？

（5）如何比较价格的百分比？

（6）我能以更少的成本或免费获取吗？

（7）为了所谓的"方便"，我多花了多少钱？

（8）每年或余生我将在这上面花多少钱？

（9）这个东西每次的使用成本是多少？

（10）这些钱将来的价值是多少？

（11）这会给我创造多少时间（自由）？

第七章

第四步：停止做预算，集中精力储蓄

断舍离生活，提高 25% 的储蓄率

我讨厌预算，说真的，我认为大多数人在理财方面都做得很差劲的一个最大的原因是：预算做得很糟糕。我相信，他们也很讨厌预算。有很多个人理财书籍和金融知识课程都是关于预算的，但是维持预算本身就是一件很有负担的事情，而且过于注重整体计划中那些小额消费对资金多少的影响其实并不明显。

我不喜欢预算的另一个原因是它强化了稀缺性的概念。做预算的目的是让你追踪所花的每一分钱，如果超支或花钱买一些根本不需要的东西，你会感到内疚。

预算很像节食：你越觉得内疚，就越难坚持下去。你会想：好吧，我还是没能达到我的目标或者这根本不起作用，还是放弃吧。或者你不得不减少放纵的次数以坚持你的预算，但最终你会感觉沮丧或痛苦。预算并不是鼓励并赋予你权利去规划自己金钱的工具，而是一种焦虑和压力的来源，预算其实是最糟糕的。

虽然预算对某些人来说是有效的，一些小额的消费确实会得到控制，但你不会通过削减小额开支来节省最多的钱。通过控制较大的开支，如住房、交通和食物，你可以节省最多的钱，即使你没有成套的预算方案，也可以做到这一点。事实上，只要优化住房、交通和食品支出，你就可以将你的储蓄率提高25%甚至更多，这会大大减少达到你的目标投资数字所需的年限。

还记得特拉维斯吗？他是我父母的老朋友，吹嘘说每年为退休储蓄5%。他会在不同的路上行驶40分钟，以寻找是否有便宜20美元的一箱葡萄酒，他为自己能够通过这种方式省钱而感到万分自豪。但他和妻子最近都以至少4万美元的价格买了新车。根据各种购车网站上的统计，如果他们选择一辆两年前的同款车，每辆车的行驶里程不到3万英里，那么每辆车至少可以节省1万美元。

如果他们买了五年前的同款车型,每辆车的行驶里程不到6万英里,他们就可以省下2万美元,总共4万美元。这就可以免费得到一辆车!为了节省2万到4万美元,他们必须买很多稍微便宜一点的葡萄酒。

如果特拉维斯和他的妻子将那4万美元用于投资,20年后将价值161 549美元。如果他放弃购买那15万美元的房子,转而将这些钱全部用于投资,20年后他将得到605 810美元。那可真是一大笔钱啊。

当然,我不是想取笑特拉维斯。他家的新房子看起来还是很不错的,但他们一家人从中得到的快乐就不得而知了。我只想说明,我们经常花费大量的时间和精力去思考如何节省一些小钱,但其实通过考虑一些关键的购买,我们可以在相对较少的努力下节省更多的钱。如果知道如何在较大的开支上节省更多的钱,你就不必为较小的开支担心太多,因为你已经节省了很多。如果你将这些钱用于投资,让它随着时间的推移而增长,你最终会得到意想不到的一笔钱。这是你唯一需要的预算,它将帮助你大幅削减开支,同时提高储蓄率,这样你就可以更早地实现财富独立。

2016年,美国家庭平均消费57 311美元。其中包括食物7203美元,交通9049美元,住房18 886美元。仅这三类支出加起来就达35 138美元,约占总支出的61.3%(如表7-1)。这是一个巨大的比例,但是当你减去社会保障贡献(2016年平均为6509美元),这是美国人合法要求从总平均支出中扣除的,这个数字接近他们总的可消费收入的70%。

表7-1 美国家庭各类别的年平均支出

2016			
年平均支出	美国家庭平均数(美元)	支出百分比	储蓄机会
住房	18 886	32.95%	高
交通	9049	15.79%	高
食物	7203	12.57%	高
个人保险和养老金	6831	11.92%	低
保健	4612	8.05%	低
所有其他支出	3933	6.86%	中等
娱乐	2913	5.08%	中等

续表

2016			
年平均支出	美国家庭平均数（美元）	支出百分比	储蓄机会
现金贡献（礼物等）	2081	3.63%	中等
服装和服务	1803	3.15%	中等
总计	57 311	100%	

资料来源：美国劳工统计局

看看这些数字，你会发现，减少在住房、交通和食品方面的前三大支出，将使你节省更多的钱。在个人保险、养老金（包括社会保险）和医疗保健上节省很多钱是不现实的，因为这些都是相对固定的成本。剩下的都是较小的开支，如娱乐、服装和其他开支，如果有注意到这些，你就可以很容易地管理这些开支，但是它们只占你总开支的一小部分，不太可能对你的整体储蓄产生巨大的影响。此外，那些小额的娱乐项目也可能是让你快乐的事情。

当考虑到你在最大开支上节省的任何金钱的未来价值时，储蓄的增长机会会变得更大。每月减少400美元的租金似乎不算多，但一年下来就是4800美元。如果坚持3年，那么你最后会省下14 400美元。如果在这3年内每月储蓄400美元，那么结束时，它将价值16 558美元。在以7%的利率复利20年后，即使你不增加一分钱，它也将价值66 873美元。如果美国家庭平均每年在住房、交通和食品方面的支出能减少35 138美元的一半，他们每年可以节省17 500美元。如果他们在接下来的20年里每年投资17 500美元（大约每月1458美元），20年后他们将有835 143美元。这真是一笔数目可观的钱，可以帮助你更快达到目标投资数字。

那具体要怎么做呢？比如可以搬到一个较小的公寓，步行去上班，在家做饭等等，都可能会帮助你将储蓄率提高到50%甚至更高，大大减少达到财富自由所需的时间。以下是针对这些类别的一些省钱建议。如果够聪明，你甚至可以想出如何免费生活。是的，就是你认为的那样，免费！

住房

住房成本约占美国平均预算的33%，普遍的看法是把税前收入的30%到40%花在住房上。我不知道这个建议是从哪里来的，但每个人都这么说，而且当我最开始为财富自由努力的时候，别人也是这样告诉我的。虽然大多数人都这样消费，但并不意味着你只能盲目跟风。事实上，只要稍微动动脑筋，你就可以在住房上节省很大一笔钱，甚至于都不用花钱。

从2011年初到2012年末，我从每月1500美元的公寓搬到了700美元的小公寓，节省了25 000美元。当然，这意味着我不得不搬到一个离吵闹街区很近、一个只有原来一半大小的公寓里，住在一个完全不同的街区，但幸好它仍然有两间卧室，这对我来说已经足够了。我从这次行动中省下的钱经过投资增长，目前已经价值超过10万美元。这几乎是我目标投资数字的10%。而且，它将会持续增长。30年后，如果它继续以每年7%的速度增长，那么当初租金省下来的钱最终将达到761 225美元！

但与安妮塔相比，我的积蓄相形见绌。安妮塔为了能在五年内退休，和室友住在一起，她每月只需付750美元的房租，尽管当时她是一名律师，每年挣17.5万美元。如果按照传统的建议，在租金上最高花费不能超过你年收入的40%，所以按理来说，安妮塔每月需要在房租上花销6600美元，但她投资了5850美元的剩余资金，在33岁时得以退休了。

有很多显而易见的方法可以节省租金。你可以搬到一个较小的居住环境一般的公寓，一个老房子里或找一个室友。这样做能帮你节省一些其他开支。如果你真的决定与别人合租，实际上你可以提前租一整栋房子，向你的室友收取更多的租金，作为租赁或管理房子的费用。或者你可以选择和父母或其他家庭成员住在一起，以减少一些房租。当然，没有人愿意永远和父母住在一起（我当然不想），但是如果能省钱并将其用于投资，这可能是值得的。你越有创造力，你花在住房开支上的钱就越少。

如何免租生活

安妮塔和我节省了一大笔钱,虽然按理来说我们都是付得起租金的,但我们都选择寻找一种可以支付更少租金的方式。我们仍然需要每月支付 700 美元～750 美元,租金是我们不得不承受的一种重大负担,但是也有很多方法可以免租生活。当然,这从来都不容易,但是你也不必住在朋友后院的帐篷里。

三种最简单的免租生活方式是替人照看房子、房屋租赁和交易。以下是每种方法的工作原理。

替人照看房子真的很简单,不需要你有任何花费。在美国,很多人在旅行时都会找人照看他们的房子和宠物,这很普遍。你可以选择做一个出色的家庭照看人员来免租生活。在过去,只有当你认识一个是邻居、同事或者正在找保姆的人时,才能真正做到这一点。但是如今,有许多网站可供你使用,你可以在网上建立个人简介,搜寻你附近的大量"帮忙照看家"的机会。如果积极主动,即使去其他城市旅游,你也可以在任何时间或任何地点找到一家需要帮忙被照看的房子,甚至在你居住的城市找到一个永久的机会。当然,你有可能会选择"跳槽",但是有什么关系呢,反正都是免费住的。在许多情况下,如果你够幸运的话,你甚至可能因为帮别人照看房子而获得报酬。

一些关于此方面比较好的网站是 TrustedHouseSitters USA、HouseSitters America、HouseCarers、Nomador 和 MindmyHouse。这些网站都非常容易操作。有些会收取少量的会员费,但这是值得的,因为这是你寻找免租住房的机会。只需设置基本的个人资料,核实你的背景资料(大多数网站免费提供此服务),并搜索机会。一旦做了几次并得到了很好的评价,你就会更容易找到机会。在很多情况下,你甚至可以住在自己负担不起的地方,比如科罗拉多州的豪宅或布鲁克林百万美元的赤褐色砂石建筑。当你旅行时,替别人照看家里通常更容易,但如果你想住在同一个地方,也可以找到一年或两年长期停留的机会。如果你是单身,这种方式就更简单了,因为你不必考虑其他人,但如果你有家人,情况就会复杂一点儿。

如果再大胆一些，你可以通过建立免费住房网站（如 Workaway 和 HelpExchange）在国际范围内免费生活，这两个网站都允许你与全球寻求帮助的人建立联系，在某些情况下，他们会以免费住房甚至食物作为交换条件。例如，你也许能在有机农场、游艇上甚至其他一些更加奇妙的地方找到免费居住的机会。你可能需要一点时间来选择一种最好的方式，但是只要不嫌麻烦并随时可以离开，实际上你可以在任何地方找到免费居住的机会。

房屋租赁比帮别人照看房子需要付出更多的努力，而且，最开始你需要一定的资金，但只要你找到诀窍，就可以省钱，甚至赚很多钱。归根结底，就是买一处（或多处）房地产，然后把你不住的房间或单元出租给别人。这样做就可以让别人来支付你的抵押贷款，这样你就可以免租生活，甚至可以赚钱。另外，由于房地产通常会随着时间的推移而增值，投资本身会增加你的净资产，使你更容易实现财富独立。

如果你能在达到目标投资数字前还清（或让别人还清）你的抵押贷款，就不必担心房租了，因为你会完全拥有房产。很棒对吗？

最简单的方法是购买一套两居室或三居室的公寓或房子，并将额外的房间出租给你的朋友或其他租户。你收取足够的租金来支付每月的抵押贷款。如果你不喜欢和室友住在一起，你可以在 Airbnb 等网站上出租更多的房间。如果每月的抵押贷款是 1000 美元，你可以以每晚 100 美元的价格出租一个房间，租 10 个晚上来抵扣抵押贷款的金额，然后那个月剩下的时间里，你可以自由生活。以这种方式开始的另一个好处是，两居室和三居室的公寓往往比工作室和一居室更容易升值，所以，如果你无论如何都想购买房地产，这会是一个更好的长期投资。

你也可以买多套公寓，甚至整栋楼。这实际上比听起来容易得多。亚当，一位 Millennial Money 网站的读者，24 岁的时候在芝加哥买了一整栋 8 单元的公寓楼，他不仅能够通过出租给其他人来支付抵押贷款，每月还多赚了 2500 美元的收入。在第十一章中，我将详细介绍房屋租赁和房地产投资的方方面面。

交易，正如听起来一样简单。我认识一个人，他免费住在一位老妇人家的地下室，作为交易，他担当起了物业的角色，专门为业主跑腿。

如果你想免租生活，替人照看房子、房屋租赁和交易都是可行的选择。你不必永远这样做。一个很好的策略是首先帮别人照看一年房子，这样你可以省下足够的钱来支付房子的首付，然后转身去进行房屋租赁。通过从替别人照看房子到有能力进行房屋租赁，你可以节省很多钱，获得增值资产，直到你最终可以从你的租金收入中获得现金流。如果你随时可以离开，你完全可以一直通过"替别人照看房子的方式"在世界各地免租生活。

交通

交通运输占美国人平均预算的19%。这一费用类别包括三种交通方式：上下班往返交通、其他日常出差交通、度假交通。正如我之前提到的，美国人每天平均花在上下班往返的时间为53分钟。如果这是你去上班的唯一交通方式，那没办法，你必须这样做。但是其实我们花在往返交通上的钱都足以使我们拥有一辆车了。美国人花在汽车贷款上的钱比学生贷款多，数据显示，仅在2017年第一季度就有超过960亿美元的汽车贷款。

如果你必须买一辆车，最简单的方法就是买一辆二手车，并且买你能买的最便宜的车。如果你有足够的现金，就用现金支付，这样就不必为贷款支付利息。每月新车贷款额平均为517美元，平均贷款期限超过六年。想象一下，以低于2000美元的现金购买一辆二手车，然后将原本每月要用来支付汽车贷款的517美元用于投资，六年后你可以获得46 365美元，并且在不投入额外资金的情况下，20年后你仍可获得187 256美元。对于购买二手车而不是新车来说，这是一个特殊的投资回报率。

当然，买了一辆车后你还需要花钱。在本文中，如果你每年行驶15 000英里，拥有一辆车的平均成本是每年8469美元，这包括保险费、汽油费、税费、维修费、停车费以及作为车主可能发生的其他费用。

如果把这些因素都考虑进去，节省交通费用的最好方法就是根本不拥有汽车。我自己就是一个忠实的摩托车迷，它们不仅比汽车便宜，而且每加仑可行驶100英里，它们看起来很酷，骑起来也很有趣。当然，最便宜的交通方式是步行，其次是骑自行车。2012年年底，我搬到了办公室附近，这样就可以步行去上班，在过去的五年里，通过这种方式我大约节省了4万多美元。

如果你住在一个拥有公共交通的城市，那么公共交通也是一个很好的选择。火车、公共汽车甚至渡船每月的费用均不超过几百美元，且不需要保险或维修费用。另外，你完全不必承担驾驶工作，可以利用这53分钟的时间看书、打个盹、听个播客，甚至通过在网上卖东西或在你的一个副业上工作赚些外快。

如果你有几个朋友或邻居正好和你同路，那么拼车是一种简单的降低成本的方法，这种方法可能比公共交通更便宜。另一种选择是使用Uber、Lyft或Waze这样的服务来共享车辆。在某些地方，拼车甚至可能比拥有一辆车更便宜。

我认识一些在洛杉矶（世界上最依赖汽车的城市之一）的人，他们使用拼车服务去任何地方，因为费用真的太便宜了。

旅行省钱攻略

出去探索世界吧。要想花少量的钱来旅行从来都不容易。想在旅行中省钱需要做一些准备工作，但只要稍加努力，你就可以减少很多费用。而且，在旅行中省下的钱越多，你以后的策略就会越明智。在过去的7年里，我只支付了少数几次航班的费用，大部分时候乘坐的是免费的商务舱，前往20多个国家进行旅游。旅行省钱主要是关于寻找漏洞和利用时间、战略搜索、航空公司奖励积分、信用卡奖金和其他促销活动以降低或消除旅游成本。不得不说，这既是一门艺术也是一门科学，它一直在发展，所以有关的报价和漏洞都会经常改变，但依旧会给你一些参考。获取最新信息的最佳方法是在线查看旅游省钱论坛。这里有一些我最喜欢的关于旅游省钱的技巧。

（1）在搜索任何航班之前，你需要让自己无法被航空公司和旅游网站追踪，这样当你再次搜索时，他们就不会给你显示更高的价格。航空公司通常使用可变价格，并根据你的浏览历史记录进行调整，只需关闭浏览器中的 cookie 并打开一个匿名浏览窗口即可避免这一点。

（2）选择淡季去旅行。如果你在淡季旅行，通常可以节省 50% 以上的机票、酒店和其他费用。通过谷歌搜索，很容易查到去某个地方旅游何时是旺季。我总是在旺季前后一到两周去旅游，这样仍然可以享受好天气，但是游客少了，花销也少了。

（3）买一张单程票，这通常比往返票更便宜。查找便宜的单程票，当找到时立即预订（当你关闭窗口，任何交易都可能立即消失）。通常花额外的时间去寻找最便宜的单程机票是值得的，而不是仅仅局限在一家航空公司。我出去和回来时的航班、机场经常不一致。

（4）如果一家人都要出行，一次买一张票，因为航空公司通常只有一两张按一定价格出售的机票，如果你试图一次性购买四张票，会立刻被推到一个更高的价位。虽然一次买一张票要花更多的时间，但可以节省你很多钱，往往是值得的。一定要记下选择的座位，这样你就可以将出行团队其他成员的位子和你的安排在一起了，也可以稍后回去将你们的票贴在一起，这样就可以一起登机，不至于被分散了。

（5）尽量从最大的机场起飞，机场越大，价格就越便宜。乘公共汽车、火车或开车去大城市以获得更便宜的机票通常是值得的。例如，纽约是世界上最便宜的起飞城市之一。通过查看对比不同城市、机场和航空公司的单程进出航班，你会变得越来越有创造性。

（6）设置一个票价监视器，使用诸如 AirfareWatchdog、Skyscanner 和 Hopper 等服务，当你理想的旅行票价下降时，系统就会提示。还可以使用 AwardWallet 等免费服务追踪你的所有里程和信用卡奖励积分。

（7）注册来自出版物和旅游搜索引擎（如 Expedia 和 Travelocity）的旅游电子邮箱。如果你随时留心，并且准备好在收到电子邮件时快速采取行动，你会发现一些价格非常便宜的交易。还有一些高级电子邮箱，注册后，它就会为你自动搜索、发现各种吸引人的交易。如果你经常旅行或者想经常旅行，这些预定优惠航班机票的诀窍以及旅行省钱时事通讯是值得一看的。

如果你想最大限度地减少你在旅行时的开支，你可能会想要使用信用卡奖励和津贴，以最大限度地提高你免费旅行的机会。只有当你在使用信用卡并且可以付清每月账单时，你才应该这样做。这就是我得到很多免费航班机票的原因。以下是使用信用卡进行终极省钱旅游的工作原理：

（1）找到你的基本信用卡（一张个人信用卡，一张商业信用卡，当然，如果你有的话）。注册一张好的旅行里程/积分信用卡，用它购买所有东西，这样每次购买都可以累积里程/积分。由于最经常使用你的基本卡，并且可能会保存多年，你应该找到一个能够提供最佳奖励的卡，并且对于特定类别，你将获得多个积分，例如差旅费的三倍积分或杂货费的五倍积分。如果你经常旅行，那就办理一个能最大限度提高旅游支出效益的卡。大多数信用卡在第一年免收手续费，然后在接下来的每一年收取99到500美元的费用，但它们通常会带来额外的福利以减轻手续费。例如，我的基本信用卡年费是350美元，但是我可以用它获得300美元的旅行信用卡，用它免费进入机场休息室，所以我最终得到的比我花费的350美元价值要高得多。通过使用我的基本个人信用卡和商务信用卡，我每年至少累积40万点/英里，这对于超过价值5000美元的国内或国际免费旅行是很好的。

（2）开始寻找促销里程卡，注册该卡以获得一次性促销注册奖励（通常为4万至10万英里/点），然后取消即可。你只需花费少量的金额，就会得到奖励，通常在持有卡的前三个月里大约花费2000到4000美元即可。我用新卡支付所有的生活开支，直到得到奖励。这些卡中的大多数在第一年免收费用，所以可以在拿到奖励后取消，而不必支付任何费用。注意你的信用评分，因为开通和关闭多个信用卡账户有时会暂时降低评分。在申请抵押贷款或贷款之前不要这样做。而且，申请同一家银行的多张信用卡有时也有限制。我每年只申请3到5张新卡，包括个人信用卡和商业信用卡。通过如上做法，最多的时候我有30万～40万英里的额外里程，这大概价值4000美元～5000美元，可供你免费旅行。

（3）一旦得到奖励，大多数信用卡公司都会让你把积分/里程转移到你最喜欢的航空公司。有些航空公司给你的里程兑换值比其他航空公司高，1:1通常是你能得到的最好的兑换值，这意味着你可以用1英里兑换1个信用卡积分。一旦里程被兑换，你就可以开始寻找超级省钱的优惠，这样你就能以最少的里程数获得机票。有时会有促销活动，里程数的价值比其本身更高或者某些旅行本身有折扣活动。比如从纽约到伦敦的往返航班通常是5万英里，那么活动后可能是3万英里，或者一张头等舱机票通常需要用30万英里里程兑换，可是打折后，用12万英里里程即可兑换。这些交易总是在不断变化，尽管不断地搜寻和阅读论坛，留心机票打折活动等是一件痛苦的事，但节省的钱可能是很多的。虽然我不像一些人那样绞尽脑汁，但我经常需要欧洲的头等舱往返机票，而每张机票花费5000美元，大约10万英里。当对某个地方感兴趣，我会在旅行前五个月开始寻找旅游奖励。有时候可能暂时没有奖励活动，可是谁知道呢，万一突然就有了呢？

一开始这听起来很疯狂，但实际上很容易做到。学习和实践需要一点时间，但时间/金钱的价值非常高，然后你就尽情去探索这个世界吧。不管做什么，确保你可以准时、全额还清每月用信用卡刷的钱。如果你必须支付任何未还清账单所产生的利息时，价值就不存在了。

食物

你可能会大幅削减食物预算，但你需要考虑节省下来的钱是否和时间价值匹配。如果你通过全职工作或者副业赚了一大笔钱，那为了省吃俭用离你的目标越来越远可能是不值得的。如果你的实际小时工资是 50 美元，你可能不想花额外的一个小时购物来节省 10 美元，除非你确实喜欢购物或者你有特定的饮食忌讳。这也是上一章中提到的便利性和其他计算非常有用的地方。当然，不是所有的事情都需要成本决定，如果你真的很喜欢烹饪、购物或收集优惠券，那么就去做吧！

一些省钱的简单方法是和你的室友或邻居一起买东西或自己种植食物（太棒了！）。虽然自己种植可能要花费更多的时间，但相比在外面吃饭更健康。如果你种植了很多食物，自己吃不完，可以选择卖掉或者与别人交换其他食物。我还是个素食主义者时，在后院种了整整一年莴苣，每周至少省下 30 美元，味道吃起来也很棒！

另一种节省食品开支的方法是成批购买，但要确保你可以自己进行计算。最近，我发现按单位计算的话，Whole Foods 里的东西比 Costco 便宜。一定要看价格标签上的那个小数字，它说明了一件商品每单位价值多少钱（通常是每盎司），以此来进行一对一的价格比对。成批购买也会使你远离通货膨胀，因为许多主食的价格会随着时间的推移而上涨。关于食物，另一种选择是查看亚马逊的订阅和节省服务，它允许通过定期订购你最喜欢的食物和主食来节省 10%。

显然，在家准备的食物比在外面吃的食物更便宜、更健康，但并非总是如此。如果真的决定在外面吃饭，只要稍稍努力，你就会发现有很多方法可以节省资金。加入餐厅的餐饮俱乐部，搜索食品配送应用程序的注册促销，寻找"买一送一"的促销活动，分开点主菜和开胃菜，总是点水（餐厅在苏打水和饮料上赚了很多钱），等等。在你最喜欢的餐馆省钱的另一个简单方法是通过折扣经销商在线购买那些餐馆的礼品卡，这样可以立即节省 5% 到 25%。

在哪些方面可以节省或完全消除最大的开支呢？在不牺牲你的爱好的前提下，尽可能地减少那些零碎的开支，并把节省的钱用于投资，然后你的钱就会激增！这是你唯一需要的预算。

要点总结

1. 你不需要预算。通过削减住房、交通和食品这三大开支,你可能每月至少节省20%或更多。

2. 住房成本约占美国人平均预算的33%。搬到一个更便宜的房子,或出租额外房间或整个房子来削减住房开支。或者通过帮别人照看房子、购买房子进行租赁等方式获得免费居住的机会。若条件允许,购买一套两居或三居室的房子,或在同一栋楼里购买多个单元并出租额外的房间来抵消或完全支付房屋贷款,甚至赚钱。

3. 尽可能通过步行和骑自行车节省交通费用。如果你真的不需要车,那就不要买。如果你必须有一辆,那么买二手的。

4. 出去探索世界吧。要想旅行时少花钱从来都不容易。虽然旅行中省钱需要提前做一些工作,但只要稍加努力,你就可以减少很多费用。越是经常通过这种方式旅行,你就越能收获更好的结果。

5. 通过如下方式来节省食物费用:自己种植、在家做饭、批量购买、与邻居进行易货和寻找促销活动。

第八章

第五步：最大限度利用你的全职工作

充分利用全职工作，最大化资金储备

在本章中，我将告诉你一些你的老板从不曾透露的东西，并教你如何利用你的全职工作作为跳板，在短时间内赚更多的钱。大多数人把他们的全职工作看作是一个闭塞的环境：他们准时去公司，做他们的工作，通过午餐时间或办公室闲聊与同事建立联系，尽可能减少在办公室的时间，然后回家。但这是错的。

如果你想在几年内赚更多的钱并达到目标，优化你的全职工作是至关重要的。虽然为别人工作不是通往财富的最快途径，但随之而来的很多好处是你做自由职业者不会拥有的。即使你的梦想需要自己单打独斗去实现它，但保持日常工作，并尽可能充分利用它，直到你可以使梦想成为现实，而不必为赚钱而操心。

这不是关于喜欢还是不喜欢工作，而是关于拥有自由和足够的钱去做想做的事——不管是想找一份喜欢的工作，还是提前退休，无论你目前的职位是什么，或者你拥有什么样的工作，如果以企业的心态对待它，就可以显著减少你达到目标所需的时间。

根据现在的处境以及计划的积极性，你可能需要 5 年、10 年、20 年或更长的时间来达到你的目标，所以你需要平衡短期和长期策略。我们的目标是从你的工作中获得尽可能多的钱，然后寻找机会，让金钱随着时间增长。你的短期职业策略应该集中在提高你的市场价值（某人愿意付给你的），最大限度地提高你的工资和福利，包括任何远程工作或创建你自己日程表的机会（这可以让你更好地控制时间）。你的长期职业策略应该建立在充分利用信息时代的优点、与别人建立社交关系、培养技能和尽可能多地学习的基础上，这样才可以提高你的价值，并尽可能地了解你的公司（和其他人）是如何赚钱的，并且把它应用到你未来的全职工作、副业甚至一些商业投资中去。

短期策略

你的两个短期策略目标是：最大化你的福利、尽快赚更多的钱（这样你就可以投资了！）。具体如下：

最大化你的福利

让我们先看看你的福利，它们是最容易被最大化的。如果你的公司提供许多福利，那么这将有助于你拥有更多的灵活性，节省开支或赚更多的钱，但需要充分利用它们。只有大约34%的美国人真正关注他们收到的关于福利的材料，这就像把免费的钱放在办公室一样。充分利用你的福利可以很容易地在你的全部薪酬中增加20%或更多。

虽然贵公司提供的健康保险、牙科保险、视力保险、人寿保险、残疾保险、健康储蓄账户（HSA）、弹性支出账户（FSA）、过境福利和401（k）退休福利账户比例基金建立计划可能是固定的，但其他福利，如远程工作的频率、额外的休假时间、交通支持和其他费用的报销等可能是可以协商的。最近一位Millennial Money网站的读者向公司申请支付他的手机和网络账单，因为这些都是由于工作所产生的，这使他每月可节省150多美元。如果一直在工资谈判中增加福利，随着时间的推移，你可能会得到一个非常好的待遇。

你应始终利用公司提供的所有保险和税收优惠。公司提供的所有保险福利几乎都值得参与，因为你的雇主可能会承担其中的部分费用（免费的钱啊！）。如果开车或使用公共交通工具上班，你还应该尽可能多地利用税前福利，比如向健康储蓄账户、弹性支出账户或401（k）退休福利账户贡献资金，或者选择税前交通服务。因为为这些账户提供的资金是从你的税前收入中提取的，通过参与这些账户，你可以减少应纳税收入，这意味着一年下来你将缴纳更少的税款，这在交通费或医疗费上尤其有用。别担心：我们将在投资章节详细介绍如何最大化你的税收优惠投资账户［如401（k）退休福利账户］。

一些公司提供高免赔额健康保险来帮助那些有高免赔额健康保险计划的员工支付医疗费用。当参加保险计划时，你可以提供一定数额的税前收入来支付你的医疗费用，如果你在一年内没有花完账户里面的费用，它就会随着年份不断累积。

这是健康储蓄账户和弹性支出账户之间的主要区别之一。虽然弹性支出账户（如果你的公司提供）的话可以与任何保险计划结合使用，但是如果在年底前没有花完里面的钱，这部分钱就损失掉了。此外，弹性支出账户的贡献限额通常低于健康储蓄账户。截至2019年，个人每年可向健康储蓄账户提供的金额高达3500美元（如果你超过55岁，则为4500美元）。如果你有一个家庭，你的贡献高达7000美元（如果你55岁以上，则为8000美元）。既然永远不会亏钱，那就尽可能最大化你的健康储蓄账户贡献额来减轻你的税务负担，且让自己安心：因为你知道，当需要时，你总是有足够的钱来支付医疗费用。你也可以将健康储蓄账户用作另一个税收优惠的投资账户，因为在退休或需要钱之前，你可以一直保持金钱的投资和增长。

我们已经介绍了你应该如何最大化你的401（k）退休福利账户，但为了明确观点，我再强调一次，你应该总是贡献足够的钱来达到公司基于你的401（k）比例所提供的基金建立计划（更多免费的钱！）。在那之后，你应该尽最大的努力节省税收和为未来投资。稍后，在投资章节中，我将详细讨论如何投资你的401（k）退休福利账户。

当然，这里有一些令人费解的术语，有时也有很多难懂的条文，但是大多数公司都有一个人力资源部门，如果你有任何问题，可以问他们。人力资源代表帮助你了解并最大化福利。索要一份雇主提供的所有福利完整清单，因为可能有一些你不知道（比如公司利润分享），或者在福利包中遗漏了的。

在最大化你的利益之后，下一步就是进一步谈判以获得更多的利益。在一家小公司里进行利益协商通常比较容易，若是为一家大公司工作，为了获得理想的生活方式尝试协商更好的福利也是值得的。如果老板想留住你，他们很可能会对你的福利做出合理的调整。

对你的生活有最大积极影响的福利是你是否可以远程工作，如果可以的话，频率如何。虽然你可能真的很喜欢成为办公室文化的一部分，但不想一天工作8小时，一周工作5天；或者你讨厌每天上下班；或者发现在办公室上班很容易分心，想尽可能地远程工作。虽然完全的远程工作可能会有一些缺点，不能像在办公室里那样有效地建立人际关系网，但这一切都是为了帮助你找到并尝试协商一个合理的平衡点。

2016年，有43%的美国人远程工作，这是有史以来的最高数字。美国政府也在跃跃欲试，现在，3.1%的联邦雇员在远程全职工作。此外，根据盖洛普《2016年美国职场状态报告》，一周中有3到4天远程工作的员工敬业度最高，你可以向老板证明，如果能偶尔远程工作，你会成为一名更好的员工。

虽然一周3到4个远程工作日的谈判可能很困难，可以慢慢来，先尝试谈判一些远程工作的机会。随着时间的推移，你会逐步获得更多的远程机会和更多的好处。你远程工作的能力最终取决于你目前在公司中的地位、你的表现以及你对公司的价值。例如，如果你是一名助理，你可能无法经常在家工作，除非，你的老板也远程工作或不在办公室。但是，如果是从事销售或者市场营销方面的工作，且表现出色，你可能会通过谈判获得远程工作的机会。表现越好，对公司的价值越高，你的主管越有可能同意你远程工作。如果你想要更灵活的远程工作特权，大胆地说出你的想法。这项福利不会给你的雇主带来任何损失，因为基于工作灵活性对于提高敬业度的巨大作用的研究，这甚至可能提高你的生产力和你对公司的价值。

布兰登在34岁时离开了公司，作为一名网络开发人员他通过谈判获得了远程全职工作的机会，这使得他有时间去旅行，并且可以在享受带奖金和福利的全职工资的同时，仍然可以拥有几乎无限的灵活性。因为他不必上下班往返或买工作服，省下了一大笔额外的钱，这帮助他更快地实现了财富独立。

德鲁住在芝加哥，从事软件销售工作，曾为公司售出超过200万美元的业务。在他的业绩评估中，他留下来的唯一方法就是得到10万美元的加薪，并且可以搬到洛杉矶和女朋友住在一起，远程工作。他的公司想继续通过他赚钱，所以就热切地同意了。现在,当他的同事们不得不忍受芝加哥寒冷的冬天,整天坐在办公室里的时候,他可以早上醒来,带着狗在海滩上散步,只在白天接工作上的电话。他刚刚还在日本待了一个月,可以很容易通过电话找到他(他偶尔半夜会接到几个电话)。

尽管德鲁这样的例子很少,但有一件事已显而易见:如果你对你的公司有价值(而且你很可能是),你可以为你想要的福利给出强有力的理由。你具备的技能对公司帮助越大,你就越有可能获得更多的灵活性,所以即使你是很年轻的新员工,你仍可以为争取一些灵活性的福利谈判。只要你做得好,公司会想留住你,他们很可能愿意为你安排一个让你快乐并为公司工作的机会。远程工作,把多余的钱存入银行,最大化你的时间价值。

并非所有远程工作机会都是平等的。大多数能让你远程工作的都是带薪职位,但也有一些小时工作,比如客户服务或虚拟助理工作,这些是你可以通过远程办公完成的。但是,如果你在做一份带薪工作,你的老板不会衡量你工作的时间,而只是衡量你是否完成了工作以及完成效果如何。如果你能在4个小时内完成你的工作,而不必整天待在办公室里,你可以利用剩下的时间做其他各种各样的事情:找一份副业做,打个盹,和朋友或同事一起吃午饭等。即使按小时获取报酬,你仍然可以节省时间和精力,不必每天上下班或做准备工作。

或者你也可以像湾区程序员一样,在 Reddit 上承认,他把年薪 95 000 美元的工作自动化了,每周只需要工作 2 个小时,整个工作都是使用脚本来响应特定的任务和电子邮件,他编写了一个程序来为他完成这项工作。虽然这种方法有些讨巧,但由于他完成了雇主交给他的工作,所以也是无可争议的。

最后,我们来谈谈股权,它既是一种福利,也是一种补偿形式,也是公司所有权的一种形式。一家公司可能会给你提供股权或是未来股权的承诺,如果你坚持帮助公司成长,就可以参与价值的增长。成为一个"拥有者"可能会让你富有,也可能一文不值,所以仔细评估这个机会是很重要的。

虽然一家公司可以给你很多类型的股权,但通常的形式都是公司股份。分为私人股份：即一家公司未公开交易的股份。和公开股份：即一家公司在股票市场交易的股份。有些股权可以让你投票决定公司的发展方向，如果公司盈利，每年都可以获利，而有些股权则不行。

大多数形式的股权只有在你出售或你的公司被出售或上市时才有价值。当你被雇用或晋升时，你可能被授予个人股权，或作为薪酬方案的一部分定期获得公司股票。每种情况都不一样，但通常情况下，最好将股票视为未来的潜在奖金，这取决于公司的表现。

当然，作为谷歌或亚马逊公司的第一批员工，你将成为千万富翁，但这些都是例外。如你所知，公司可能会倒闭，股权可能一文不值，与地位较低的员工相比，股票往往更有益于高层人士。

此外，许多公司在成长过程中创造了新的股票，这可能会稀释你未来股票的价值，所以到你出售股票的时候，它们的价值可能已经不那么高了。

虽然拥有公司的一部分股权听起来像是一个能获得巨大利益的机会，但这在很大程度上取决于两个因素：

（1）**你相信公司会成长，赚更多的钱，变得更有价值吗？** 你相信公司、愿景和领导力吗？把你自己想象成一个投资者，你会投资这家公司吗？

（2）**你想留在公司见证股权的价值吗？** 你可能需要很多年才能从股本中获利。当/如果你离开，而其他人没有，有些股权形式可能会被你带走。此外，大多数股权的授予期限往往是一段时间，通常是四年或五年，因此为了获得全部价值，你需要在整个授予期内在公司工作。

你可能有机会加入一家较小的公司，或者尽早加入一家公司，在那里，股权最终会变得非常有价值，但是明智地看待这个机会是很重要的。股权赠予，就像加薪一样，通常对你的工作时间及价值会提出更高要求。如果你真的相信你的公司和领导层，且愿意留下来伴随公司成长，成为一个股权所有者或合作伙伴可能也是一个不错的选择。

尽快赚更多的钱

没有什么比尽可能多地获得报酬更能确保你财务的未来了。你一生的收入会受到每次加薪的显著影响，而一次加薪可能意味着更快地实现财富自由。每年加薪 1% 就可以让你在未来的 20 年～30 年里，通过组合和投资这一微小的加薪差额，使你的财富真正增加数十万美元。一项简单的研究显示，对比每年 3% 和 4% 的比例，30 年后，当这个微小的 1% 差额被投资到股票市场时，4% 的比例最终将价值 578 549 美元或者更多。这是因为你未来的收入潜力受到你今天基本工资的影响。大多数人在他们现有的职位上获得的报酬都很低，但很多人对此无动于衷。89% 的美国人认为他们应该加薪，但只有 54% 的人计划明年提出要求。

在我的职业生涯管理过的所有员工中，只有不到 10% 要求加薪或奖金。无论是恐惧、懒惰还是其他什么原因，我都无法相信竟然有那么多人都没想过要加薪。虽然可能确实有些人工作不是因为金钱，但浪费掉可能属于你的钱，我想也是不明智的。如果你不去尝试要求，那么你可能永远也得不到与你实际价值匹配的报酬，或者使你的时间价值最大化。积极追求加薪会对你的终身薪酬产生巨大影响，并提升你实现财富独立的能力。

雇主和雇员之间的工作关系一直都很紧张。作为一名员工，你希望得到尽可能多的报酬，但是你的老板（以及你老板的老板和食物链上的其他人）希望尽可能以最少的报酬，使你留在公司工作。优化你的工资意味着找出你老板愿意付给你的上限，并为此付出努力。这是一个目标始终如一但却充满着困难的过程，但是有了正确的信息，你就可以大大增加获得更多报酬的机会，并且这个上限也充满着无尽的可能。

如果你想通过你的全职工作赚更多的钱，无论你工作有多努力，工作有多忙，投入多少时间在办公桌前，都无关紧要。最重要的是公司对你价值的认知（也就是你老板和更上一层老板的想法）。他们认为你越有价值，你就能赚越多的钱。毫无疑问，你正在做的或者已经完成的很多工作，老板们是不知晓的。所以，这取决于你如何来讲述自己所创造的成就以及如何展示你的价值。

你需要成为自己的拥护者，因为你的老板只是想省钱，而不是付给你更多。当然，你的老板想让你留在公司，正如一位人力资源主管曾经告诉我的，"你想让你的员工足够快乐"。另一位前同事告诉我，"你希望通过刚刚好的薪酬让他们留在公司工作，但同时也希望员工可以为了继续加薪或争取奖金而继续努力工作"。这听起来可能很残酷，但这就是企业赚钱的方式。

准备好一个文件夹，以备在你的实际工作超出了工作描述中列出的职责，或你收到其他任何有竞争性的工作邀请时，你可以随时记录并打印关于你的市场价值以及你对于公司的价值的相关信息。虽然你不必把这个交给你的老板，但在谈判时把它放在你面前是有帮助的，以便你需要使用其中的一些支持证据。你可能想打印一份如果你在其他公司拥有同样职位时的薪水，以显示目前你的薪水与职位是不匹配的。或者你可能想从招聘人员那里拿出一封电子邮件，告诉老板你在另一家公司能赚多少钱。如果你想找一份新工作，你也可以使用同样的信息。

这些信息不仅能帮助你准确地确定应该得到多少报酬，还能向你的老板表明你已经准备好了，你的要求是基于数据的，你也为此付出了巨大的努力，对于是否仍留在公司你是严肃认真的。你的资料准备得越充分，越有条理，越有说服力，你在当前和未来的职位中获得的薪水就越多。

得到你应得的报酬是关于市场、公司和你自己如何珍惜你的时间的明证。你可能会发现，在统计数据和分析市场之后，你不再愿意用时间来换取公司给你的报酬。这可能是找一份新工作或建立全新职业的催化剂。一小时的生命值多少钱？你愿意用多少金钱来交换？在整个评估和谈判过程中要牢记这一点：这不仅仅是一份工作或一份薪水，而是你的时间和精力。

这里有一个简单的四步过程来确定你是否应该要求加薪（答案几乎总是肯定的！）并会显著提高你获得加薪的机会：

（1）判断出你目前的市场价值（其他公司愿意为你所拥有的技能和经验支付的薪资）。

（2）了解你对公司的价值（你给公司赚了多少钱，取代你需要多少钱以及你做了多少超出工作职责范围的事）。

（3）决定好你想要的加薪金额，寻找合适的时机提出。

（4）大胆说出你的想法。

接下来，详细介绍一下这个过程。正是这一具体的过程帮助许多 Millennial Money 网站的读者通过他们的全职工作赚了更多的钱，包括一个得到了 8 万美元加薪的人！

1. 判断出你目前的市场价值

公司总是在努力保持竞争力，他们希望雇用最优秀的人才，你的老板和公司总是在努力跟踪员工的市场价值。你每年至少要做几次同样的事情，因为对你的职位和技能的需求在不断发展，你的市场价值是另一家公司愿意付给你的工作报酬，在市场营销或编程等某些领域，你的市场价值取决于你所在城市的供求状况，也会随着你掌握新技能和获得更多的经验而增加。对你技能的要求越高，你能赚和应该赚的钱就越多。市场需求可能会根据你在哪个城市或国家而发生巨大的变化，因此无论你住在哪里，你都有可能通过为另一个城市的另一家公司远程做同样的工作而获得更多的报酬。

要了解你的市场价值，你需要做三件事：

第一，看看你所在城市中与你同职位的人们的工作薪酬。网上有很多工具可以帮助你知道这一点，我最喜欢的是 Glassdoor、LinkedIn，以及一些薪水查询工具。一定要就你的职务以及其他类似的职务做好搜索工作。将所有的工资水平打印出来，将它们放在案例制作文件夹中，以便日后做对比分析。如果你的职位比较特殊，那就按技能而不是按职位搜索，然后与招聘人员交谈，因为他们可以帮助你，使你的技能、职位和一定的工资保持一致。

第二，联系你所在行业的招聘人员。在大多数行业，都有招聘公司和人员被雇用来填补公司的空缺职位。只需搜索"你所在行业的招聘公司"即可。招聘或猎头人员最好的一点是，他们的薪酬是由寻找员工的公司支付的，而不是由潜在的员工或候选人支付的，所以你不必向招聘人员支付信息费。他们想帮助你，这样就可以把你安排到一家公司工作，然后得到公司的报酬。

因为这些招聘人员专攻你所在的行业，很熟悉市场，他们可以根据你的经验和技能告诉你能得到/应该得到多少报酬。向招聘人员具体询问对于一个拥有和你一样技能的技术人员的工资范围，然后打印出他们的信息，并放在你的案例制作文件夹中。我建议和至少两到三个不同公司的招聘人员交谈，他们会提供给你不同的观点。因此，你的分析中将包含多个薪资参考点。

第三，寻找招聘公司、行业团体和行业协会发布的研究报告。大多数行业都有发布工资指南的公司和协会，其中许多都包括便利的表格，帮助你计算所在城市的工资。只需在 Google 中搜索"（你的行业）薪资指南"，你可能就会看到一系列的报告资料，打印出来放在你的文件夹里。

作为一种奖励，当/如果想离开你的公司时，你会发现，随着时间的推移，与招聘人员建立关系可以带来一些绝妙的（高薪的）机会。即使你不想离开公司，招聘人员也可能会发现并给你推荐一个绝佳的机会。布莱恩，一位在纽约雪城生活的 27 岁的 Millennial Money 网站的读者，打电话给我，问我怎么才能找到一份薪水更高的 IT 工作。他工作兢兢业业，做着一份本应获得 5 万美元以上的薪酬，实际上却只有 4.2 万美元的工作。我建议他与 IT 招聘人员联系，看看他的技能值多少薪酬，以及是否有更好的机会。最后，他和一家在纽约的招聘公司谈了谈，获得了一份在家里远程工作，可以挣 9 万美元的工作机会。这对布莱恩来说是一次巨大的人生升级，仅仅是因为联系了他所在行业的招聘人员。

最后，这种方法有点铤而走险，但如果你有兴趣跳槽到另一家公司找一份高薪工作，那么与其他竞争对手公司联系，了解更多的他们正在招的职位和薪酬机会是很有用的。如果很多招聘经理认为你可能离开现在的公司，并且很适合他们公司的职位，他们会愿意和你谈谈。你甚至可以在和老板谈判的过程中，利用另一家公司的竞争性报价，获得一个更好的职位。如果你之前要求加薪但被拒绝，愿意离开公司，这招将特别有用。这种方法一方面有很大的作用，因为它可以帮助你在现有的公司获得更高的薪水，但同时另一方面也存在事与愿违的情况，那就是老板因为不喜欢被人胁迫而解雇了员工。（比较好的一点是，这名员工能够得到一份不错的遣散费，并找到一份新的、薪水更高的工作）所以，除非你真的愿意离开你现在的公司，否则不要轻易尝试这样做。

2. 了解你对公司的价值

你需要判断的第二类价值是你对公司的价值。这比计算你的市场价值要困难一点，你应该试着做一个定性和定量的评估。具体步骤如下。

首先，计算一下公司替换你所需的成本。在大多数行业，雇用新员工，特别是受薪员工的成本确实很高。为了确定替换你的成本，你可以使用与公司考量的相同指标。公司通常使用工资百分比法（例如，小时工 16%）或 6 到 9 个月的全职工资。如果你作为一名受薪员工每年赚 6 万美元，那么找到接替你工作的人可能需要花费 3 万～4.5 万美元。

拥有的经验和技能越多，你就越有价值。你的老板很可能知道取代你的成本以及你对公司的价值，所以当你要求加薪时，利用好这个优势。如果一些老板认为你会离开，他们可能会立即给你 5000 美元或更高的加薪，因为他们知道找到你的替代者会花费 2 万美元或更多，而且他们不想失去你的所有经验和技能。大多数人应该赚更多的钱，但他们低估了自己对公司的价值，不要求更多的钱，因为他们害怕失去工作。事实上，你的公司可能会支付更多的钱来留住你和你为公司文化和商业带来的价值。

接下来，如果你为一家靠客户赚钱的公司工作，你应该试着计算一下你为公司赚了多少钱。如果你在一家以小时工资计费的律师事务所、广告代理或其他领域的公司工作，那么要做到这一点应该很容易。如果你从事销售工作，那就很容易知道你为公司创造了多少业绩。

当然，这不可能适用于所有的工作或行业。例如，如果你是一名教师或是在一个更大的团队中工作，可能无法对你的贡献进行价值评估。但是如果你在一个为客户服务的行业工作，就要弄清楚你的公司为你提供的服务向客户收取了多少费用，并从费用中扣除你的平均小时工资，以确定公司从你的工作上获取的利润。例如，如果你是一名电工，你公司每小时收费300美元，而你每小时的工资是30美元，那么公司在你的时间里每小时盈利270美元。这是公司对你投资的巨大回报！

当然，这一计算并没有考虑到贵公司的管理费用，包括为经营业务而支出的其他费用，如支付租金和水电费、雇用支持人员以及福利费。虽然它因公司而异，但估计企业管理费用对薪酬影响的标准方法是将平均小时工资增加30%。用同样的电工例子，每小时30美元中的30%是9美元，在管理费用方面，贵公司的总成本是39美元，但他们的收费是300美元。所以公司每小时赚261美元，或者说在你的时间里有87%的利润。如果你可以在原本公司对你投入成本的基础上，帮助公司多挣三四倍的钱，那你就很容易证明加薪是正当合理的。

如果你是一名销售人员，销售佣金低于15%到25%，那就应该要求加薪。虽然平均销售佣金因行业而异，但我见过太多只拿到5%佣金的销售人员。这意味着贵公司的销售额将获得95%的回报。如果你是一个好的销售人员，大多数老板都愿意给你更高的佣金（如果你离开，可能会损失你所有的销售额）。我强烈建议你至少谈判获得15%到25%的佣金。如果你已经达到了15%，试着协商增加到20%；如果你已经达到了25%，试着协商增加到30%。

你的公司可能从你身上赚了很多钱，如果不是这样，也就不是一个企业的发展模式了。大多数销售佣金应该是可以协商的，这对公司是有利的：如果你留下来，他们会赚钱，但如果你离开，他们可能会损失一大笔钱。利用这些信息，你可以获得更高的薪资或者为将来自己创业提供动力，这样你就可以每小时赚300美元，而不仅仅是30美元。

维克多，26岁，生活在密尔沃基并且是Millennial Money网站的忠实读者。他在一家制造公司从事销售工作。在读了我的一篇文章后，他联系我，他在过去的一年里，给公司带来了超过150万美元的新业务，但只赚了4.5万美元，没有任何佣金。我向他推荐了这一章的策略，虽然他没有得到佣金，但得到了加薪，工资增加到了12.5万美元。虽然他在密尔沃基的市场价值约为5万美元，但事实上他可以为自己争取更多的利益。

8万美元的加薪幅度很大，对维克多达到目标的影响更大。因为未来20年内，8万美元将变成一笔16万美元的额外收入，如果他再投资8万美元，每年增加7%，那就超过8800万美元了！我当然希望他能。如果维克多跳槽到另一家公司，他可能会获得超过12.5万美元的工资，这无疑进一步加深了每次加薪的影响。加薪对于帮助你更快实现财富自由，具有极大的促进作用。

最后，看看从你最后一次得到加薪或开始在公司工作以来，你实际上帮助公司做了什么。当你为了得到报酬而去做一份工作或仅仅做一份"称职"的工作时，这可能不足以帮助你获得加薪或者获得某些公司提供的超出标准1%至3%的生活成本增加的奖金。你需要展示目前的工作是如何超越你的职责范围的，或是如何帮助公司取得意想不到的成功的。

具体来说，看看你直接帮助公司达到的任何重大里程碑或者在工作职责范围之外的任何重大项目。你如何展现（理想地衡量）正在做超越本职范围的工作的？你是否开发了新的客户？你是否管理了更多的员工和承担了更多的职责？你学到的新技能有助于你承担更多的责任吗？即使你不是销售人员，你有没有推荐新客户？你有没有承担离职同事的部分或全部工作？

列出你所做的一切，学到的新技能以及在工作范围之外所取得的任何成功，这样你就可以展示你不仅仅是在做好一份"本职工作"。或者更好的是，每次只要你做了本职工作以外的其他任何事，都在word文档、纸上或电话上记录日期和任务。这样，谈判时，你就有了一份可以借鉴的记录。当然，你不需要事无巨细地全说，只需选择几个代表你各种工作方式和工作时间，超越本职工作以及展示附加值的具体例子即可，然后勇敢说出内心的想法。

3. 决定好你想要的加薪金额，寻找合适的时机提出

正如你已经了解到的，从百分比和金额的角度考虑金钱会影响你对储蓄的

看法。这也会影响老板对你要求加薪的看法。通常，如果要求的是百分比而不是美元，你更有可能得到更多的加薪。这是因为百分比对人们来说不那么明显。想想看：如果现在可以赚 5 万美元，你觉得每年增加 10% 还是增加 5000 美元显得增加幅度更明显？可能是 5000 美元，因为你（和你的老板）可以立即想象出额外的 5000 美元能购买什么。5000 美元具有有形的价值，而 10% 则很抽象，仅仅是一种表示形式。你能用 10% 购买什么呢？

为了让你留在公司，老板可能会给你 5% 的加薪，但如果你想要 10% 或更多，就需要用你收集的数据给出一个令人信服的理由。如果你有另外一个职位的备选，也可以更大胆一些。我个人认为，10%～15% 是最好的要求，除非考虑到你实际的薪酬远远低于市场价值和对公司的价值。如果发现你的薪酬确实很低（争取 20% 或更多），那么你可以进行一些调查研究，然后要求至少加薪到符合你职位的市场均价，要求薪资范围的上限。

如果你的薪酬大大低于市场价值，那么你可以通过使用在网上和招聘人员那里找到的数据来做这个案例，从而得到 20% 的加薪，以达到市场水平。做一点研究获得非常高的投资回报率是非常值得的。如果公司想留住你（而且公司也有钱），老板们会愿意给你加薪，让你按市场利率工作。但不是所有的公司都能给你加薪，有些愿意，有些却会拒绝。即使你问，老板们也有很多借口不给你加薪，比如"公司发展得不太好，没有达到目标"，"销售下降"或"我们没有预算"。这取决于你是否相信并愿意在这种情况下留下来。

很多员工不知道应该何时要求加薪或在错误的时间要求加薪。你何时要求加薪会对你的老板是否同意产生巨大影响。首先，看看你的职业生涯和职责，如果工作职责发生变化，定期留意你的市场价值和对公司的价值是很重要的，至少一年两次以上。

如果你已经做了所有的研究，并且决定要求加薪，下一步就是考虑要求加薪的时间。要求加薪的最佳时机是在你的年度绩效评估期间，在公司的财政年度末（如果不知道时间可以问人力资源部）、在你的工作量因最近员工流动而增加之后，或者在你带头发起了一个成功的计划/项目之后。具体原因如下：

在你的年度绩效评估中，老板已经在考虑你对公司的价值了。如果拿出你的市场价值调查，你很可能得到更高的加薪。在公司的财政年度末，你的老板已经在考虑明年了，只要在公司表现良好，你就更有可能得到肯定。反之，如果你在公司表现不好，那么就不太可能得到加薪，除非你的公司确定需要留住你，并让你继续为加薪而努力工作。

另一个好时机是，如果你的职责发生了重大变化，或者工作量因员工流动或合并而增加。在这种情况下，公司最不希望的就是另一个员工离开，这样他们可能会付给你更多的薪水来留住你。同样，如果你发起了一个非常成功的计划/项目，那么这也是要求加薪的好时机。依靠你的成就帮助自己加薪。

下一步就是选择日期和时间。星期二下午4点，那个时候老板压力很大，这不是个好时机。在假期前的一个星期五下午，或者在老板要去度假之前，这也不是一个好时机。星期一早上也不好，因为谁会真的喜欢星期一早上呢？

研究表明，要求加薪的最佳时间是星期五上午。原因是你的老板和你一样，对即将而来的周末感到相对放松和兴奋。心理学研究还表明，人们往往在早上也就是中午之前更为慷慨。

不管是哪一天的什么时候，你肯定需要想象一下老板的心情，他们可能感到压力、不安，或是全神贯注于其他事情。如果老板心烦意乱或压力很大，没办法专注听你说话，找一个你和老板心情都很好的时间。这些指导方针可能会有所帮助，但要求加薪的最佳机会随时都可能出现，所以随时准备好吧。

4. 大胆说出你的想法

在决定最佳时机之后，就是大胆说出你想加薪的想法了。以下是如何最大化你获得加薪的机会。首先，你需要决定是专门安排一次会议，还是随便聊聊就行。这取决于你和老板的关系、老板的风格和你的风格。有些老板为人拘谨，不喜欢这种意外，这种情况下，你应该安排一个会议，给你的领导发一封电子邮件，说你想聊上15分钟～20分钟，然后问他/她什么时候有空。如果你的主领导是一个自由、随和的人，那就随便去找他聊聊吧。

接下来，你需要有一个特定的百分比。你应该要求加薪达到你所在城市中同类职位的至少90%的薪水。如果你给公司赚了很多钱，而且有数据支持，公司可能会付给你更多的钱来留住你，所以不要害怕，大胆说出你可能获得的最高薪额，这样你就有一些谈判的空间。最糟糕的情况是，他/她会说不，或以低于你要求的比例加薪。

一旦会议开始，首先，告诉你的老板你有多喜欢为他/她和公司工作，分享一些真正能让你对某个项目或公司方向感兴趣的东西。通过这样做，你把公司（和你的老板）放在了谈话的第一位。接下来，解释你为什么要求加薪："最近因为X、Y和Z，我的工作真的增加了很多"或者"最近我根据自己的工作经验分析了我的市场价值"或者"最近一个招聘人员联系我，说根据我的经验可以给我一个赚X美元的职位。"然后说出你加薪的想法。可以说一些类似"我真的很想留在这里，我在这里看到了光明的未来，所以想要求加薪百分之X。"不要说得太多或太夸张。

回应你老板的话。他/她可能会问你一些问题和/或告诉你他/她需要考虑一下。没办法立即得到老板的答复也没关系，但是如果老板确实需要一些时间考虑，那就对时间设定一个期限。你可以说："没关系。那能在星期五或下星期一之前给我回复吗？"一些雇主可能会一直拖着，你可能等了好几个星期都没有收到回复。如果是这样的话，你最好再找一份工作。如果他们当场提出的加薪不是你想要的，那就继续保持谈话，在你的案例中增加更多的内容，但前提是他们提出加薪还价或者是直接拒绝。

大多数员工不知道自己可能占上风，对老板和公司来说，他们的价值比自身意识到的要高。如果你在要求加薪时言辞得当，数额合理，老板很可能会感激你在这个过程中的想法和留在公司的愿望。最糟糕的情况就是你的雇主会直接拒绝你的加薪要求。即使这样，也不要胆怯，绝对不要把可能属于你的钱流失掉，或低估你的时间价值或你对公司的影响。

继续研究你的价值

即使在你已经协商了加薪或得到了一份新工作之后,你也应该继续留意你的市场价值、公司价值、薪酬和福利,至少一年几次。你还应该抽一些时间分析你未来的市场价值,也就是说,如果保持目前的职业发展轨迹,你将得到多少钱。查看你将在未来三到五年内担任的相关职位的薪水。例如,如果你是一个初级的平面设计师,想在未来五年成为一个有创意的领导,想想应该如何实现你的目标以及你的期望薪酬。找一份有较高收入潜力的类似工作,尽一切可能学习新技能以增加你实现目标的机会。值得注意的是,即使很多工作需要类似的技能,但报酬差别却是很大的。现如今,大数据库的存在,使得人们更容易获得高薪工作。如果你不喜欢现在的职业规划,尽快辞职,重新选择一份工作吧。规划好你的道路,你就更有可能实现你的目标。

每隔一段时间做一次这样的分析会帮助你发现很多机会,包括加薪,获得一份新工作或者是创业等。随着时间的推移,你会更好地确定你的实际市场价值。

长期战略:技能 + 人际关系 = 金钱

虽然你的短期战略是为了最大化目前的利益,但实际上你仍然需要工作 5 年、10 年、20 年或 20 年以上,直到达到你的资金数字。因此,你的长期战略应该专注于通过尽可能多地学习、利用人际关系以及获得在职业生涯和生活中所需要的技能,进而创造自己的价值。

技能是未来的货币,也就是说,你现在所学的技能越有价值,你个人就越有价值,以后赚的钱也越多。需求越高,你的技能越需要多样化,能赚的钱就越多,你就会有更多的选择。在构建和融合两种不同且看似对立的技能组合方面也有很多价值。例如,如果你知道如何编码,也可以销售,或者有图形设计和分析技能,或者拥有 Excel 和市场营销技能,你就可以赚更多的钱。技能组合越多样化和全面,你赚的钱就越多,你就越容易创造多样化的副业收入。我认识的最优秀的平面设计师之一实际上是一名全职兽医,她私下里非常喜欢设计,大部分关于设计的知识是通过 YouTube 上免费的视频学习而来。

毫无疑问,最重要和最有价值的技能之一是学习如何销售。在任何一家公司,销售和开发业务都是一项高价值和高报酬的技能,如果你想建立一个有前途的团队,这是必不可少的。

未来的许多工作还不存在(数字营销在 20 年前甚至不存在),但通过建立各种技能组合并继续学习和成长,你将在未来获得更多财富。看看你目前拥有的技能,学习那些将有助你获得更好工作的技能或者你感兴趣的新技能。对于销售、沟通、营销、品牌、设计、编码和以某种形式合成数据,可能总是有需求的。

我 24 岁时,从父母家搬出去后获得的第一份工作是在芝加哥的一家小型数字营销机构做推广。在决定进入数字营销领域后,我选择申请小公司的工作,这样就更容易实现我的目标。这是我职业生涯的巨大转折点。在这一年里,我的工资从每年 5 万美元增加到 30 多万美元。工作的这 11 个月里,我起早贪黑,积极与公司的人结交并留意他们是如何工作的。正是通过这些对话和关系,我才能够了解品牌、文案、创意设计、网站设计、前端和后端编程、撰写建议、搜索引擎优化以及最终帮助我赚大钱的唯一技能:销售。

尽管是经营谷歌广告活动,但我还是找到了销售主管戴夫和杰德,他们对我们服务的入站查询做出了回应,并联系了那些希望创建新网站以及寻求数字营销帮助的公司。我尽可能多地和他们待在一起。当你开口寻求帮助,大多数人都愿意帮忙,特别是当你们都在同一家公司工作时。没几个月,他们便把我纳入新的商业活动中,我在第二次活动中结识了该机构历史上最大最赚钱的客户之一!那一年里,我学到了一生中最重要的东西,这一切都是因为我的好奇心。

一个能给你的事业和生活带来巨大回报的小建议:每周和一个新认识的人联系,约他们出去吃午饭,即使他们的工作与你无关,告诉他们你想了解他们的工作,并主动告诉他们你的职位。花时间去真正了解这个人——你们可以喝一杯咖啡、吃一顿午饭或者闲聊，但至少安排一个小时的时间，一个小时足够了，它将迫使你去聊一些深入的话题，而不仅仅是寒暄。尽可能多地了解这些人和他们的职位，他们能帮上什么忙？你如何帮助他们？

我从 2011 年开始做这件事，一开始这对我来说真的很难，因为我天生内向。但随着时间的推移，事情变得容易些了。如果你每周带一个刚认识的人出去吃午餐或喝咖啡，一年后你就和 50 个不同的人分别进行了长达一小时的谈话。通过这 50 人，你可以学习，且在一生中把它当作一种资源来使用。如果你不想每周都这样做也可以，每隔几周或每月一次也是有用的。就像复利一样，人际关系和知识的价值也会随着时间的推移而增长。

与如此多的人见面也会帮助你在看似无关的事情中发现规律。这将帮助你找到让你的公司变得更好的方法，把你认为会相处得很好的两个人联系起来，学习一项新技能的价值，发现新的资源，甚至发现你从未想过的赚钱机会。当你发现你可以帮助别人，你的社交网络越变越大时，商机自然而然就会出现。由于经常和同事们一起共进午餐，我已经通过做客户推荐这一副业赚了至少 25 万美元。

不断培养新的技能，提出问题，建立联系，并时刻关注新的机会，大多数赚钱的全职工作和副业机会都将来自你现有的人际网络，因为这样更容易销售和获得帮助，许多好的工作都是给那些在公司里有门路或有关系的人的，这些人不需要盲目地在网上提交简历。

既然已经最大化你的全职工作利益，并准备把它作为一个跳板，接下来你就需要在业余时间开始通过副业赚钱。这段时间你可以增加你的储蓄，学习新的技能，或者开始用自己的方式赚更多的钱。

要点总结

1. 全职工作是一个收入跳板。在创造其他收入来源的同时，最大化福利和薪资待遇。

2. 福利最大化。与人力资源会面，确定你拥有哪些福利以及如何将其最大化。研究健康储蓄账户、弹性支出账户、401(k) 退休福利账户，继续学习、了解各种形式的保险和获得远程工作的机会。如果对福利不满意，试着协商更好的。

3. 薪水最大化。公司正在努力利用你的时间赚尽可能多的钱，在谈判加薪时，利用这一点。研究并打印出你当前的市场价值，对公司的价值，以及你收到的任何有竞争性的工作邀请。任何一次加薪都会对你的职业生涯产生巨大影响。

4. 分析市场对你的技能和经验需求，判断是否要求加薪。可以通过像 Glassdoor 这样的薪资比较网站，联系招聘人员，阅读行业薪资报告来做到。如果可能，试着计算你对公司的价值以及要取代你的成本（可能很多）。同时列出你在工作职责外所做的一切。

5. 提前想好加薪金额并选择合适的时机提出。如果用百分比而不是美元来要求，你有可能获得更高的加薪。如果你的工资比市场价值低很多，那你可以用网上和招聘人员那里的数据来证明，使工资比市场水平高出 20% 以上。

6. 选择合适的时机，大胆说出想法。年度绩效考核期间和职责发生了重大变化期都是不错的时机。研究表明，要求加薪的最佳时间是周五上午，因为老板和你一样，对即将而来的周末感到放松和兴奋，且人们往往在早晨更慷慨。

7. 继续研究你的价值和未来的市场价值。例如：如果保持目前的职业规划，你将获得多少薪酬？你未来三到五年将要从事的职位的薪酬？

8. 技能 + 人际关系 = 金钱。技能是未来的货币。你的技能越有价值、越多样化，你赚的钱就越多。坚持培养技能和人脉，随着时间的推移，将给你带来巨大的回报。

第九章

第六步：发展有"钱"途的副业

如何发展一个有"钱"途的副业

马特是一位 25 岁的平面设计师，住在芝加哥，全职工作的年收入为 5.5 万美元。他热爱他的同事，热爱公司的氛围，没有离职的计划。但他的大多数同事不知道，马特会从自己的副业中每年多赚 20 万美元，这得益于他还是学生时创办的一家遛狗公司。

三年前，马特看到学校的留言板上贴了一个遛狗的帖子，他便开始以 5 美元一次的价格在课间帮人遛狗，赚取额外的收入，他一周最多遛过十条不同的狗，但随着周围的邻居越来越多，客源越来越好，以至于靠自己已经无法应付，为了满足需求，马特成立了一家有限责任公司（LLC），并雇用了其他几个学生来遛狗。现在，他只靠这个简单的商业点子就赚了自己全职收入的四倍。

按照学生的生活方式，马特还节省了很多钱。他仍然住在大学的公寓里，并将副业中赚的几乎 100% 利润用于投资。马特年收入 5.5 万美元，如果他将每年收入的 20%（1.1 万美元）省下来用于投资，按照 7% 的年增长率，他需要大约 33 年才能达到 150 万美元的目标。正如你所知，在 33 年后，他实际上需要更多的钱才能退休。但是，由于他的副业，使得他可以在 30 岁之前就达到 150 万美元的目标（也就是再过五年）。

在上一章中，我们讨论了如何优化全职工作，但是如果你想更快地赚大钱，除了做好全职工作外，你还需要通过发展一个或多个副业或者投资，使你的收入来源多样化。在本章中，你将学习如何挑选、启动和发展有"钱"途的副业，这将有助于你加速实现财富自由目标。

一方面你可以多挣点外快，这样你就可以出去吃顿大餐或者买一双漂亮的鞋子。但如果你想尽快实现经济独立，就需要不断提高副业的价值，打破这种"牺牲宝贵的时间只为了那一点点钱"的想法，转变为企业心态来思考你的副业。

企业心态要求寻找尽可能多的赚钱机会，这意味着你要把所有的钱都用于投资。你需要把你从副业中赚的钱全部用于投资，这样钱才会不断复利增长（如表9-1）。

表9-1 你的副业收入如何减少你的目标投资数字　　单位：美元

月度副业收入	年度副业收入	25倍乘数（减少你的目标投资数字）	30倍乘数（减少你的目标投资数字）
250	3 000	75 000	90 000
500	6 000	150 000	180 000
1000	12 000	300 000	360 000
1500	18 000	450 000	540 000
2000	24 000	600 000	720 000
2500	30 000	750 000	900 000
3000	36 000	900 000	1 080 000
4000	48 000	1 200 000	1 440 000
5000	60 000	1 500 000	1 800 000
6000	72 000	1 800 000	2 160 000
7000	84 000	2 100 000	2 520 000
8000	96 000	2 400 000	2 880 000

你投资的每一笔副业收入都会减少达到你的目标投资数字所需的时间。如果我没有投资几乎100%的收入，我至少要花两到三倍的时间才能实现经济独立。副业真的很棒，你可以修剪草坪，遛狗，铲雪，照看孩子，送货或做一名司机。此外，得益于现代网络的发达，很多副业甚至都不用线下去做，只需在网上即可完成。你可以在线编码，辅导，发布博客，在易趣或亚马逊上转售产品，参加焦点小组，或者做一些其他的事情。但是，很少有人充分发挥了副业的最大潜力，尽可能多地赚钱，然后投资，使其自然复利增长。如果你只是通过副业赚钱，而不用于投资，那么就是在浪费时间，因为你错失了一个使金钱进一步增长的机会。

虽然在成长过程中我一直有副业，但直到2010年我才真正开始认真打理我的副业，这样我才能有更多的钱来投资。在那之前，我会把多余的钱花掉。（这就是为什么我 24 岁就破产了！）但一旦我了解到金钱的未来价值后，就上瘾了。当时，我在一家小型数字营销机构工作，每年赚 5 万美元，与此同时，我的大部分空闲时间（大约每周额外的 40 个小时）都在通过做自己喜欢的事情尽可能多地赚钱。比如：

1. 为律师事务所创建网站

我的第一个项目是通过 Craigslist 找到的一个 500 美元薪酬的工作，三个月后，我用同样的方式开展业务，获得了 5 万美元！一个律师把我介绍给另一个律师，我从不需要做太多的销售工作，我的生意主要是通过客户介绍而来。

2. 转售域名

这绝对是我最赚钱的副业了。域名是互联网的不动产，在我看来其价值仍然被严重低估了。在域名拍卖的早期，我可以购买很多以社交媒体、法律、金钱和教育为主题的域名。我通常能够以低于 50 美元的价格购买一个域名，并在一年内以 2500 美元的价格转售，投资回报率至少 4900%。当然，并不是所有的域名都能卖那么高的价格，但是总的来说，这是一个完美的副业，我至今还在从事。截至本文撰写之日，我拥有 800 多个域名，它们正变得越来越有价值。仅在过去三年中，一个中端域名的平均价格就从 400 美元飙升至 2500 美元。

3. 为律师事务所和房地产经纪人开展数字营销活动

除了为律师事务所和房地产经纪人创建网站外，我还为他们开展广告活动，导入合格的销售线索，可获得最高 500 美元的报酬。

4. 做搜索引擎优化项目（SEO）

我真的很喜欢做搜索引擎优化，因为谷歌上优化网站排名既是一门艺术也是一门科学。搜索引擎优化是数字营销的复利，随着时间的推移，你所做的小调整和优化会呈指数级增长，它具有挑战性、竞争性、趣味性和营利性。与我刚开始从事这个事情的时候不同，现在的搜索引擎优化更像是一种商品，对于它的需求比以往任何时候都多，如果你擅长做这件事，就可以赚很多钱。这些年来，我已经为数百个网站设计了 SEO 策略，学到了很多知识，这也帮助我成立了 MillennialMoney.com 这个网站。

5. 转售老式轻便摩托车和大众露营车

从大学起，我就一直在买卖大众露营车和轻便摩托车，20世纪70年代老式轻便摩托车比大众露营车多，但发现便宜的露营车时，我也会毫不犹豫入手。过去十年，我拥有两辆70年代和80年代的大众西法利亚露营车，它们的价值上升了不少且还在继续！

我还做了很多杂事，比如卖音乐会门票，照看邻居的猫，转售高档办公椅，写白皮书（详细或权威的报告），做研究，甚至偶尔照看孩子。没有哪一份工作让我觉得难为情。

我一直在寻找能赚更多钱的方法，大部分投资收益都得益于我在副业中赚的钱。同样值得注意的是，关于这些副业，都是我在学校里学不到的东西，它们不需要我有大学文凭，也不需要我在公司工作。

你可以通过两种方式赚钱：为别人工作或者为自己工作。如果你为别人奔波，能赚的钱总是会受到你一天工作时间的限制。因为，除去日常的全职工作，你还要在其他事情上忙碌。显然，刚刚完成你的全职工作，马上又整夜开着莱夫特进行另一份工作无疑太难了。当然，它给了你更多的灵活性和自由度，但是无论你的司机费或者邮差费有多少，你将总是被限制在自己的工作时间内，并且只能赚那些公司愿意付给你的钱。换句话说，这些工作进一步发展的空间比较小。

为自己工作可以让你在做自己喜欢的事情时赚很多钱，并给你更多的控制权。马特本可以很容易地为别人的遛狗公司工作，每小时挣10美元，但通过成立自己的公司，他不仅可以通过自己遛狗赚钱，还可以通过员工们遛狗赚钱，然后他将遛狗获取的收入用于投资，钱就会增长得越来越多，越来越快。并不是说为其他遛狗公司工作，进一步投资每月所赚的几百美元是没有意义的。你投资的任何额外资金都将帮助你更快实现财富自由，只是比不上为自己工作更赚钱罢了。

为别人工作时，你不会设定发展速度，但如果自己创业，你会这样做（至少需要达到市场可以成熟的范围）。例如，你是一个保姆，为自己工作和建立自己的客户群所赚的钱会比你注册日托或提供保姆服务所赚的钱更多。随着时间的推移，你可能会收取更多的费用，因为你的客户信任你，也许你可以提供额外的服务，如家教或为家人准备晚餐。此外，你将得到100%的利润（减去任何管理费用），而不是与你的雇主分享其中一部分。如果你想赚更多的钱，可以雇用其他保姆来帮你做这项工作，并从中分得一份利益。要点是为自己工作可以让你更好地控制你的金钱、时间，如果你愿意，还有机会发展你的事业。

被动收入与金钱 / 时间的权衡

如果想赚钱的话，你需要评估你实际愿意投入多少时间，因为你有多少时间将决定你可以发展哪些类型的副业。一些副业的发展可能比其他的需要你投入更多的时间。例如，如果你突然想到了一个很好的移动应用程序，但是你不知道如何编码，那么你需要花费大量的时间来实现这个想法。但是，在晚上或周末遛狗这种事，就只需要你拥有走路的能力即可。

这也并不意味着，如果你工作很忙，就完全抽不出时间来做副业了。这仅仅意味着你应该根据你所拥有的时间选择不同难度的副业，但同时你也应该试着挤出更多的时间。

如果你非常想要某样东西 / 想做某件事，我相信你总会挤出时间的。如果你告诉我没有足够的时间来发展一个副业，那么，我想请问你，你每周花多少时间观看电视节目 / 体育节目，和朋友出去玩，玩电子游戏，或者闲逛？我不是反对做你自己喜欢的事情，只是想说，如果你看看每周做的所有事情，你会发现，不管有多忙，只要你想赚更多的钱，总能挤出额外的时间。看看你的日历，找出你可以腾出时间的地方。记住，你今天投入的大量时间将会为日后创造更多的自由。

克里斯，我社区的一个成员，咨询我什么时候才能找到时间开始他的副业（这实际上是个好主意）。他是当地马拉松的总指挥，统筹当地的跑者见面会，曾在多个非营利组织担任董事会成员，自愿担任导师，在一个皮卡篮球联赛中打球，并接受铁人三项的训练，拥有一份全职工作，每周工作50个小时，抚养两个孩子。答案很简单：克里斯需要放下一些责任（显然不是孩子）。一切都回到了优先级和权衡取舍的问题上。

拥有副业的好处之一是你可以按照自己的节奏去做事，但是要意识到你应该根据实际能挤出的时间来调整预期。还要注意，你的副业可能需要很长时间才能开始，但之后所付诸在上面的时间就会少些。仅仅因为你每个周六都要工作以使你的副业起步，并不意味着你需要永远在每个周六工作！看看克里斯的时间表，会发现他每周会抽出8个小时来发展它的副业。

削减必要的开支。如果有些事不能给你带来快乐，你也不"需要"去做，就不要再做了。不是说你应该把所有的时间都花在副业上，我只是告诉你，如果你想的话，可以找到更多的时间，这是你自己的选择。在你的生活中，有五个时间段，你可以腾出更多的时间，具体你可以这样做：

早晨

我从来不想成为一只早起的鸟儿，但我从没有以此为借口，早晨是并且仍然是我一天中最有效率的时间段。我发现早上多出的2个～3个小时是最佳的工作时间，因为它不允许我在白天有其他重要事情产生时找借口。你不需要在凌晨4点起床或者做任何类似疯狂的事情。我会在5点半或6点左右起床，然后开始锻炼。那时很安静，我可以看着太阳升起，可以专注于我自身以及我的副业。你可能会想，2个～3个小时的时间并不多，但在你的伴侣或孩子起床前，这每天的2个～3个小时可以集中注意力、高效工作真的非常有意义。算一算，那就是每周额外的10个～15个小时，这些时间足够你启动和发展一个成功的副业了。关键是要真正集中注意力——关掉电视，切断社交媒体以及其他的一切，然后开始工作。安排好早晨的时间，认真对待，每天早晨的时间投资会随着时间的推移给你带来巨大的回报。

晚上

第二个最好的时间段是晚上，尽管这比早上工作更有挑战性，因为在经过繁忙的一天后，你可能会很累。但这时却也恰恰是你可以集中精神，启动、发展你副业的时候。每天晚上都挤出额外的时间是很难的，但即使是一周内的几个小时，也将产生重要的意义。与其去看比赛或者和朋友出去喝酒，不如花些时间在副业上。如果可以，提前几周，甚至提前几个月就把你想在副业上投入的时间安排下来，这样你就可以坚持付诸实施了。你越看重自己和副业，就越能完成你的目标。当然，某些晚上你可能感到异常振奋，那么一定要好好利用这些时间，全身心投入到副业中，即使熬夜到很晚。如果工作效率很高，那就继续，反之，就暂时停止。拥有积极的能量并学会合理的管理是关键。

周末

周末是着手副业的黄金时间，不要浪费。说真的，我24岁时，意识到每个星期六我都在浪费大量的时间去吃早午餐，这不仅很贵，而且花了很多时间，然后我回家后总是需要小睡一会儿！事实上，几乎每个星期六，我都会用7个~8个小时来吃早午餐。后来，我把每个周末的早午餐时间缩短到每两到三个月一次。而且每周六早上7点起床，遛狗，下午两三点全身心投入到副业中，通常在周日休息一天。

星期六是我一周中工作效率最高的一天。当然，我本可以好好休息一下或和朋友出去玩，但将时间投入在我的副业中对我来说更重要，每个周末至少花8个小时在副业上，这样每年就增加了400多个小时的额外时间。如果你很热爱所从事的副业，就不会把它看成是一份工作或者是在牺牲美好的周六。另外，你不必每个星期六都工作，即使是一个月中的两个星期六也会产生很大的影响。

休假、生病请假或远程工作

每季度一次或者在你不影响全职工作的情况下选择休假或休病假，这样你就能腾出一些时间做副业。当需要一整天的时间专注于副业时，你需要充分利用这些宝贵的时间。例如，我认识一些人，当马上有一些重大的活动，比如发布一个新的网站、课程或播客，或者实施一个大的营销计划时，他们会请病假。一旦请了病假，你需要早起并尽可能有效地利用你这一天休息时间，工作8个、10个甚至15个小时来获得最高的投资回报率。我也认识许多人，他们利用自己远程工作的特权，一边做着全职工作，一边做着副业，因为老板只关心他们是否及时完成了工作。利用好这些时间，去充分发展你的副业，可以加快你实现财富自由的脚步。

碎片化时间

总有很多碎片化时间存在，哪怕是10分钟、20分钟、30分钟甚至一小时。比如说充分利用你的通勤或午餐时间以及在旅行，乘坐Uber计程车或者等待约会的间隙。如果能保持专注，这些碎片化时间也能发挥巨大的作用。无论是在出租车后面的手机上写博客，还是有时间时打电话，或者花20分钟深呼吸减压，充分利用好这些时间，这可能是保持能量最有价值的方式。无论你通过这些碎片时间做了哪些事情，你都需要意识到它们的价值并充分利用。

即使加起来是零碎的一小时、两小时也将产生巨大的作用。我已经和我的客户、成员做了很多次这个练习，他们发现每周至少能多出5个～10个小时，在某些情况下，甚至多出20小时或更多时间，供他们发展副业。

你很忙，但是仍然可以利用你的额外时间赚很多钱。无论有多少时间，充分利用的关键是集中精力，付诸实施，做出决定，最终这将给你的副业带来最高的投资回报率。不要浪费这些时间，最大化这些时间的价值。专注于那些可以推动你前进的事情、决定，然后向其他一切浪费时间的事情说"no"。诚实面对自己，不管多么努力工作，更重要的是如何利用你的时间。没有人会随时随地站在旁边监视你以确保你在工作，你必须学会自己督促自己。

考虑到每个人的时间都是有限的，最有利可图的副业就是产生被动收入，也就是，在不做任何事情的情况下赚取金钱。这就是为什么扩大业务会让你加倍获利，因为拥有被动收入，意味着在睡觉时（可能你的员工在帮你遛狗、做保姆或者其他事情）你仍旧可以赚钱。被动收入的回报非常惊人，因为它完全颠覆了传统观念，即你需要用时间换取金钱。你可以建立一个有或没有员工的被动收入企业。

但是要发展一个拥有被动收入的副业也是很难的，毕竟不可能会凭空掉下来金钱。许多公司需要大量的准备时间，然后制定可靠的营销/销售策略。建立被动收入流的一个好方法是出售一些人们可以长期购买，且你不必投入太多额外时间与精力的东西或工作。一些有潜力的关于被动收入的想法是建立一个在线课程，在亚马逊上发布一个直运产品，创建一个应用程序，写一本书，或者发布服装产品。还有一些半被动的收入来源，比如博客，我自己的大部分博客收入来自两三年前的博客文章。这些类型的副业都是不错的选择，它们可以产生被动收入，使你有足够的钱来支付每月的开支，甚至会产生比你所需的更多钱。这样，你就有可能更快"退休"去做自己所热爱的事情。记住，任何一笔稳定的经常性月收入都会减少你的目标投资数字，这些钱甚至可以支付你整个月的开支。

在评估被动收入的副业时，关注人们总是需要的东西，而不仅仅是一时的时尚。例如，人们总是需要吃饭、睡觉、遛狗、找保姆、修剪草坪以及在不同地方旅行，他们总是希望去娱乐、学习和被激励。

但是，除了租金收入，任何类型的企业都可能倒闭，因此很难建立一个长期的、可持续的被动收入流。世界瞬息万变，需求也瞬息万变，人们今天购买的东西也许明天就不需要了。有很多在线企业获得了大量的被动收入，但当谷歌更新了算法，不再出现在搜索中，或者 Facebook 改变了其新闻源，无法再获得流量时，很多企业都倒闭了。当然，这些被动的收入来源可能会帮助你周游世界一年（如果你想，当然应该这样做），但你无法永远依靠它们生活。

被动收入肯定能帮助你更快达到目标，你不仅可以投资额外的钱，还可以减少实现财富自由所需的时间，这样你就可以用剩下的时间在其他方面赚钱或者干脆完全放松、休息。

副业、创业的税收优势

拥有一份副业的另一个好处是可以大大减少其经营和发展所需的开支，使其更加经济高效。你花在建立网站和打印名片上的 100 美元即是你个人纳税申报表上的免税额。

当你去参加一个与副业相关的会议，或者与潜在的客户或合作者共进午餐时，这都是可以免税的。随着你的副业越做越大，且越来越融入日常生活，你会发现拥有一家有限责任公司有很多税收优势。虽然你不需要通过建立一个正式的公司来扣除费用，但是对于你作为"业余爱好"而不是商业活动所做的事情，税收扣除的金额和类型是有限制的。

这是你应该考虑是否就副业建立一个有限责任公司的众多原因之一。如果你正处于一个副业开始赚钱的阶段，而且准备投入更多的时间和精力，那么投资这些钱（通常大约 300 美元～400 美元）创建自己的有限责任公司是值得的。

建立一个有限责任公司有很多好处，包括建立一个商业银行账户，开一张信用卡用于支出，为你的企业建立信用等。还可以为你提供额外的法律保护，帮助你分类，保护个人和业务资产，允许你自己支付工资，管理员工和承包商费用，并为你提供更多的减税机会。这也是一个建立品牌的好机会，那些潜在的客户会认为你更加合法。如果你决定把它发展成一个更大的企业，这也会使你更容易调整自己的副业。因此，如果你打算进一步发展副业，成立一家有限责任公司,通过它来管理你所有的业务支出和收入,将大大减轻税收对你的影响。

副业评估框架

虽然我建议先从一个副业开始,这样你就不至于分散精力,无法专注,但这取决于你的想法,你也可以尝试很多不同的副业,找到一个你真正喜欢和/或帮助你赚更多钱的。

虽然可以出售几乎任何东西,但是,当你探索新的赚钱方法时,有一件事需要牢记,那就是好的想法随处可见。在 Uber 成立四年前,我就有了这个想法,但为什么我没有成为亿万富翁呢?因为如果你不能将想法付诸实施,它们就没有任何意义。当你头脑风暴副业的想法时,需要认识到实际现状,即这些副业,哪些才是你有时间、有能力、有热情去做的。

在使用本章的框架想出一些主意之后,就开始着手干吧。别想太多,通过实践去逐渐明确你的想法和方向。记住,不要固守自己的某一个想法,如果这个行不通,就换下一个。我概述了四个步骤来帮助你选择下一个副业。

1. 分析你的爱好和技能

要确定一个新的有潜力的副业,你应该考虑你的爱好以及拥有的技能。虽然可以做任何事情赚钱,但做一些你热爱或至少喜欢的事情会更有激情,不仅可以坚持你喜欢的东西,也不会觉得像工作。当然,你可以只把它当作业余爱好,但如果可以,为什么不通过它们赚钱呢?

你真正的爱好是什么?是否能把它货币化?

你喜欢手工制作吗?萨曼莎白天在一家数字营销机构担任客户经理,晚上和周末,她会制作漂亮的手工捕梦网,在网上售价 50 美元。萨曼莎的一个捕梦网最近登上了一本著名的杂志,现在等待购买这个捕梦网的订单已经排到了 6

个月后。她的事业以惊人的速度发展，她甚至思考是否需要再雇用几个人和她一起做捕梦网，把自己的事业提升到一个新的高度。对萨曼莎来说，这是一个需要认真思索的问题，她通过做喜欢的事情赚钱，只要她愿意，她就有机会扩大现在的业务。

你真的热爱音乐吗？也许你应该做更多的工作：出售你的伴奏包，培养你的朋友，在当地举办一个促销活动，开办你自己的促销或管理公司、唱片公司或音乐博客。亚当对音乐非常着迷，他创办了一个名为"Run The Trap"的博客，每月收入4000美元，这让他可以辞去在数字营销领域的全职工作，并从事自己所热爱的事业——创办一家音乐管理公司。他的公司培养了登上过科切拉音乐节和其他巡回演唱会的一些艺术家。现在亚当正在世界各地旅行，他赚了很多钱，也过上了梦想中的生活。到35岁时，他已经实现了财富独立，这一切都是从他那份简单的博客副业开始的。

你喜欢写作吗？2005年，在国防工业部门担任软件工程师期间，吉姆·王创办了个人理财博客Bargaineering.com。因为他热爱写作，以自己的进度一直保持着写作，慢慢地开始赚钱，并在写作过程中发现了博客业务，最终他赚到了足够的钱开始全职写博客。五年后，这个博客被一家上市公司以300万美元收购，这使得吉姆·王在34岁时就实现了财富独立。

你喜欢编码吗？布兰登是一名全职电脑程序员，他在2010年推出了一款中译英的iPhone应用程序，开始了自己的副业。得益于这项副业，他多年来能够每月获得大约500美元的被动收入。虽然500美元看起来不多，但因为是被动收入，几乎不需要布兰登投入其他任何时间。此外，布兰登将他从副业中获得的收益全部用于了投资，这帮助他在32岁时实现了财富独立。

你真的热爱旅游吗？也许你应该成立一家私人定制旅游公司，帮助人们定制假期，或者给那些希望有一次梦想之旅的人提供建议，指导人们如何旅行，或者写一篇旅游博客，或者在你的城市里找一个最喜欢的目的地做一个副业营销。布瑞恩·凯利，我们也可以称他为"积分男孩"，他非常喜欢旅行，在博客上发布目的地和旅游交易的评论，以及关于如何使用信用卡奖金和航空公司积分免费旅行的建议，现在这家伙通过旅游和发表评论一年赚数百万美元，最近他以 2500 万美元的价格卖掉了他的博客。到 35 岁时，他已经可以随时退休。

你真的热爱和别人交际吗？泰勒在技术销售部门工作，他非常喜欢与人交际，于是创办了一家招聘公司作为副业。在业余时间通过他的人际关系网，为一些朋友寻找新的工作机会。薪水高得简直不可思议，一旦推荐成功，这些公司将支付泰勒被推荐人选第一年工资的 20%，如果他成功给一个人找到了工作，这个人拥有 10 万美元的薪水，他就赚了 2 万美元。这意味着泰勒可以很容易每月多赚 5000 到 1.5 万美元。这项副业非常成功，他现在全职做着这份工作，由此带来的收益很容易就能负担他每月的开支。

现在泰勒越来越多的朋友都在通过他寻找新的工作，越来越多的公司相信泰勒能找到优秀的人才，他也充分利用了这项福利，现在他可以在世界上任何一个地方工作，可谓发展了一个很成功的副业。

接下来你需要考虑你的技能。最好的副业是那些你已经具备其所需的所有技能。想想你拥有的每一项技能以及你喜欢做的事情，这些都有可能被货币化。你可能已经有了一些没有意识到可以用来赚钱的技能，你可能认为"技能"是在工作中使用或是在学校接受过正式培训学习过的东西，但其实有很多技能可以帮助你赚钱。例如，虽然你不在儿童保育或教育领域工作，但你可能很喜欢孩子，那是什么阻止你去当一位保姆或者开办日托中心？你可能会把许多技能，比如开车、洗衣服、清洁、做饭或美化环境等，想当然地认为是理所当然的。

另外一个有效的方法是简单利用你从全职工作中获得的技能和专业知识，并将其出售赚钱。我认识许多全职律师、会计师、网络程序员、数字营销经理、编辑、文案和设计师，他们会充分利用并销售在日常工作中所提供的服务，这是赚钱和帮助那些可能负担不起大律师事务所或数字代理服务高价的人的一个好方法。

当然，这样做之前，你需要确保公司没有限制你接受外部有利益冲突工作的政策，许多公司允许你从事外部工作，只要是非竞争性的。也就是说，你没有为你公司所服务或者合作的行业服务，或者没有为你公司直接的竞争对手服务。如果公司确实有严格的政策，限制你开创副业，那么和公司高层会面解释一下为什么你想一边做全职工作，一边从事副业，以及这两者并不冲突的原因。你的公司可能会同意，也可能会拒绝，如果被拒绝，我想你应该认真考虑是否需要换一家不会限制你赚钱的公司。

当考虑副业时，专攻细分市场。尽管这样做会限制你销售服务的目标群体，但其好处往往大于风险。

虽然我可以为任何人建立网站，但我有目的地专注于律师事务所和房地产经纪人。在全职工作中，我主要和大学合作，只关注少数几个细分市场，使我更容易获得推荐，建立联系，并将自己定位为这些行业的专家。许多人的服务群体太过于分散，他们企图获取任何地方、任何领域的客户，但事实是你的受众越专业，你的目标市场拥有的资金越多，你能赚的钱就越多。我认识的最赚钱的顾问都专注于某个特定领域，并成了他们领域内的专家。

我认识一位名叫特里沃的数字营销人员，他只为加拿大东正教服务，加入了一个所有教员都参加的主要协会，并成了该领域数字营销专家，拥有一项利润极其丰厚的业务。

无论你选择什么细分市场，在网上销售你的专业知识从来都不是一件容易的事，无论是一对一的咨询服务、团体咨询、培训，还是其他形式，如在线课程。正如全职工作中，你的技能集越有价值和需求量越高，你就越能把它作为一个副业来销售服务、赚大钱。

这也是成为一名创业者的第一步，首先你可以通过专业技能和服务获取足够多的客户，然后不断扩大副业的规模，赚更多的钱，这样你就可以开始启动创业梦想了。在许多行业中，这种情况经常发生。所以，好好考虑一下你在全职工作中获得报酬的技能，以及是否喜欢或者足够喜欢这份工作，这样你才会保持积极性去做除全职工作以外的其他事情，这种情况下，开始副业和建立新的联系是一个不错的方法。

你想学习什么新技能？

在一个你几乎没有经验的行业里，副业也是一种学习新技能和追求新职业的好方法。只要能增加价值，满足支付给报酬的人的需求，你就可以把你的服务卖给别人。当然，你不能对你所出售的东西一无所知，需要做的就是比客户更懂你所出售的东西，更加专业。当然，这些你可以一边做一边学，没有什么比一个付费客户更能激励你学习如何去做了。

这就是我学习如何建立网站的方法。虽然知道基本的 HTML，但可以在 YouTube 上免费学习如何建立 WordPress、Drupal 和 Joomla 网站。我只花了几个星期的时间就学会了，而且我也得到了报酬。现在你几乎可以在 YouTube 上学到任何东西，对于许多行业，你不再需要学位或正式培训，有许多免费或便宜的网上课程，使获得和掌握新知识变得更容易了。有史以来，快速学习新技能并利用它们赚取更多的钱从来没有这么容易过。你的成功并不仅仅是因为信息是丰富且可用的，还得益于两样东西：好奇心和专注力。我们已经进入了终身学习的时代。你学的越多，赚的钱就越多。所以，不要停止学习！

无论想学什么，找到那些需要你这种技能的人，将你的技能/服务卖给他们，并不断填补知识空白。这是一个非常棒的方法，可以培养技能和经验，并在不必回到学校或投入全职工作的情况下测试一个新的职业轨迹。

想想你喜欢做什么，你的爱好和技能。看看你在全职工作方面或之外获得的技能。

你可以通过其中任何一个获得报酬吗？

你能开设一门课程教别人怎么做吗？

你能在当地出售其中任何一项吗？

拿起一张纸或打开一个电子表格创建两列信息。其中一列列出你所有的爱好，另一列列出你的技能。然后划掉你不喜欢的技能，缩小技能列表的范围。如果两个列表之间有重叠，从那些能让你将现有技能与兴趣结合起来的想法开始。如果列表中没有任何重叠，首先从你的技能开始，然后努力培养可以通过你热爱的事情赚钱所需的技能。如表 9-2 示例。

凯尔，26 岁，在一家工程公司担任市场经理。虽然他在全职工作中赚了不少钱，但这并不是他的兴趣所在，他不想永远在那里工作，想开创一个副业，在那里他不仅可以赚更多的钱，也可以做一些他喜欢的事情。他的梦想是成为自己的老板，这样他就可以去更多的地方旅行，他的目标是找到一个以后可能发展为全职工作的副业。

表 9-2　凯尔的爱好和技能

爱好	技能
设计	表格
电子音乐	写作
旅游	文案写作
跑步	编辑
志愿导游	营销广告
烹饪	图像处理
阅读	户外生存技能
极限跳伞	
爬山	
喝精酿啤酒	

从这个列表中，你可以很容易地看到，他的爱好和技能之间存在着某种联系，选择一个潜在的副业就很容易。例如，凯尔热爱设计，具有 photoshop 和文案写作技能，因此他可以为当地企业从事自由职业设计工作，或者通过在线自由职业市场，比如 Upwork，然后利用积极的客户推荐来发展他的业务。他也可以结合其他的爱好，如可以为一些精酿啤酒厂做设计工作。你可以看到凯尔对爬山和极限跳伞的热爱与他的户外生存技能存在重叠，设计和营销之间也存在重叠。如果的确很擅长登山，他可以成立（和推销）自己的公司，组织登山旅行和远足。

除了已经掌握的技能外，当凯尔开办一家企业时，他很可能会学习其他技能，如商业会计、合同和谈判，然后他可以自己推销这些技能。副业的最大好处之一是，你可以利用这个机会一边赚钱一边学习，增加你可以赚钱的技能数量。记住，技能是未来的货币，会使你更有价值，并提供给你更多的方法来赚钱。

2. 评估副业的赚钱潜力

既然已经有了一个有潜力的副业列表，下一步就是缩小范围，找到能帮你赚最多钱的副业。这需要从市场需求开始，市场对你的服务或产品的需求越高，你能赚的就越多。市场由供求关系决定的，也就是想要购买某物（顾客）的人数以及出售某物的人数（竞争对手）。

在马特的例子中，他之所以能够赚很多钱，是因为需求量大且不断增长（附近搬来了很多新来且养狗的家庭），而且供应量低（没有足够的遛狗者为该地区服务），他恰恰发现了这个商机。

马特还意识到，附近的大多数其他遛狗者都像他一样，只是自己一个人对接几个客户。如果附近有许多遛狗公司，他就不会有这样的机会了，但并没有大的竞争对手，而且对于那些企图进入这块市场的新公司，他自信有过人之处，那就是他与当地租户之间的关系。通过这些租户，他可以和那些需要遛狗服务的人建立联系。

在开始任何生意之前，你应该分析和理解市场需求，因为如果人们不需要你出售的东西，或者竞争对手太多，那么你也赚不到钱。

当涉及诸如遛狗之类的事情时，你主要需要在价格上有竞争力（与提供的服务类型或质量相反），当价格战开始时，人们通常会选择最便宜的。因此，随着更多的竞争者进入市场，每一个遛狗者的收入都会减少。任何人都可以遛狗，你可以收取的费用是有限的。当然，你可以做一些如割草、铲雪或保姆的工作，但在这类市场上竞争和建立一个企业会困难得多。

如果市场竞争太激烈，除非你提供对手不能提供的东西，否则也赚不到多少钱。这并不意味着你不能在这个市场上赚钱，这仅仅意味着你需要找到一种方法来增加额外的价值，这样人们就会选择你而不是你的竞争对手，和/或为你的服务支付更多的费用。例如，针对遛狗这个事情，你可以比你的竞争对手更早/更晚的遛狗，或者你可以提供更长时间的散步、梳洗、寄宿或培训课程（如果你有这种技能的话）。

供求规律有一个例外：当人们已经和你建立关系，他们就愿意为你的服务支付更多的钱。生意就是关系。如果人们信任你，他们就会购买你的服务。这就是你应该在你的社区里开始副业，或者努力在网上社区建立关系的原因。无论你想做哪方面的副业，你都更容易将其销售到一个你已经与别人建立联系的网络体系中去，这些都取决于你的关系网以及别人的推荐。

这就是马特拥有独特优势的原因，他在社区里已经有了关系。当你第一次进入市场时，也可以建立一种关系，在获得人们的信任后，另一家公司就很难复制这种关系了。这就是马特真正擅长的地方，他看到了市场机会，并迅速采取行动，利用现有的推荐网络建立了更多的关系。

当然，在马特周边也有很多其他的遛狗公司，但是通过口碑效应和一些简单的促销活动，马特现在的生意非常好，仅靠自己已经没有办法来应付所有需求了，他向任何把他介绍给新客户的人提供免费遛狗服务，这一切只需要几个现有的客户将他推荐给当地社区的其他潜在客户或建立留言板，因为需求量很大，声誉也很好，所以他不必做任何营销。

值得注意的是，忙碌的人通常愿意花很多钱来解决他们的问题。因此，如果你或者你之前的某个客户能够使别人相信你可以解决他们的问题，他们就更有可能直接选择你，而不是需要经过多方对比才决定。

创建你的副业清单时，想想谁会购买你的产品/服务。如果你能从中赚钱，那就着手开始销售吧。通过人们是否会购买你的产品/服务，你可以清楚知道市场的需求。因为大多数副业开始时不会涉及大量的资金，只要你有想法，你可以随时着手开始，然后在实践中逐渐明确方向。我不推荐那些需要你投入很多钱或者购买昂贵的工具才能开始的副业，尽可能减少前期投入，但是可以牺牲一些时间来测试新的赚钱机会。

如果你正推出一个在线产品/服务，那么在线调查是必不可少的。如果还没有社区，请先关注社区建设。因为没有受众，是很难在线销售产品的。当建立好你的社区并与其他人联系时，给他们发送一个简单的调查来衡量他们的兴趣并测试你的产品/服务。通过调查人们对你的产品/服务的看法以及他们是否愿意购买，你将受益匪浅。

线上和线下向人们征求反馈的另一个好处是，他们已经和你接触过了，所以可能有兴趣从你那里购买。一旦你开始向人们征求反馈意见，那些想要购买的人就会有所行动。如果他们信任你，就会向那些可能需要的人推荐你。

同样值得一试的是：你可以找到这样一些人，他们已经建立了一个与你的副业类似的成功企业，尽可能从他们身上去学习。这样做可以节省你很多年的时间。有许多年长的成功企业家愿意和你一起喝咖啡或共进午餐，并告诉你他们的经验。根据想从事的副业类型，你甚至可以接触到潜在的竞争对手，可以派人去做几个月实习生来了解对手的业务。

另一个分析几乎所有产品/服务市场需求的好方法是使用谷歌搜索数据。许多人都在使用谷歌搜索，通过分析谷歌搜索模式，你可以对世界上几乎任何一个地理区域的市场需求进行有效的汇总分析。如果你想在纽约的雪城成立一家遛狗公司，看看有多少人在谷歌搜索"遛狗"或"遛狗者"，看看搜索量是如何逐年变化的，需求是上升还是下降等，虽然你不能访问所有的数据（除非你是谷歌的广告客户），但搜索谷歌关键词规划工具这个免费的信息版本可以满足你的基本需求。

除了分析谷歌搜索数据之外，你还应该花时间看看竞争对手是如何开展你想做的副业的，做竞争分析是很重要的，它不仅能让你知道竞争对手是谁，还能让你知道他们收取了多少费用，他们的具体产品/服务是什么，他们如何推销产品/服务，以及他们忌讳做的事情。我也建议你假装向任何潜在的竞争对手进行采购，在他们的网站上填写一份询价单或给他们打电话询问服务和收费情况，尽可能多地获取信息。当你开始自己的副业时，这些都是有用的情报，将帮助你弄清楚哪些方面可以收费，从同行中脱颖而出。

如果有大量的竞争对手，市场看起来过于饱和，那么你可能会选择另一个竞争较少的副业，或者坦诚地告诉自己，你的独特价值或与众不同之处是什么。为什么客户要选择从你这儿而不是别人那儿进行购买？当然，并不是每一个副业都有希望变成一个利润丰厚的企业，你需要意识到，如果竞争对手很多，你的产品就很难卖出去，赚的钱会更少。在一个竞争激烈的市场中，要接触到潜在客户也很困难，成本也很高。

如果你想出了一个市场中还没有一家公司在做的你想从事的副业，那么很明显，要么没有需求，要么你偶然发现了一个非常好的副业，并可能拥有独特的优势。无论你想从事哪方面的副业，越了解竞争对手，就越容易营销和销售你自己的服务。每个竞争对手之间有何不同？他们的服务有什么不同？为什么有些收费比其他的高？你能提供什么独一无二的产品/服务？所有这些调研工作将帮助你更好地为自己的产品/服务进行定价。

3. 弄清楚收费标准，拿到第一笔订单，然后尽可能多地拿到报酬

基本上有五个方面影响你的收费：

（1）与竞争对手相比，执行任务所需的技能或相对技能水平；
（2）需求；
（3）竞争对手的收费标准；
（4）附加值（你能提供的任何附加服务或好处）和感知价值（基于你的声誉或产品对客户的价值）；
（5）客户的付费能力（有钱的人/公司可以出价更高）。

让我们深入研究每一个方面。

第一，对你的技能要求越高，你就越能为你的产品/服务收取高额的费用，因为能做到这一点的人数量有限。相比帮人遛狗，网站建设很明显可以收取更高的费用。如果你是一个特别有天赋的编码员，你可以为相同的服务收取比其他编码员更高的费用。

第二，对你所提供的产品/服务需求越大，你就越可以收取高额的费用。虽然做一个遛狗者很容易，但很多人都需要遛狗者，所以很多地方的需求都很大，但是需求依赖于市场特定的位置，所以对于遛狗者的需求可能因城市和社区的不同而有很大的差异。

第三，你的收费标准取决于竞争对手的收费标准。如果要收取比竞争对手更高的费用，那么你需要增加很多额外的价值。通常，当推出一种新产品/服务时，你首先会希望价格低于你的竞争对手，以吸引寻求更低价格的客户。然而，对你的产品/服务定价过低是有风险的，因为降低价格比将来提高价格容易得多。这也是决定和显示你与竞争对手不同的原因。

第四，增加尽可能多的附加值和感知价值。但只有客户意识到这个价值才重要。赚更多的钱不是指你工作有多努力，做了多少事情，或者有多忙，而是最大化你工作的感知价值和尽可能高效地完成它（在尽可能短的时间内）。你的客户越看重你的工作，你赚的钱就越多。既然客户是上帝，那么当然客户的想法最为重要。

第五，有钱的公司/人更有可能为你的服务支付更多的钱。一个社区越友好，你就越能开展你的遛狗事业。公司越大，他们为你的服务支付的资源就越多。例如，我以500美元为一家小型律师事务所建立了一个网站，几个月后，我用同样的一个模板，为一家大型律师事务所也建立了一个网站，却给我带来了5万美元的收入。事实上，为了建立这个价值5万美元的网站，我投入的时间更少，但这家大公司拥有更多的资源，他们认为拥有一个好网站有更大的好处，我提供给他们的东西是一样的，但是支付5万美元的客户认为其价值更高。虽然智能定价是一门艺术和科学，但你可以根据竞争对手的收费以及你的实际销售情况，很好地了解市场愿意支付的价格。如果总是被拒绝，没有办法销售出你的产品/服务，你可以选择降低你的价格，如果依旧没有办法获得客源，那么需要意识到你可能在这个方面没有太大的竞争力。

有些副业可能比其他的更有潜力，能帮助你赚更多的钱，所以确定你每小时的目标工资率是很重要的。正如第六章计算实际小时工资率，你可能希望知道关于一个副业的目标小时工资率。当写下你的想法并分析潜在的竞争对手时，记录你实际能因副业赚多少钱。如果把全职工作的小时工资估计为每小时20美元，那么在从事副业时，你可能希望得到至少每小时20美元的报酬或者更多。

我不得不说，许多人在从事副业时，尤其在他们最开始的时候，产品/服务价格非常低。不要低估自己。当然，你希望设定一个有吸引力的报价，这样就可以获得第一批次的客户，但是当你逐渐拥有了一些客户后，你应该逐渐提高你的价格。

本书的目标之一是帮助你以最少的时间赚最多的钱，你应该设定客户最大限度能接受的最高价格，即使你/客户觉得价格确实很高，但只要不至于让客户放弃购买，就是正确的。正如我的一位导师曾经告诉我："如果客户面对价格时没有放弃购买，就说明收费还可以提高。"

无论你提供什么样的产品/服务，都应该按市场愿意支付的价格收费。如果价格太高，人们不会购买；如果太低，人们可能也不会购买（他们认为你提供的产品/服务价值很低或质量很差）。当然，也可能存在另外一种情况，因为价格太低，你会获得大量的客户。在大多数情况下，最好是让五个客户分别向你支付2万美元，而不是让500个客户分别向你支付200美元。这两种情况下，你都能赚10万美元，但是管理5个客户要比管理500个客户容易得多。

你想通过定价控制供求关系。如果你通常一个月搭建三个网站，但如果这个月你只搭建一个网站，而且客户对你的服务有特定需求，看看你能不能把价格提高一倍或三倍。如果需求确实很大，那你就处于一个很有利的位置，你可以收取任何你认为人们愿意支付的费用。

另一种为服务定价的方法是根据利润增长百分比。如果帮别人销售产品/服务，你会根据你所帮助增加/减少的利润来收费。如果对自己的服务很有信心，你可以只为一部分收入或利润而工作，因为你的客户只有在你帮助他们挣钱时才会愿意付费，而且，你给他们带来的收益越大，你赚的也就越多。

我曾经为一家蓝牙耳机公司做过一些工作，向他们收取了广告活动产生的利润的20%，在他们决定自己处理这方面业务之前的几个月内，我挣了一大笔钱。如果你是在广告、营销、销售行业，并有信心以你的能力增加客户的收入，这绝对是一个值得考虑的定价模式。虽然风险更高，但是回报也更高，你将获得无限发展的可能。

拿到你的第一笔订单。

既然你已经有了一个很好的副业想法,那到底该如何获取客户呢?虽然这取决于你销售的产品/服务的类型,但通常最简单的方法是将产品/服务销售到你调查的同一社区(线上或线下)以分析市场需求。如果人们已经认识你,他们更可能从你那里购买。然而,无论是否有人认识你,有一件事可以大大增加你的销售机会,那就是讲述你的故事。销售任何产品/服务的核心是你的故事。我们都是人,销售就是与人建立联系,一个人与你的故事联系越紧密,他就越相信你能为他提供的价值和服务,你的"关于"页面是网站上最重要的页面。

是的,不管你卖什么,你肯定需要一个好网站,不用担心,你可以在一个小时内用 WordPress 轻松创建一个。你的网站设计越好看,就越会被认为是合法的,产品/服务越容易进行销售。你的目标是与潜在客户分享你的故事,这样他们既可以了解你是谁,也可以与你建立联系。分享一个你为什么决定创业的个人故事。你为什么突然有这个副业灵感?是什么激励你开始创业?你为什么对它充满热情?你公司的目标或使命是什么?还可以分享一些与客户建立联系的故事以及你在经营业务中所学到的知识。你展示的越详细、越个性化,就越有可能与客户建立联系。研究竞争对手的"关于"界面,创建一个更好的界面。网上有太多平平无奇的网站页面了,展现你的个性和激情会给你带来优势。

一开始不要急着获取大量的客户,只需专注于你的第一个客户或者销售你的第一件产品,虽然你可能会推出有史以来最好的产品/服务,并立即获得超出预期的大量订单,但更有可能,你将很难获取最开始那几个客户或者完成最开始的几笔订单。这是很正常的,实际上也是对你有利的,因为这样你就能自己设置合适的发展速度、节奏。对于一个初创的企业,最糟糕的事情之一就是过度销售,却无法处理需求。

虽然获取你的第一个客户或者销售你的第一件产品通常很难,但如果你方法使用得当,你的第一个客户将是你有史以来最有价值的客户。一开始缓慢销售有助于你做两件基本的事情,这两件事可以显著提高企业成功的潜力。

你应该总是致力于为你的第一个客户提供完美的服务,给他们带来尽可能多的价值。如果你想要并且需要第一个客户作为你的推荐人给你介绍客户,就需要提供超出他们的预期，使他们感到满意的服务，即使这需要大量的额外时间。有一个很好的推荐人会让你更容易获取第二个客户或更容易销售你的产品。我创建的第一个网站是为了我在Craigslist找到的一名芝加哥律师，他在我接下来的两年内一直作为重要的推荐人而存在，仅凭他的一封推荐信，我的生意就赚了30多万美元，他是我第一个也是最有价值的客户。

第一批客户还可以提供关于你的产品/服务的宝贵反馈意见，这可以帮助你改进和完善你的产品/服务。一定要就客户的喜好以及你可以改善的方面经常征求他们的反馈意见，不要忽视客户反馈的价值并且总是提供一些小小的激励，如用一些免费的东西来鼓励他们分享经验！你的产品/服务越好，你的顾客越高兴，你赚的钱就越多。满意的客户会告诉其他人他们满意的原因，不久一个有利于你销售的推荐网络就会形成。

另外一种吸引新客户的方法是与一个和你没有竞争的企业结盟、合作。例如，假设你提供铲雪业务，可以与社区中没有经营这一块业务的割草机或绿化公司合作，与他们建立一种关系，进行一些交易，不管是金钱还是其他方面，这样他们就会向他们的客户推荐你的服务。利用他人的人际关系网可以快速启动或发展你的副业。为了大力发展你的副业，你需要做的可能只是创建一个人际关系网络。

4. 知道何时扩大规模

如果在过去的六个月里能够持续地销售你的服务/产品，并且一直在盈利，或者对你的服务/产品的需求迅速增长，你应该考虑扩大市场竞争规模。如果需求高于你的处理能力，或者需求是持续性的，但你又不想只靠自己来处理，那么你应该考虑雇用其他人为你做这项工作。如果需求低或增长缓慢，你应该推迟雇用新员工，因为你最不想做的就是雇用员工，然后让他们无所事事。通过雇用员工，你可以从牺牲自己的时间转变为安排他人的时间。你的团队在工作上越出色，效率越高，你最终向客户收取的费用就越高，即使你不加班（甚至可能通过一些很少的工作）就能大赚一笔。你分配的工作越多，自己的工作越少，你的业务发展得就越快。

如果你真的决定扩大规模，可以按自己的步调进行：你不需要建立一个庞大的公司，雇用一堆员工，除非这是你想要的。事实上，我建议你从雇用一两个合同工开始，逐步发展，而不是一开始就投入大量资源来支付员工工资和福利，尽可能降低日常开支（员工成本），直到你掌握了企业的核心竞争力。当你决定雇用几名员工时，试着雇用我称之为"信仰者"的人，他们会对这个机会和业务感到异常兴奋，找到一个真正喜欢这份工作并相信你远见卓识的人会比雇用一个随时关注下班时间的员工更有价值和帮助。他们不仅有可能发展得更好，也会愿意伴随你的公司一起成长，并最终促进公司的发展。

我还建议你再想一想真正想要的生活是什么样的，以及你愿意为获取更多的金钱做哪些权衡/交易。从一个个体经营者到一个企业家的转变是困难的，正如我们已经讨论过的，作为一个企业家面临许多挑战，只要你还是老板，就不得不雇用和管理一个团队，以及增加你的销售额来支付企业成长中的人力费用，这明显比你自己一个人经营时会面临更多的压力。

拥有员工，将使你的责任提升到一个全新的水平，你会开始觉得不仅要为自己的生活负责，还要为你的员工和他们的生活负责，这是一种很大的责任。

这对我来说是一个巨大的转变。从一个雇员到一个雇主的工作比我预想的多得多，而且我也没有时间从事我喜欢的工作（建立网站、营销产品和在数字营销的最前沿竞争），因为我需要把大部分时间花在行政和管理工作上，比如处理办公室中复杂的人际关系。

但研究表明，自营职业者实际上更快乐，即使他们的工作时间更长，这主要是因为当为自己工作时，你有创新的自由，更专注于解决挑战和发展自己的事业。

拥有自己的事业最好的一点就是可以做你想做的事。你可能想把生意发展到最大规模并最大化利润，或者你可能想建立一个所谓的生活方式类企业，这本质上是一个符合你理想生活方式的企业。生活方式类企业是为了在金钱和时间上取得理想的平衡，可以让你有机会更快实现目标，并产生稳定的现金流来支付每月开支（甚至更多）。

马特觉得他可以把自己的遛狗业务扩大一倍，但他不愿意用更多的时间来管理，他在全职工作和副业之间取得了一个不错的平衡，能够很好地兼顾两者，甚至还有时间和女友一起旅行，他仍然按计划为在30岁时达到150万美元的目标而努力。

记住，副业也是关于时间/金钱的权衡，现在由你决定愿意交易多少时间来换取更多的金钱用于将来的投资，你需要做出一些牺牲，但是牺牲的大小最终取决于你自己。如果你致力于实现财富自由，记住，今天花在赚钱上的时间将来会为你创造更多的自由。

有时候你必须说"no"。你不能指望每天晚上在观看网飞或者出去玩的时候都能赚上百万美元。当副业工作无比忙碌时，我有时拒绝了和朋友们出去玩的提议，但偶尔我还是能挤出时间和朋友们待在一起，有时我甚至雇用朋友来帮忙或直接请朋友来帮忙，最终的选择取决于你，但我毫不怀疑，一旦你的副业开始发展并赚钱，你就不会觉得这是一种牺牲。

要点总结

1.通过发展一个或多个全职工作之外赚钱的副业来实现收入来源多样化。副业是一个很好的选择，通过尝试任何事情来额外挣钱。一项副业最开始通常只需要极少的投资，而且很容易测试多个想法。

2.将副业收入用于投资会进一步促进投资增长。你投资的每一笔副业收入都会减少达到目标投资数字所需的时间。每多投资1美元，都有助于加快你目标的实现。

3.通过副业挣钱的方法有两种：为别人工作或为自己工作。如果为别人工作，能赚的钱总是会受到工作时间的限制。为自己工作不仅可以做自己喜欢的事情，还可以发展成事业赚得更多。

4. 评估你实际愿意投入副业上的时间。这将决定你能赚多少钱。

5. 最赚钱的副业是能够产生被动收入的，即在不主动做任何事情的情况下赚钱。被动收入完全颠覆了传统用时间换取金钱的观念。

6. 建立一个被动收入业务产生足够或更多的钱来支付每月开支。这将为你创造更多灵活性，并有可能很快实现财富自由。

7. 副业评估框架。

· 分析你的爱好和技能。

· 评估副业的赚钱潜力。

· 弄清楚收费标准，拿到第一笔订单，然后尽可能多地拿到报酬，有五方面决定收费标准：

（1）与竞争对手相比，执行任务所需的技能或相对技能水平；

（2）需求；

（3）竞争对手的收费标准；

（4）附加值（你提供的任何附加服务或好处）和感知价值（基于你的声誉或产品对客户的价值）；

（5）客户的付费能力（有钱的人／公司可以出价更高）。

· 知道何时扩大规模。

第十章

第七步（上）：尽可能早、尽可能多地投资

忙赚钱不如钱生钱，以小钱生大钱

投资是被动收入的最终形式，是金融自由的加速器，是你无须大量时间就能以钱生钱的一种途径。

本章介绍的简单投资策略旨在帮助你尽快达到目标，无论赚了多少钱或是拥有多少的投资经验，均可以借鉴与使用这些。值得注意的是，这一策略是针对美国公民的，但即使你不是美国公民，仍然可以进行同类型投资，只是会使用不同类型的账户。

许多人觉得投资令人望而生畏或令人困惑，他们不会投资，盲目投资，投资方式过少，或者在能够轻松管理投资时仍向财务顾问支付高额费用。

不要被那些所谓的"高级""华丽"的策略或"复杂"的语言所迷惑。重要的不是要成为一个投资向导，而是要让你的资金尽快高效地增长。你等待的时间越长，浪费的时间和金钱就越多。从今天开始，大胆投资吧。在开始之前，其实并不需要你弄清楚所有的事情。

首先，我要澄清一个普遍存在的误解：投资不是赌博。投资时，你会凭借已有的经验，把钱投在一些有可能会带给你回报的事物上，而赌博仅仅依靠运气。此外，与赌博不同，你可以控制许多影响你投资是否赚钱的变量。

此策略建立在五个你可以直接进行干预的关键概念之上：

（1）风险最小化。

（2）费用最小化。

（3）缴税款最小化。

（4）回报最大化。

（5）提款税最小化。

虽然所有的投资都伴随着风险，且你无法控制市场、经济或股票的表现，但本章中提及的简易投资策略可以在你所能承受的风险水平内，助你获得最高回报，并最大限度地提高你成功的机会。

别担心，随着你投资经验的增加，你的风险、回报策略也将会更明智，你就能摸索出最佳的投资机会、投资方式，以此来赚更多的钱。

供你投资的方式各种各样，比如艺术、葡萄酒、商品、货币、加密货币、域名、家具、收藏品、企业以及其他东西，虽然你可以通过投资这些东西赚钱，但就本章而言，并不会把重点放在投资实物资产（如艺术品、葡萄酒或收藏品）或投机性金融工具（如加密货币）上。

永远不要投资你一窍不通的东西，不要在完全不了解你所投资的事物以及投资风险/回报评估方式的情况下，就轻易相信你的朋友、家人、财务顾问或你刚认识的人所推荐的投资方式。当心那些时下流行或听起来会赚大钱的投资，那些承诺每年有20%回报率的投资，以及从长远来看不大可能有较大收益的投资。即使很信任给你投资建议的人，你仍需要关注那些从长期来看会给你带来持续性收益的金融工具，你投资组合的核心应该由股票（实际公司的股票）、债券（你借给别人的钱）和房地产（房产）组成，这些投资方式通常来说是最简单、最可靠、收益最可观的。

尽管你可以聘请一名财务顾问或公司来管理你的投资，但正如我在本书中提及的，如果你能严格控制你自己的财务生活，那么你赚的钱就会越多，你可以并且应该自己运用这个投资策略，实际上，每个月你只需要不到一个小时的时间即可掌握。

财务顾问、受托人和机器人顾问

如果你在投资方面的确需要一些帮助，可以雇用一个按小时收费的财务顾问来帮助你建立账户，与这种按小时或项目收费的顾问合作，而不是基于资产管理规模（按套管理）来寻求合作。若基于资产管理规模（按套管理）收费时，你的顾问会从你的投资中获得一定比例（通常是 1% 到 3%）的收益。所以在帮助你进行投资时，无论他们是否真的帮助你赚到了钱，这些提取的收益，会像其他投资费用一样随着时间的推移而不断累积，从而降低你投资的长期总价值。

同时，应确保与你合作的财务顾问都是受托人，是法律要求为你提供最佳利益建议的顾问，而不是基于个人，如果不是受托人，他们可以尽情地向你出售任何东西，即使与你的最佳利益相悖。这是一个司空见惯的现象，因为许多经纪人在销售某些产品时会收到佣金。当与金融顾问交谈时，询问他们是否是受托人，以及是否会收取投资产品的佣金，如果答案是肯定的，则应该放弃与此类型的顾问合作。随时关注 xy planning network，一个按小时收费的财务顾问网络平台，其中还涵盖了一些早已退休的财务专家。

另一种选择是与一家通常被称为机器人顾问的低收费公司合作，该公司使用算法来投资你的资金并让你承担责任。我亲自测试过许多机器人顾问，结果是你完全可以相信它们帮你做的事，且可以节省一大部分资金。但如果在进行投资时，确实需要帮助，可以考虑和诸如 Vanguard Personal Advisor Services, Betterment 或者 Wealthfront 这样的机器人顾问公司合作。相信我，这会是一个不错的选择，只需要注意费用以及辅助投资方式。我个人比较推荐 Vanguard 的服务，它的收费很低，如果你有任何的问题，也可以随时与财务或税务顾问进行交谈。

这一投资策略旨在帮助你减少税收，降低风险，解释通货膨胀，并使你的回报最大化。这与我个人使用的投资策略非常接近，不同的是，有一些是我从经济独立以来发现的改进，以及另一些是从其他快速实现经济自由的人那里收集的建议。

此外，这项投资策略是按顺序设计的，因此请按照所述的每一步进行操作。如果你遵循这些指示，最大化储蓄率，就可以进行最大化的投资，并加速实现财富独立目标，这也是你余生可以遵循的策略。

请注意：所有提及的投资限额都是截至 2018 年的最新限额，因此请在国税局网站上查看最新限额，以便你最大限度地提高投资金额，根据你是单身或已婚状态也有不同的投资限制。

第一步：不同的短期和长期投资目标

根据短期（未来五年内）或是长期（五年后）是否需要资金，你应该进行不同的投资。你的大部分金钱应该用于长期投资，这样你就可以用它度过余生。

短期投资

股市在任何五年内都会有相当大的波动，如果你想在未来的几年里买一栋房子，重新装修厨房，或者去一直想去的意大利旅行，就要把这些钱用于波动性较小的投资上。即使你承担了更大的风险，金钱的波动也不会特别大。你不会希望在需要你的金钱之前，因股市下跌而贬值20%。

大多数人将短期投资以现金形式存入储蓄账户，这样他们就可以立即获得资金。如果它让你在晚上睡觉时感到安心，那也是一个不错的选择，但大多数储蓄账户的年增长率低于1%，所以你实际上会因为通货膨胀而亏钱（每年通货膨胀率增长2%到3%）。

在紧急情况下，存一些现金是安全的，这通常被称为应急基金。传统观点建议你在一个简单的储蓄账户或货币市场基金中储蓄足够的钱来支付你至少六个月的生活费用。这使你可以在需要时随时获得现金，而不必出售任何资产，这在紧急情况下或失去工作时很有用。如果有一份稳定的工作和/或有多个收入来源的现金流（使你对一份工作的依赖性降低），或者可以通过其他方式获得现金，那你就可以将不到六个月的开支用作应急现金，然后把多余的钱投资于股票或债券。

就我个人而言，我总是把不到两个月的生活开支用作应急现金，因为我想尽可能多地投资，然后使它增长，我很乐意这样做，我有多种收入来源，并且能够使用信用卡（我的每月现金流可以还清信用卡欠款）来应付任何紧急情况。在最坏的情况下，你可以从你的罗斯个人退休账户（Roth IRA）中提取资金，因为你已经为本金缴纳了税款，所以这样做不会受到处罚。我一直把我的罗斯个人退休账户视为备用应急基金。记住，你投资的钱越多，它增长得就越快。

另一个安全的短期投资选择是把你的钱放在定期储蓄存款账户（CD）中。定期储蓄存款账户是由银行提供的，在一定的时间内，它会给你一个有保证的利率，大概是2%左右。但是定期储蓄存款账户会迫使你把钱放在银行，通常一到五年内，如果提前取钱，你会损失一部分利息，所以如果在紧要关头需要钱，这种定期存款就限制了随时存取的自由性。然而，你可以使用的一个策略是建立一个所谓的CD阶梯，即开通多个定期储蓄存款账户，使它们在一个稳定的、连续的时间基础上到期，通常是每年，所以如果需要，你可以用这笔钱或者把它再投资到另一个定期储蓄存款账户。

一个更好的选择是保持短期债券投资。债券是公司、政府或市政当局需要资金时发行的一种债务形式，这是一种附加有保证利率的贷款。当购买债券时，你是以固定利率向发行债券的人借贷一定时间，因为利率是固定的（意思是由债券发行人设定并且不会随时间变化），债券被称为固定收益投资，只要发行人不拖欠贷款，你就有指望获得回报。高质量债券（借款人如美国政府）传统上被视为比股票风险小的投资，因为它们的利息不会像股价一样经常变化。

如果想投资债券，不需要经历直接去公司或政府购买的麻烦，你可以很容易地通过债券基金（持有大量债券以分散风险并保持预期回报率）购买它们。看看先锋债券市场总指数基金，它投资于一个多元化的投资级（即高质量）债券集团，这项特别基金包含大约30%的公司债券和70%的政府债券。债券基金风险较低，但其潜在回报率高于大多数储蓄账户，至少能让你跟上通货膨胀（并有可能战胜它）。2012年～2017年，先锋债券市场总指数基金每年回报率约为2%至3%。当你把钱投资在一个税后的债券基金账户上时，可以随时提取这笔钱，只需负责支付收益税。如果想承担更多的风险，你可以把现金投资于一个由股票和债券组成的基金，比如先锋韦尔斯利收入基金，它投资了大约 60% 的债券和 40% 的股票，这样你就可以获得更高的回报（风险略高）。在过去一年（2017 至 2018 年）中，韦尔斯利的回报率为 10.2%；过去三年中，回报率为 6.45%；过去五年中，回报率为 7.31%。这超过了大多数储蓄账户提供的 1% 或更少的利率，如果有机会获得稳定的现金，不要把钱搁置在一边，除非你计划在未来几年内退休，并需要靠投资收入生活。当接近提前退休时，你应该把现金基金从 6 个月的生活费增加到 12 个月。

长期投资

不管什么时候开始投资，你的大部分金钱都应该用于长期投资（30 年以上），因为即使计划提前退休，你也会想让钱保持继续增长，这样就可以永远依靠这笔钱生活。长期投资意味着买入并持有，期限较长，短期波动的影响不大，有更长的时间可以从损失中恢复，长期投资的最佳地点是美国和国际股市。

本章介绍的其他投资策略均是为长期投资而设计的。

第二步：弄清楚你必须投资的金额

正如你已经知道的，储蓄率越高，你可以投资的钱就越多，你就更容易实现投资目标。坐下来想想你每天、每月、每季度和每年可以投资多少钱。设置一个基础——你将在每个时间段对每个账户进行投资的基准值。

无论是从你的薪水中提取一个百分比存入你的 401（k）退休福利账户，还是每月自动从你的银行账户中提取资金到投资组合中，都要尽可能多地进行投资。但是记住，自动化只是一个开始，不要只是设置好就不管了，通过提高你从薪水中提取的金额和所投资的额外收入，尽可能多地提高你的投资基金。

试着每 30 天至少提高 1% 的投资利率，每 6 个月重新评估一次，保持这个习惯，你每年至少会多投资 12%。如果提高 1% 对你来说很容易，那么尝试提高 2%、5% 或更多，一旦你开始投资更多，储蓄就会变得容易得多。对许多超级储蓄者来说，最困难的部分，包括我自己，是从 0% 到 20%，但在 20% 的投资率下，你会见证金钱的增长，这会激励你将投资率从 20% 提高到 50%。

如果你更容易用美元而不是百分比来思考，试着每天尽可能多地投资。2011 年，我开始尝试在我的自动投资基础上，每天额外向我的退休账户投资 50 美元，甚至偶尔高达 200 美元，当开始赚更多的钱，我每天会尽可能多地投资。一旦投资了这些钱，我就最大限度利用它的增长潜力，说实话，看到自己的账户余额不断增长，真的是一件特别开心的事。记住，即使每天多投资 1 美元也会有所不同。迫使自己每天尽可能多地投资，是对你未来的投资！

第 207 页是一个简单的电子表格格式的示例，可以使用它来计划和跟踪你的储蓄率。在这个例子中，这个人的目标储蓄目标是年末 18 360 美元，相当于 25.5% 的储蓄率，但他实际上储蓄了 21 100 美元，即 29.3%。使用类似这样的简单电子表格和/或我构建的工具来帮助你跟踪信息，可以帮助你进行更多的储蓄。

第三步：确定目标资产分配

接下来，需要确定你的目标资产分配，即在投资账户中拥有的每项资产（如股票、债券和现金）的百分比。你的目标资产配置决定了你投资组合的风险/回报水平，是需要你做出的最重要的投资决策之一，无论选择哪个目标分配，你都需要监控和维护所有投资账户的资产分配。

一般来说，股票的投资风险比债券高，所以在投资组合中持有的股票越多，风险就越大。债券的波动小于股票，它的风险较小，但回报潜力也较小。现金只是现金，它不会增值太多，正如你所了解的，随着时间的推移，它可能会因为通货膨胀而失去价值。（见表 10-1）

表 10-1 计划和跟踪你的储蓄率

单位：美元

	1月	2月	3月	4月	5月	6月	7月	8月	9月	10月	11月	12月	总计
收入													
全职收入	5000	5000	5000	5000	5000	5000	5000	5000	5000	5000	5000	5000	60000
副业收入	1000	1000	1000	1000	1000	1000	1000	1000	1000	1000	1000	1000	12000
总收入	6000	6000	6000	6000	6000	6000	6000	6000	6000	6000	6000	6000	72000
投资账户													
税收优惠													
401（k）退休福利账户	900	900	1200	1200	1200	1200	1200	1200	1200	1200	1400	1500	14300
罗斯个人退休账户	200	500	500	400	500	500	500	500	500	700	700	700	6200
副业收入	50	50	50	50	50	50	50	50	50	50	50	50	600
非税收优惠													
经纪账户	0	0	0	0	0	0	0	0	0	0	0	0	0
目标储蓄 %	20%	21%	22%	23%	24%	25%	26%	27%	28%	29%	30%	31%	26%
每月储蓄目标	1200	1260	1320	1380	1440	1500	1560	1620	1680	1740	1800	1860	18360
每日储蓄目标	40	42	44	46	48	50	52	54	56	58	60	62	50
实际储蓄	1150	1450	1750	1650	1750	1750	1750	1750	1750	1950	2150	2250	21100
实际储蓄 %	19%	24%	29%	28%	29%	29%	29%	29%	29%	33%	36%	38%	29%
储蓄率 +/- 目标	-1%	+3%	+7%	+5%	+5%	+4%	+3%	+2%	+1%	+4%	+6%	+7%	+3%

因此，投资组合中，100% 投资于股票比 60% 投资于股票 40% 投资于债券或者 40% 投资于股票 60% 投资于债券的风险更大。如果股市下跌，你对债券的投资越多，你的投资组合就越可能保值，但是当股市上涨，你对债券的投资越多，它的价值就越低。

典型的建议是，将你的债券配置设定为你的年龄（即如果 30 岁，你的所有投资中债券应该占 30%），但是年龄驱动的资产配置建议是具有误导性的，它会假设你将在 60 岁～70 岁退休，虽然这些建议对许多不想提前退休的人可能起作用，但对你没什么作用，甚至有可能面临巨大的风险，并将回报率降至最低。

选择目标资产配置的最佳方法是估计你在需要使用资金之前的这段时间（也就是你需要何时依靠投资增长生活）。

在需要收回投资之前，时间越长，你的目标资产配置的风险就越大，因为你有更多的时间经受短期投资的起伏和参与长期投资的潜在收益。以下是要遵循的两个简单规则：

（1）你离退休越远或者你计划在提取资金之前投资的时间越长，承担的风险就越大，所以你的股票配置比例就应该越高（例如，100% 股票和 0% 债券或 90% 股票和 10% 债券）。

（2）你离退休越近或者需要通过投资收益生活，你应该承担的风险就越小，所以你的债券分配比例就应该越大（例如，70% 的股票和 30% 的债券或 60% 的股票和 40% 的债券，或 40% 的股票和 60% 的债券）。

如果你离退休还有 10 年或更长的时间，我建议你现在将你资产的 100% 用于股票投资。当你离退休还有 5 年时，根据市场表现的好坏，你会希望重新调整你的资产配置，使之更加保守。退休后（也就是当你想完全依靠投资账户的回报生活时），取决于你需要这笔钱维持多久，你会想转移你的资产配置，专注于以更少的风险创造稳定的收入。但是，如果实际上你并不打算完全退休，可以让你的投资组合实现保持更高的风险水平，并继续让资金以更快的速度增长。

布兰登在32岁时实现了财富自由，现在他36岁了，他将100%的资金投资于股票，因为他仍在通过博客副业赚钱，而且他对美国股市的长期发展前景充满了信心。当我写本书时，我32岁，出于如下同样的原因，我也将我的资金100%用在了股票投资上，因为我也仍然在赚钱，并且相信股票市场的长期增长力量。如果我没有任何额外的收入，我可能会转向更保守的配置，大概70%的股票和30%的债券。这儿必须强调一下，并没有硬性和快速的规则直接供你使用，你的目标资产分配会随着你投资更多的钱和计划的改变而波动。

而克里斯蒂和布莱斯，分别在31岁和32岁时实现了财富自由。他们现在想进行一些更加保守的投资，所以将投资组合变为了60%的股票和40%的债券，这样他们就可以获得相当可观有保障的收入，无论股市发生什么，只要保持本金的投资，他们的投资就会产生3到4万美元的股息和固定收益。比起有更大风险的增长潜力，他们更喜欢稳健的投资，但因为其中也有60%的股票投资，他们仍然可以获得股票市场上涨的收益，只是收益比布兰登和我的低。J.P. 在28岁时实现了财富自由，她相对没有克里斯蒂和布莱斯那么保守，投资组合中有大约70%是股票，30%是债券/固定收益。

表10-2是一个基于你的年龄和退休年限的资产配置建议图表。虽然我仍然建议你使用退休年限作为指导，但是为了供你参考，我也纳入了基准年龄资产分配的建议，因为如果你刚开始着手做这件事，这会是很好的参考点。

表 10-2　资产分配建议，直到你达到你的目标投资数字

年龄	达到目标投资数字所需的年限	股票	债券	现金	年龄	达到目标投资数字所需的年限	股票	债券	现金
20	5	100%	0%	0%	35	5	70%	20%	10%
20	10	100%	0%	0%	35	10	80%	20%	0%
20	15	100%	0%	0%	35	15	80%	20%	0%
20	20	100%	0%	0%	35	20	80%	20%	0%
20	25	100%	0%	0%	35	25	80%	20%	0%
20	30	100%	0%	0%	35	30	90%	10%	0%

续表

年龄	达到目标投资数字所需的年限	股票	债券	现金	年龄	达到目标投资数字所需的年限	股票	债券	现金
20	35	100%	0%	0%	35	35	90%	10%	0%
20	40	100%	0%	0%	40	5	60%	30%	10%
25	5	100%	0%	0%	40	10	80%	10%	10%
25	10	100%	0%	0%	40	15	80%	10%	10%
25	15	100%	0%	0%	40	20	80%	10%	10%
25	20	100%	0%	0%	40	25	90%	10%	0%
25	25	100%	0%	0%	40	30	100%	0%	0%
25	30	100%	0%	0%	45	5	60%	30%	10%
25	35	100%	0%	0%	45	10	70%	20%	10%
25	40	100%	0%	0%	45	15	80%	20%	0%
30	5	100%	0%	0%	45	20	80%	20%	0%
30	10	100%	0%	0%	45	25	100%	0%	0%
30	15	100%	0%	0%	50	5	60%	30%	10%
30	20	100%	0%	0%	50	10	60%	40%	0%
30	25	100%	0%	0%	50	15	60%	40%	0%
30	30	100%	0%	0%	50	20	70%	30%	0%
30	35	100%	0%	0%	55	10	60%	40%	0%
30	40	100%	0%	0%	55	15	60%	40%	0%

请按你认为最合适的方式调整这些资产，记住，当接近退休时，你应该调整你的资产配置。你如何配置投资比例取决于你对于风险/回报的偏好，以及那些可以让你在晚上睡觉时感到安心的东西。为了帮助你确定自己的目标资产分配，表10-3显示了过去1年、3年、5年、10年和20年中每个分配百分比的往日表现。对于股票投资，可将资金投资于先锋总股票市场ETF（VTI）指数基金，债券投资于先锋总债券市场ETF（BND）指数基金。

表 10-3 在过去十年中的年度百分比回报

股票	债券	1年	3年	5年	10年
0%	100%	3.62%	2.18%	2.04%	4.18%
10%	90%	5.37%	3.07%	3.39%	4.63%
20%	80%	7.13%	3.96%	4.74%	5.09%
30%	70%	8.88%	4.85%	6.09%	5.54%
40%	60%	10.64%	5.74%	7.44%	6.00%
50%	50%	12.39%	6.63%	8.80%	6.45%
60%	40%	14.14%	7.52%	10.15%	6.90%
70%	30%	15.90%	8.41%	11.50%	7.36%
80%	20%	17.65%	9.30%	12.85%	7.81%
90%	10%	19.41%	10.19%	14.20%	8.27%
100%	0%	21.16%	11.08%	15.55%	8.72%

资料来源：截至 2017 年 12 月 31 日的先锋网站数据。

正如你看到的，在过去的 10 年里，100% 股票投资组合的回报率比 100% 债券投资组合的回报率高出 4.54%。过去一年，相同的 100% 股票组合的回报率也会比 100% 债券组合高 17.54%。当然，这些类型的回报并没有得到保证，但这些均是可以用来选择自己的目标资产分配的可靠基准。

确定目标分配后，你应该在所有投资账户中去实施这个目标，这并不意味着，如果你的目标资产配置是 60% 的股票和 40% 的债券，那么你必须在每个投资账户中持有 60% 的股票和 40% 的债券，只是说你在所有账户中的总分配要达到这个目标百分比。可以将你 401（k）退休福利账户中的资金 100% 用于股票和将你个人退休账户中的 80% 的资金用于债券，但根据每一笔投资的金额，最终平均比例需要达到 60% 的股票和 40% 的债券。监控分配的最简单方法是使用一个免费的净值投资跟踪应用程序，你可以在 https://financialfreedombook.com/tools 上找到。

一旦设定投资（或调整投资）以符合你的目标资产配置，你应该在投资更多的资金和市场波动的情况下设法保持这种配置，保持分配将有助于确保根据你愿意承担的风险水平获得尽可能高的回报。

调整你的分配率，使其与你的目标分配相一致，这被称为再平衡，每季度应该进行一次（一年四次）。由于市场波动或自动投资，如果股票价格上涨，且其价值比债券成倍增加，那么60%的股票和40%的债券资产配置可能会变成80%的股票和20%的债券。

例如，假设你将10万美元投资于80%的股票（8万美元）和20%的债券（2万美元）。在接下来的几个月里，股票市场的平均回报率为20%，这意味着你最终得到了价值96 000美元的股票。同时，债券的平均回报率为3%，所以你得到了价值20 600美元的债券，总投资组合为116 600美元。所以你之前80%的股票和20%的债券资产配置稍微有了些变化，现在变成了82.3%的股票和17.6%的债券，这将使你面临的风险略高。

这就是需要每个季度进行调整的原因，只需出售一些你拥有过多的资产（在本例中是股票），然后用这些钱购买更多的你应该拥有的资产以平衡你的目标资产配置。在许多情况下，购买更多的资产进行再平衡总是好的，因为你在投资更多的钱，而且出售你的资产不会产生潜在的税款。但是，如果决定出售你的资产以进行再平衡，你应该在你的税收优惠账户内进行，这样就不必为出售和回购股票或债券而纳税。

第四步：评估你当前的投资费用（尽量减少！）

投资费用会对你的资金增长速度，即在一定时间内你将拥有多少资金以及需要多少年才能实现财富自由产生巨大的影响。

任何持有或管理你的资产的公司都会为此收取费用，而且在投资时通常会有多层费用。例如，如果投资于公司的401（k）退休福利账户，你将向管理该计划的公司以及管理401（k）账户内投资工具的每个公司支付费用。此外，需要特别注意所谓的"超荷费",如果你的投资比例较小,401(k)和403(b)管理公司有时会收取此类额外费用。此外,对于你拥有的其他所有投资账户都存在相应的投资费用。

你支付的费用越多,复利就越少,虽然你投资的 0.5% 到 1% 的费用可能看起来不太多,但随着时间的推移,它也是一笔金额巨大的钱。记住,复利有两种作用,所以即使是每年 0.1% 的费用都会呈负增长,对年轻人的影响也更大,因为这些费用负增长的时间段更长。

我最近和一对名叫吉姆和简的已婚夫妇交谈,两个人都是律师,每周工作 70 多个小时,经常出差,把孩子留在家和保姆待在一起,他们都为赚钱做出了巨大的牺牲,但讨论投资后,他们最终承认正与一位财务顾问合作,这位财务顾问每年向他们收取 1% 的投资费用,以管理他们的账户,即使当他们的投资额下降时,收费也没停止过。

他们还承认根本不知道自己在投资什么,"但是我们的钱的确在增长",他们告诉我。"我们对那位顾问很满意,他是吉姆大学的老朋友之一。"

我没有这对夫妇的全部财务记录,但他们至少有 150 万美元的投资,40 多岁,表 10-4 是一个非常现实的情景,显示了投资费用对他们投资组合的影响。假设他们从 10 万美元开始投资,25 年内每年为投资贡献 7.5 万美元(大约是他们达到 62 岁~65 岁的传统退休年龄之前的时间)。看看这个:

基金 1:直接投资股市指数基金,其投资费用为 0.04%。

基金 2:投资积极管理的基金(1.2% 的投资费用),财务顾问(1%),总费用 2.2%。

表 10-4 投资费用对投资组合的影响

基金 1	基金 2
税后投资价值	
5 178 096 美元	3 687 812 美元
损失费	
-33 325 美元	-1 523 609 美元
损失费	
-0.6%	-29.2%
可节省的费用（基金 1- 基金 2）	
1 490 284 美元	

如你所见，由于被收取了 2.2% 的投资费用，他们在 25 年内损失了 29.2% 的投资回报。如果他们投资一个费用更低的与美国股市保持一致的指数基金，而不是与一个财务顾问合作，投资积极管理的基金，当退休时，他们可能会多拥有 1 490 284 美元或者更多！如果他们稍稍研究一下这些方面，然后用较低的费用投资共同基金，并自己管理投资，他们就能拥有大量的资金。

即使没有数百万美元的投资，一个微小的费用差异也可能会从你潜在的收益中减去数十万美元。退休后，投资费用也很重要，如果你的投资收益只有 3% 到 4%，而投资平均每年增长 7%，那么再拿出 1% 的投资费用意味着你只能在市场上获得 2% 到 3% 的投资收益。

如果有投资账户，我建议你现在通过查看你的投资报表和投资的每一只基金的招股说明书来核对你的费用，填写下面的年费表。对于投资账户，请注意管理投资所收取的百分比，以及任何额外的管理费（如表 10-5）。

表 10-5 年费表

	账户	投资	公司费用	投资费用或费用比率	财务顾问费
1					
2					
3					
4					

续表

	账户	投资	公司费用	投资费用或费用比率	财务顾问费
5					
6					
7					
8					
9					
10					
11					
12					
13					
14					
15					

在"账户"列中，列出账户类型［例如401（k）或个人退休账户］；在"投资栏"中，列出投资（即投资的基金、股票或债券名称）；在"公司费用"列中，列出持有投资的公司所收取的投资年费。这通常是你的401（k）账户管理公司收取的年度管理费或管理你的个人退休账户的公司可能收取的年度费用。

接下来，列出公司管理实际投资所收取的任何投资费用（例如，共同基金公司运营共同基金所收取的费用）。管理投资的公司［例如，先锋总股票市场ETF（VTI）指数基金］向你收取投资余额的百分比，即费用比率。对于先锋总股票市场ETF（VTI）指数基金，截至本文写作之时，所收的费用比率为0.04%，这意味着你每年必须支付该ETF投资金额的0.04%（每投资10 000美元，每年支付40美元）。这是一个非常低的费用比率。

最后，列出你为财务顾问支付的任何费用（如果你有）。

表10-6是某人投资及其费用的表格概览，向你展示可能是什么样子的。

表 10-6　投资费用概览

	账户	投资	公司费用	投资费用或费用比率	财务顾问费
1	401(k)退休福利账户	先锋总股票市场指数基金海军上将股份	200 美元/年	0.04%	
2	401(k)退休福利账户	富达麦哲伦基金	200 美元/年	0.67%	
3	401(k)退休福利账户	普信基金	200 美元/年	0.23%	
4	罗斯个人退休账户	先锋标准普尔500指数	免费	0.04%	
5	罗斯个人退休账户	先锋总国际股票指数基金海军上将股份	免费	0.11%	
6	罗斯个人退休账户	WBI战术收入股份	免费	1.10%	
7	经纪业务账户	亚马逊公司股票	7.95 美元/笔	N/A	
8	经纪业务账户	facebook公司股票	7.95 美元/笔	N/A	
9	雇主缴费个人退休账户	先锋目标退休基金 2045	免费	0.16%	
10					
11					
12					
13					
14					
15					

记住，随着时间的推移，即使是费用上的微小差异也会产生巨大的影响，因此任何超过 0.30% 的费用都应该重新评估，因为你可能会选择更实惠但类似的投资选择。在某些情况下，就像你的 401（k）一样，费用是由你的雇主选择管理计划的公司决定的，你很可能无法减少这些费用。但如果费用很高，一定要和公司的人力资源部谈谈，看看他们是否可以帮助你。

第五步：选择正确的投资

接下来，我们将选择低收费的投资，将税收影响降至最低，并使你的回报最大化。

虽然你可以在个人退休账户中选择任何你想要的投资，但你的401（k）[或403（b）如果为非营利组织工作]投资选择将取决于你的公司计划提供什么。虽然理论上你可以去买一堆单独的股票和债券来分散你的投资组合，但最简单的方法是购买共同基金或交易所交易基金（ETF）。这些投资组合允许你一次投资多个股票或债券，而不必购买一堆不同的产品。

共同基金和ETF都是为了简单的分拆而建立的，任何一种基金都持有股票集合、债券集合或股票与债券的组合（称为混合基金）。这些基金通常围绕一个主题或行业建立，这意味着它们持有一组特定类型或特定行业内的投资，共同基金和ETF非常相似，但基金保险公司每天只对共同基金定价一次，而ETF表现得更像股票，其价值在一天中可能波动多次。拥有这些基金的费用通常是相似的，尽管ETF往往更容易管理并且没有投资最低限额。

大多数公司都提供5只～30只共同基金和/或ETF，包括美国和国际股票基金、债券基金、混合基金（股票和债券组合）、目标日期基金（混合基金包括股票/债券分配，随着你接近传统退休年龄，通常会变得更加保守）以及黄金。

为了使投资更容易，一些401（k）/403（b）供应商将提供所谓的示范投资组合，其设计围绕一定风险水平，从保守到激进，并以与该风险水平一致的方式分配其中的投资。但这些示范投资组合往往收费高，而且过于复杂。你应该对账户中的任何"违约"投资选项或选择提出质疑，因为一些401（k）供应商会推荐那些让他们赚最多钱，但对你不一定最有利的投资选择。

还需记住，你在401（k）或403（b）内持有的所有投资都会被收取费用，每个基金都有自己的管理费/费用比率，因此，当你评估要投资的共同基金时，请查看每个基金的管理费，如果超过0.30%，即意味着你应该考虑其他选择。

指数基金案例

购买股票时，你是在购买一个真实存在的公司的股份，这意味着你实际上拥有公司的一小部分资产。当公司盈利或者人们相信公司的价值会上升时，股票的价格会上升，对股票的需求越大，人们越相信它，价格就越高，反之，如果对股票的需求下降，其价格也会下降。股票在世界各地的许多不同交易所（基本上是股票网络）进行交易。这种投资策略将股票分为两类：国内（美国公司）和国际。

从短期来看，你最开始可能会认为投资股票更像是一场无法预料的赌博，一点也不安全，但从长期来看，股票已被证明是一种极其可靠的投资。虽然整个股票市场每天都在发生剧烈波动，但是随着国家的发展，财富和公司价值的增长，股票在存在风险的同时，其价值也在同步增长。

1987年10月19日，美国股市下跌22.61%（跌幅最大）；1933年3月15日，股市上涨15.34%（最大单日涨幅）。这些都是巨大的每日波动。但在过去的一百年里，整个美国股市平均每年增长7.3%。你可以在图10-1中看到股市每天的涨跌，但是增长的趋势总是随着时间的推移而变得越来越乐观。

不幸的是，许多投资者不考虑长期投资，只是试图尽快获得最高回报，当账户资金损失时，他们会立刻卖出，从而导致赔钱。

个人股票会大幅波动，在相对较短的时间内，可能会使你赚很多钱，也可能会使你损失很多钱。如果你在1997年购买了5000美元的亚马逊股票，那么截至本文写作之时，它至少价值250万美元，因为在此期间，亚马逊的股价从18美元一股涨到了1200美元以上。但是，既然购买股票是在投资一家公司，那么这家公司总有可能会破产，那时就会给你造损失。能源贸易公司安然的股价从2000年的高达90.56美元跌至2002年1月的0.67美元，股东们最终因投资安然股票集体损失了740亿美元。

虽然你可能是一个出色的选股人，但如果社会状况对你不利，那么研究、分析和投资于一些你希望比股票市场增长更快的公司的相关工作，并不值得你付出努力和时间。

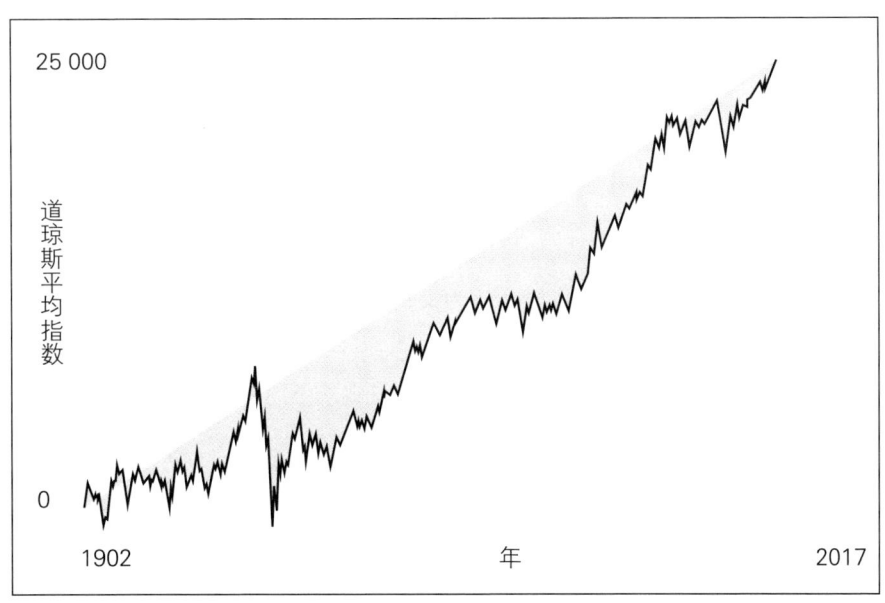

图 10-1　道琼斯工业平均指数 – 美国股市追踪（1900–2017 年）

研究表明，与整个股市相比，在 15 年的时间内，平均 90% 的积极投资有令人失望的表现。因此，与其去投资一只或几只股票，不如尝试选择一只亚马逊股票。你只需投资一个广泛的多元化美国股票集团，就能击败 90% 的活跃股票投资者，当你投资整个股票市场时，你更有可能获得与整个市场相同的长期收益，正如过去 100 年里，平均每年增长 7.3%。

幸运的是，这种投资方式真的很简单，只需要买一种你可以在所有投资账户中都能购买的投资基金，为了使你的投资尽可能高效，你应该投资一只简单的基金，它拥有美国股票市场的广泛选择（称为股票市场基金），或者投资一只在美国最大的 500 家公司中拥有一小部分股份的基金（被称为标准普尔 500 指数）。总股票市场基金通过 2000 多只股票来跟踪（也就是试图匹配）美国股市的表现。标准普尔 500 指数基金类似，但只追踪美国最大的 500 家公司的股票。

因为总股票市场指数基金包含如此多的股票，可以让你轻松地拥有一个多元化的投资组合，而且由于它们是被动管理的，通常具有很低的管理费用和税收效率（两者都会增加你未来的回报），投资指数基金也能让你从发行股票中获得股息（现金支付），这有助于产生稳定的投资收益。

股票市场基金提供了多样化的选择，涵盖了小型、中型、大型的公司。标准普尔 500 指数也是多元化的，美国最大的 500 家公司的利润和增长率在整个美国股市中所占的比例非常高，约占 75%。许多公司提供跟踪美国股市的指数基金，且其中有些实际上提供两个级别（投资者和海军上将/溢价），根据投资金额，你可以支付更高或更低的费用。

收费最低的一些最受欢迎的指数基金是先锋总股票市场指数基金海军上将股份（VTSAX）和先锋总股票市场指数 ETF（VTI）基金，这两个基金都持有美国前 2800 只股票，施瓦布总股票市场指数 ETF（SWTSX），贝莱德 iShares 低波动股美国交易所交易基金（USMV）以及富达总市场指数基金优质股份（FSTVX）。还有许多公司拥有标准普尔 500 基金，如先锋 500 指数基金（VFINX），先锋 500 指数基金海军上将股份（VFIAX），施瓦布标准普尔 500 指数基金（SWPPX），富达斯巴达 500 指数股票（FUSEX）。

你可能想知道应该选择一只美国市场基金还是一只标准普尔 500 基金，根据谁在经营你的退休账户以及你选择的投资公司，你可能更容易在两者之间做出选择。在两者之间择其一是一个很好的方式，因为长期投资回报可能是相似的。以先锋 500 指数基金（VFINX）和先锋总股票市场指数基金海军上将股份（VTSAX）为例，在表 10-7 中，你可以看到过去 1 年、3 年、5 年和 10 年的回报率非常相似。

如果你目前正在投资，投资组合的回报率与股票市场或标准普尔 500 基金的回报率相比有多高？要随时谷歌搜索或使用先锋的工具对比这些业绩数字。

在过去的 1 年、3 年、5 年或 10 年里，你是少数能占股市上风的人吗？虽然在 1 年的时间内"战胜市场"是绝对可能的，但在 5 年以上的时间内要做到这一点是非常困难的，更别说在更长的时间内持续战胜市场了。

表 10-7 先锋 500 指数基金和先锋总股票市场指数基金海军上将股份的回报率

	先锋 500 指数基金（VFINX）	先锋总股票市场指数基金海军上将股份（VTSAX）
1 年（截至 2017.12.31）	21.79%	21.17%
3 年	11.38%	11.08%
5 年	15.75%	15.55%
10 年	8.49%	8.72%

			表现			
	账户	投资	1 年	3 年	5 年	10 年
1						
2						
3						
4						
5						
6						
7						
8						
9						
10						
总计						

社会责任指数基金投资

尽管总股票市场指数基金的回报率难以控制，但也存在一个大致范围。我认为总股票市场指数基金存在的一个问题是，因为它们在美国市场持有几乎所有的股票，也可能投资于一些在劳动、环境和健康实践方面有问题的公司。例如，当买入指数基金时，你可能在支持大型烟草公司、大型制药公司以及之前因违反童工法而受到调查的公司。

随着年纪越大，与社会责任相关的投资对我就越重要，我开始将自己的一些投资转向为社会责任投资而设计的基金，比如先锋的富时指数基金（VFTSX），值得关注的ETF是多米尼400社会指数基金（DSI）。

虽然你会牺牲一些回报，而且这些基金的费用要比总股票市场指数基金或标准普尔500基金高一点，但如果你只投资那些在国际范围内做得好的公司，或者至少不那么糟糕的公司，这可能让你在晚上睡觉时感到安心。社会责任投资变得越来越容易，越来越多的基金也在同步启动，但与任何其他投资一样，你要确保在投资前，做足功课并且了解你的回报权衡。

如果认为美国股市未来表现不佳，除了投资美国股票指数基金，你还可以考虑将投资组合的一小部分投资于国际股票指数基金，以实现更广泛的多元化。在美国境外投资通常被认为风险更高，但对于多样化投资方式很有用，因为国际市场的行为历来与美国股市不同，在你的投资组合中增加一只国际股票指数基金可能会给你带来更大的长期增长潜力，但我建议在国际股票指数基金中投资不超过你投资组合的5%，这远低于许多投资顾问目前推荐的30%。

为了尽可能保持投资的效率和有效性，你应该尽可能在所有账户中投资指数基金，还应该设置你的所有指数基金股息（指数基金分红公司发行的现金），以便在指数基金中自动再投资。这意味着，每当一家公司发行股息，你将自动使用股息购买指数基金的新股票，以保持资金增长和复利。

如果你提取红利，那这笔钱要么以现金形式存在于你的税收优惠账户中，要么你将负责支付从应税账户中提取的税款。如果你确实出于某种原因决定提取股息，可能会把现金花掉或投资于其他方面，那么这些股息将按与资本收益税率相等的较低合格股息税率征税，因此，你可以将股息作为收入并支付比你的应纳所得税少的税款。

如果你的目标资产配置是80%的股票和20%的债券，你应该有80%的资金投资在股票指数基金和20%的资金投资在债券基金。你可以通过一/两只股票基金和一/两只债券基金来实现你需要的所有多样化投资，这就是所谓简单的"三只基金"或"四只基金"投资组合，不要过于复杂，保持投资简单化将使费用最小化、税收最小化、监控绩效变得更加容易。

对于你的股票配置，选择一只能随时跟踪整个美国股票市场表现的总股票市场指数基金。如果想再大胆一点，你可以将大部分资金投资于美国股市指数基金，然后再投资于国际股市基金。我一直投资于一些简单的指数基金：总股票市场指数基金和国际指数基金。如果你没有一个完整的股票市场指数基金，那么下一个最好的选择是标准普尔500指数基金。

还没有股票市场基金？赶紧投资一只

如果没有一只股票市场基金，那么你可以投资一只可以反映这些基金持有情况的基金。换言之，你可以根据不同规模公司的股票来创建自己的多样化投资组合，这将最大化你在整个市场基金中获得的收益，虽然你需要一点时间来设计，但事实上，实现多样化非常容易，而且值得你花时间（如表10-8）。

在美国，所有公开交易的股票都属于三个类别中的一个：大型股票基金（市值超过100亿美元的公司）、中型股票基金（市值在20亿～100亿美元的公司）和小型股票基金（市值在3亿～20亿美元的公司），你可以投资每种类型的基金，建立一个类似于股票市场指数基金的投资组合，我建议的配置为40%的大型基金，30%的中型基金，30%的小型基金，这将为你提供适当的多样性。

对于债券选择，你在401（k）/403（b）中可以获得的大多数债券基金期权可能非常相似，因此应选择费用最低、债券种类最多的债券基金，可以通过查看每个基金的招股说明书来了解这一点，这些招股说明书可以在你的401（k）计划网站上找到，也可以通过简单的谷歌搜索找到。寻找一只有政府和公司债券集合的债券基金，并使用债券来降低你持有股票的风险。通常，大多数债券基金的平均回报率为每年2%至4%的复利，看看债券基金一年、五年和十年的历史表现，选出一只回报率相对较高且稳定的基金。

你还可以考虑投资由地方和州政府发行的杠杆式市政债券基金，会产生稳定的收入，你可以通过市政债券ETF轻松投资，这是一个很好的减少税收的选择。

表 10-8 按风险划分的投资组合/资产分配示例（从左到右）和你可能拥有的投资选项

	风险（股票/债券分配）	100%/0%	100%/0%	100%/0%	取决于目标基金	80%/20%	70%/30%	60%/40%
股票基金								
总股票市场指数	跟踪整个股票市场。巨大的好处是即时多样化和低收费。如果你能接触到这种被动管理的指数基金，这将是一个很好的选择	100%						
标准普尔500指数	跟踪标准普尔500指数，可提供多样化的选择，但倾向于大盘股		100%					
大盘股	价值至少100亿美元的公司的基金。这些公司是美国最大的公司，使其股票发行更加稳定。其中一些公司采用现金支付（股息）			40%		80%	40%	60%
中盘股	价值20~100亿美元的公司的基金，提供更高的潜在回报，但风险更大			30%			20%	
小盘股	由价值200万到3亿美元的公司组成的基金，投资风险很大，但潜在回报最高			30%			10%	
债券基金								
国内	短期和长期美国债券的集合					20%	30%	40%
国际	国际债券的集合，比美国债券更具风险							
混合基金（股票/债券）								
目标日期（例如：目标2050）	这些基金是在接近目标日期时自动重新分配的基金。如果指数基金不可用，目标日期基金将是一个不错的选择				100%			

对于想要获得固定收入以尽早退休的人来说，这些都是很受欢迎的债券投资。

在下面第6步中的表格中，你将看到401（k）/403（b）退休计划中许多流行的基金类型和投资选项。请注意，贵公司提供的服务可能有不同的名称，具体取决于提供服务的公司。我提供了关于如何使用这些类型账户通常可用的资金进而实现目标资产分配的建议，还可以用来满足你在个人退休账户中的目标资产分配。要注意的是，如果某一特定类型的基金没有百分比建议，且如果同时有其他基金存在的话，我是不推荐这些基金的（例如收入股本基金和国际债券基金）。你可以使用此图表作为起点，创建自己的多元化投资组合。

你可以忽略401（k）退休计划、403（b）退休计划或个人退休账户中的所有其他期权，如黄金和房地产投资信托（REITs），虽然它们可以增加多样性，但并不是真正必要的，而且你最好只关注资产配置中的股票和债券，尽可能简单地使用总股票市场指数基金、标准普尔500指数基金和总债券市场指数基金。

第六步：最大限度地利用你的税收优惠账户

税收可能会从投资的未来收益中抽走大量的资金，因此尽可能减少它们的影响，这非常重要。如果你现在不是一个"货币呆子"，接下来所说的就是帮助你如何成为一个"货币呆子"，学习税收优化可能听起来很无聊，但它会为你的投资节省大量的额外资金。具体来看看，它将为你节省多少钱。

假设你每年赚10万美元，计划投资工资的10%（1万美元），并需要决定是否将其投资于税收优惠账户或应税账户，假设税率在30%的范围内，你的雇主基于你工资的4%为你进行401（k）退休福利账户投资。

这是未来30年每年投资1万美元的业绩差异。当投资于401（k）这样的税收优惠账户时，你可以在不缴纳税的情况下进行投资，所以如果你的投资额是1万美元，而雇主的投资额为4%（4000美元），那么你的总投资额就是14 000美元。在接下来的30年里以每年7%的速度增长，14 000美元将价值106 572美元。假设在过去的30年里，你每年贡献同样的14 000美元，由于持续的投资和复利的影响，你自己总计会投资30万美元，而你的雇主总计会投资12万美元，这42万美元在未来30年以每年7%的速度增长，将价值1 521 594美元！因为你自己投资了30万美元，你的投资回报将是1 221 594美元。

当退休时，你的收入可能会低很多，所以假设你已婚，和你另一半联合申报了12%的税率，你的原始投资将获得约1 369 434美元或1 069 434美元的回报。

现在，如果你把同样的1万美元投资到一个应纳税的账户中，必须在投资前支付30%的税款，而这个比例不足以达到让你的雇主为你贡献一部分，所以你只能投资7000美元。这7000美元，如果以每年7%的速度增长，最终将价值53 286美元。如果你每年在应纳税账户中投资同样的7000美元，以每年7%的速度增长，30年后你将拥有760 797美元。这30年内，你将投资21万美元，利润为550 797美元。如果职位不变，已婚并联合申报，你需要缴纳资本利得税，除非你的收入一直低于7.72万美元。

投资于一个有雇主基金贡献计划的税收优惠账户的回报是巨大的，投资一个税收优惠账户，你的账户里会多出760 797美元，即使在缴税后，你的账户里仍然会多出608 637美元可用于提取（如表10-9）。

表10-9 雇主基金贡献计划与其税收优惠账户的回报　　　　单位：美元

	应纳税账户	匹配雇主资金贡献计划的税收优惠401（k）退休福利账户	税收优惠账户
总价值	760 797	1 521 594	+760 797
总收益	550 797	1 221 594	+670 797
税后总价值	760 797	1 369 434	+608 637
税后总收入	550 797	1 069 434	+518 637

获得最大税收优惠的关键是制定战略：

何时将你的钱用于投资

何时将你的钱从投资中取出

有了税收优惠账户，你可以在向账户投资资金（从而减少你的年度税单）或从账户中提取资金（从而减少你以后的税务负担）时扣除税款，这两种账户都有很大的优势。优化税收不仅会对你目前用于生活开支的资金产生影响，而且会对你未来拥有多少资金用于投资产生影响。

你可以投资三种类型的投资账户：

1. 免税投资在投资时不需要纳税，但在提款时需要纳税的税收优惠账户

（1）账户类型：由雇主提供的401（k）计划，单独的401（k）适用于有自营收入的个人，403（b），457（b），个人缴费退休账户，雇主缴费个人退休账户（SEP IRA），健康储蓄账户。

（2）投资本金/贡献：提取时纳税。

（3）投资收益：提取时纳税。

（4）扣税：大多数情况下，你的投资可以免税，因此会减少你的应纳税所得额。

（5）提款政策：如果在59.5岁之前提款，需缴纳10%的罚款，但有消除此罚款的策略（稍后将详细介绍）。

（6）有无投资限额：有。

2. 免税提款：在投资前纳税，但在提款时不纳税的税收优惠账户

（1）账户类型：雇主提供的罗斯401（k）[Roth 401（k）]，罗斯个人退休账户（Roth IRA）。

（2）投资本金/贡献：投资前纳税。

（3）投资收益：提款时不需要纳税。

（4）提款政策：罗斯个人退休账户可随时免税提款［401（k）账户有限制］。

（5）如果在59.5岁之前提款，则需要就投资收益缴纳10%的罚款，但有消除此罚款的策略。

（6）有无投资限额：有。

3. 在投资前以及在提款时均需纳税的账户

（1）账户类型：股票和共同基金持有的经纪账户。

（2）投资本金／贡献：投资前纳税。

（3）投资收益：提款时纳税。

（4）扣税：你的投资无法免税。

（5）提款政策：没有处罚政策。

（6）有无投资限额：无。

这并不意味着你不应该缴税，而是意味着你应该利用税法维护自己的利益，并支付你实际所需缴纳的税款。许多人实际支付的税款比应该支付的要多得多（也许是政府让税收代码如此冗长和混乱的原因之一？）。

你可以通过正确的方式使用正确的账户来优化你的资金，并使其最大限度地受益。有许多类型的投资账户，其中一些是为雇主提供的退休计划而设计的，另一些是为个人投资者设计的。虽然许多雇主都提供某种形式的退休账户，但对你能在其中进行什么样的投资往往有限制。通常，雇主管理账户中的投资选项仅限于少数基金，这就限制了你的选择范围。例如，你不能在公司提供的401(k)退休账户内购买个人股票，但你可以在自己的个人退休账户或经纪（即应纳税）账户内购买。

此外，对于你可以同时拥有哪些类型的税收优惠账户，每年缴纳哪些税款，以及你可以在一年内缴纳多少税款都有一些限制，最受欢迎的税收优惠账户类型及其局限性和优势已在表10-10中着重显示。

表 10-10 各类退休账户

账户	由雇主提供或个人购买	税收优惠	投资控股	如果你未满 50 岁（2019 年），则缴纳限额为：	如果你超过 50 岁（2019 年），则缴纳限额为：	优势	其他限制
传统的 401(k) 退休福利账户	雇主	投资时	共同基金和交易所交易基金	19 000 美元	25 000 美元	应纳税所得额少，如果你停止工作，可以转换为传统的个人退休账户	你不能购买个人股票
罗斯 401(k) 退休账户	雇主	提款时	共同基金和交易所交易基金	19 000 美元	25 000 美元	应纳税所得额减少	你不能购买个人股票
403(b) 养老金计划	雇主	投资时	共同基金和交易所交易基金	19 000 美元	25 000 美元	应纳税所得额减少	你不能购买个人股票
457	雇主（政府）	投资时	共同基金和交易所交易基金	19 000 美元	37 000 美元唯一限制	可以在 59.5 岁之前免罚款提款，并且可以经常为 403(b) 投资	如果你换成罗斯个人退休账户，你就无法免罚款提款
罗斯个人退休账户	个人	提款时	任何	6000 美元	7000 美元	你可以免税提款/提取收益	每年只能为罗斯个人退休账户或传统个人退休账户投资
传统个人退休账户	个人	投资时	任何	6000 美元	7000 美元	你可以换成罗斯个人退休账户	
雇主缴费个人退休账户	个人	投资时	任何	56 000 美元	N/A	你可以将你副业收入的应纳税款项降到最低	不能同时为 SEP 个人退休账户和 SOLO 401(k) 投资
单独的 401(k) 退休计划	个人	投资时	共同基金和交易所交易基金	56 000 美元	62 000 美元	如果你为自己工作，主和雇员投资最多 53 000 美元	如果你同时作为雇员 401(k) 退休账户，那么你无法自己再投资 SOLO 401(k) 账户
健康储蓄账户	雇主	投资时	共同基金和交易所交易基金	个人：3 500 美元家庭：7 000 美元	超过 55 岁 1 000 美元更多	你的贡献和投资收益每年都在继续复利叠加	只有到一定年龄，才能用于医疗费用

既然已经知道要投资什么，接下来你应该学会如何最大限度利用每个账户。在把钱投资到其他任何方面之前，你应该最大限度地利用你的税收优惠退休账户，有两种类型的税收优惠账户：一类是大多数雇主提供的，诸如401（k），403（b），457（b）；另一类是那些你可以自己购买的，称为个人退休账户。虽然这些账户仍然有一些限制，但你应该最大限度地提高对这两类税收优惠账户的贡献额。

401（k）计划和个人退休账户又分别有两种类型。有一些传统的账户计划，允许你免税投资，直到在以后提款时才需要缴纳税款。另外还有罗斯账户，它是预先纳税的（也就是你需要就你投资的钱进行纳税），但在提款时不需要纳税，即你可以免税提取资金（包括收益）。不是所有的公司都提供罗斯账户，但它们确实越来越受欢迎了。

如何投资于你的每个账户

顺便提一下，以下是关于投资每个税收优惠账户时可以最大限度地减少税收的方法，根据你的实际情况以及目标，你可能不会采取这些方法，这些指导方针也总会有例外，因为本书中涉及的细微差别太多了，未来税法也可能会发生变化，与所有这些投资建议一样，请将其作为一套指导方针以适应你不同时期的个人情况。

如果你有政府457（b）计划，最大限度地利用好它

政府457（b）计划是可行的最佳税收优惠投资账户，你可以在59.5岁之前免罚款提款，这使得它成了很好的提前退休的投资选择，只要需要，你可以随时选择提款。虽然对于提前提款没有处罚措施，但将按所得税率在提取时纳税。请注意，这项福利通常只适用于政府提供的457（b）计划，而不是由具有更多限制的非政府机构提供的457（b）计划。

政府457（b）计划的另一个巨大好处是，如果除了401（k）或403（b）之外，你还有一个账户，那么你就走运了，因为你可以在税前为每个账户投资19 000美元。如果你想提前退休，并有一个政府457（b）计划，你应该在投资任何其他税收优惠的投资账户之前最大限度地利用它。

若没有政府457（b）账户，但拥有401（k）或403（b），努力获得雇主基金建立计划

下一步，也可能是第一步，你应该充分利用雇主提供的401（k）或403（b）账户。如果你的雇主提供401（k）或403（b）账户基金建立计划，你就要尽可能多地为你的账户供款以获得雇主所有的基金计划。如果你的雇主在100%供款的基础上，即最高以你收入的4%为你建立基金，你就需要贡献收入的4%。有些雇主只以你贡献的50%为比例，为你建立基金计划，但这仍然像是从你的钱中得到了50%的回报，所以最大限度地利用好这一点，这些完全是免费的钱！

401（k）账户有传统账户和罗斯账户两种形式。下面是你应该为传统401（k）账户或者罗斯401（k）账户做出贡献的指导原则。许多雇主不提供罗斯401（k）账户，如果提供，选择传统的401（k）账户还是罗斯401（k）账户取决于你相信税率在将来你需要提取资金时会更高或更低。

通常情况下，你退休后的收入会减少，因此向传统的401（k）账户进行税前投资、日后才纳税将会是一个明智的选择。但是，如果预计未来你可能会赚更多的钱，或者将进入更高的税率等级，那么投资罗斯401（k）账户，并在投资前就缴税将是更好的选择。

但是，如果你打算提前退休，并且想在59.5岁之前提取资金，罗斯401（k）账户会面临一些挑战，我建议你投资传统的401（k）账户，因为当你退休时，税率可能会更低，所以进行税前投资是最有意义的。正如我已经提到的，传统的401（k）账户将带给你更多的收益，通过罗斯转换阶梯（我将在第十二章中介绍）来消除提前提款所带来的罚款。在大多数情况下，如果你有资格从传统的401（k）账户中扣除税款，那么你应该投资传统的401（k）账户而不是罗斯401（k）账户。

投资401（k）或403（b）账户的好处在于，你能够：

（1）投资前可不必缴税。你能够投资至少10%到37%的资金（取决于你的税收等级），这意味着随着时间的推移，你有更多的资金可以复利增长。

（2）从你的应纳税所得额中扣除供款金额，这样所得税就减少了。由于可以从你的应纳税所得额中扣除你对退休账户的供款，你现在的纳税额就会减少，而且其他税收减免，你需要缴纳的供款税率会进一步降低，从而减少你的税单金额。

（3）许多雇主都会提供一个免费供款基金匹配计划，会增加你的投资回报。许多雇主基于你的贡献额，会提供2%到5%的基金建立计划，你要贡献足够金额的钱来获得雇主的资金建立计划。

如果有健康储蓄账户，最大限度地利用它

随着医疗费用的持续上涨，一些雇主正在提供健康储蓄账户，你可以向其提供税前收入来支付你的医疗费用。向健康储蓄账户供款的两大好处以及需要在你的个人退休账户前进行供款（如果有个人退休账户的话）的原因是你既可以从应纳税收入中扣除供款，也可以随时免税使用供款（和投资收益）用于医疗费用。这意味着你可以得到双倍的税收优惠，因为当你投资时可以减免税收，当你准备提取它用来支付医疗费用时，也可以减免税收，这是巨大的税收优惠不是吗？

健康储蓄账户像拥有另一个退休账户一样，你可以保留每年没有消费的金额，且你的投资会保持继续复利增长，就像401（k）账户或个人退休账户那样。如果你需要这笔钱，可以随时从你的健康储蓄账户中提取来支付医疗费用，但是如果让它持续增长，直至65岁，你就可以提取本金以及投资收益用于任何目的，即使它与医疗无关。

为了充分利用健康储蓄账户的税收优惠，你应该每年最大化对它的贡献（如果你负担得起），从你的现金账户中支付医疗费用，让健康储蓄账户中贡献的资金随着时间的推移最大化其价值。如果你单身，每年可以贡献 3500 美元；如果你已婚，每年可以贡献 7000 美元；如果你已经 50 岁以上，可以多贡献 1000 美元，如果那时你还是单身，每年可以贡献 4500 美元，如果已婚，每年可以贡献 8000 美元。值得注意的是，选择健康储蓄账户时，你通常需要参加一个更高的免赔额健康保险计划，因此如果有医疗问题或经常去看医生，你可能最终会使用健康储蓄账户支付大量的医疗费用。仔细研究这些数字，看看它对你是否有意义。

开立个人退休账户并最大限度地利用它

截止本文写作之时，你每年可以为你的传统个人退休账户或罗斯个人退休账户贡献多达 6000 美元。你是应该投资传统的个人退休账户还是罗斯个人退休账户取决于你目前赚了多少钱，扣税和免税后的税率是多少，以及你是否相信你的税率在未来会更高或更低。以下是一些指导原则：

（1）如果你属于低税率阶层，符合收入水平，你应该投资一个罗斯个人退休账户，这样当你处于更高税率阶层时，就有能力免税提取资金（要么因为赚了更多钱，要么未来税率会增加）。

（2）如果你拥有很多钱，那么在投资罗斯个人退休账户的同时，你也应该考虑投资传统的个人退休账户，这样你就可以从你的贡献中扣除预先的税款，减少目前缴纳的税款，因为目前的税率可能会比你选择退休的时候高。如果你打算提前退休，那么投资传统的个人退休账户比投资罗斯个人退休账户有明显的优势，因为当接近退休时，你可以通过最终将传统个人退休账户转换为罗斯个人退休账户来消除 10% 的提前提款处罚。由于一种被称为"罗斯个人退休账户转换阶梯"的策略（第十二章中详细解释），可以将你从传统个人退休账户转换为罗斯个人退休账户的资金提取出来，并在五年后纳税，无须支付 10% 的提款处罚。这在某种意义上可称为免税的，因为你在转换时已经缴税了。

（3）如果你收入太高而不能扣除传统的个人退休金税额，那么你应该投资于不可免税的传统个人退休账户并立即进行罗斯个人退休账户转换。即使由于你收入太高而无法投资罗斯个人退休账户，美国国税局也允许你进行转换，而且如果你还没有缴税，国税局也允许你对你转换的任何货币进行缴税。但如果你的收入太高，不能免除传统个人退休金的税额，而你已经为你的传统个人退休账户缴纳了税款，那么你只需为收益缴纳税款（如果你转换得快，收益将很低甚至没有）即可。如果你的传统个人退休金账户在扣税后仍有余额，那么在向罗斯个人退休账户转换时，你可能还需要缴纳附加税。如果是这样的话，做一个转换仍然是值得的，但可能需要从你的个人退休账户公司获取一些帮助以最大限度减少税收的方式进行转换。

大多数管理个人退休账户的投资公司都有工具可以让你轻松进行转换。如果你马上进行转换，就不必为转换支付任何税款，只要你的传统个人退休账户中没有钱。

因为我们涵盖了很多内容，现在让我们简要回顾一下：如果你有资格获得罗斯个人退休账户，那么你应该投资一个，但是如果你没有资格获得，那么你应该投资一个传统的个人退休账户，并利用它减免税收。如果你没有资格享受税收减免，那么你应该投资一个传统的个人退休账户，然后转换成罗斯个人退休账户。虽然这听起来有点复杂，但一旦你实际完成了一次，你很快就能得心应手，然后每年你的投资就会成为你日常工作的一部分。

最大限度利用 401(k) 或者 403(b) 账户

如果你一个人的收入超过 13.7 万美元，或者一对夫妇的收入超过 20.3 万美元，那么就不能投资罗斯个人退休账户。如果是这样，你应该继续最大限度地利用 401（k）或 403（b）账户中的税收优惠政策。截止本文写作之时，可以在你的 401（k）或 403（b）账户中投资高达 1.9 万美元。

如果拥有一份副业或为自己工作，开设简易雇员退休账户或单独401（k）账户，尽可能多地投资。

如果你在全职工作之外还有一份副业，并且已经最大限度地利用401(k)以及个人退休账户，那么你应该考虑拥有一个简易雇员退休账户或者一个单独的401（k）账户，这样就可以在缴税前投资一些你的副业收入。下面是如何在简易雇员退休账户或单独的401（k）账户之间做取舍的建议。

在简易雇员退休账户中，你可以贡献高达25%的收入，在缴纳社会保险和医疗保险税之后，这大约是你年利润的20%。如果通过副业挣了10万美元，你可以在你的简易雇员退休账户中投入2万美元，以此来减少2万美元的税收负担，同时增加你的投资。

你能为一个简易雇员退休账户贡献的最大金额是5.6万美元，这就需要创造23万美元的商业利润来使其达到最大价值。无论你是否拥有401（k）账户，对于副业收入投资来说，简易雇员退休账户都是一个不错的选择，当然你可以同时投资雇主提供的401（k）账户和简易雇员退休账户。

只有当你没有任何雇员，且根据个人情况可以为一个单独的401(k)账户贡献更多的钱时，我才建议你拥有一个单独的401(k)账户，也被称为个人401（k）账户。例如，虽然简易雇员退休账户和单独的401（k）账户都有5.6万美元的投资限额，但你可以向其中任何一家公司贡献高达20%的利润。如果是单独的401（k）账户，作为一名员工，你还可以（自己）额外投资1.9万美元！这就像给你自己提供一个公司基金贡献计划一样，记住，你可以从应纳税收入中扣除所有这些钱。因此，如果你赚了10万美元，但在单独401(k)账户中投入了3.9万美元（2万美元的利润+1.9万美元的员工投入），你的所得税仅为6.1万美元，由于这种双重投资的好处，如果是为自己工作，比起开通一个简易雇员退休账户，单独开一个401（k）账户将更有意义，因为你将获得更多的灵活性，并且可能会投资更多的钱。

即使有一份提供401（k）账户的全职工作，你仍然可以开设自己的401（k）账户，但这两个账户的最大员工投资总额为1.9万美元，这意味着如果你将这个额度全部用在公司提供的 401（k）账户中，就不能给个人 401（k）账户投资额外的 1.9 万美元（除了你利润的 20%）。但即使拥有一个雇主提供的 401(k) 账户，你仍然可以将 20% 的利润贡献给一个单独的 401（k）账户。

投资弹性支出账户（FSA）

FSA 就像一个 HSA（健康储蓄账户），可以将税前收入用于医疗支出，但与 HSA 不同的是，如果年底之前你的账户中还有余额，你就会损失掉这笔钱，在这方面可能没有 HSA 有优势。有了 FSA 账户，你每年最多可以为账户贡献 2650 美元。

然而，你可以向雇主咨询的另一个好处是家属看护 FSA，这是许多公司提供，但很少有员工知道的。拥有家属看护 FSA，你可以将税前资金存入一个账户用于支付你的家属（儿童或残疾亲属）的护理费用，包括夏令营、日托、学前班和保姆服务。如果你有权获得家属看护 FSA，已婚并联合申报税款，那么你每年可以向你的家属看护 FSA 账户贡献高达 5000 美元，免税日托万岁！

如果有孩子，投资 529 计划

如果有孩子，你可以投资一个 529 计划，它可以免税投资并增长，这样当孩子长大，上大学时，你可用它支付孩子的大学费用。这些计划有个别州提供，虽然不能从联邦税中扣除你的贡献额，但有些州确实提供减税政策。然而，在充分利用税收优惠投资账户之前，你不应该投资 529 计划，因为 529 的税收优惠没有那么大的价值。在为孩子的大学基金储蓄之前，你应该为你的退休（和自己未来的保障）进行储蓄。但不管怎样，你在 529 计划上的投资可以免税增长，而且提取符合条件的教育费用也是免税的。虽然没有投资额或收入限制，但有些州确实对 529 账户中的总余额进行了限制，请查看你的州指导方针。

第七步：投资应纳税账户

当最大限度地利用完你的税收优惠账户后，你如果还有剩余的钱可以投资，可以考虑开一个应纳税（又称经纪）账户。如果你想尽早实现财富独立，需要在税后账户上投入相当多的资金，因为大多数税收优惠账户的投资限制不允许你尽快退休，即使是在罗斯个人退休账户（6000美元）、401（k）账户（1.9万美元）和简易雇员退休账户（5.6万美元）的大投资情况下，你每年也只能投资8.1万美元。

如果你恰好是一个超级幸运的人，也可以投资额外的1.9万美元给457（b）账户，这将使你的年度投资达到10万美元，即10年内的100万美元（不包括投资收益）。你也许可以再为一个医疗储蓄账户投资3500到7000美元，但这只会在你65岁之后，使你在医疗方面的费用有很大福利。因此，虽然向税收优惠账户投资8.1万美元～10万美元是一笔金额很大的投资，而且肯定有助于你快速实现财富自由，但我想，如果可以你也希望尽可能多地投资于应纳税账户，来进一步加快实现财富自由的进程。

记住，当投资于一个应纳税账户时，是在你已经缴纳所得税之后才进行投资的，所以当投资或以后提取时，你不会获得任何税收优惠。一种情况除外，那就是你持有超过一年以上的任何投资都要按资本利得税率计算，这通常低于所得税率。

最流行的应纳税投资账户形式是经纪账户，你可以在许多提供低收费的公司开立一个。一些受欢迎的经纪公司有先锋、嘉信理财和富达，找一家只向你收取一笔简单的低交易费（每笔交易不到5美元）就可以帮助你持有投资的经纪公司，而不是一家根据投资收益百分比收费的公司。

部分应纳税账户中的投资收益可以在年底进行缴税，一个例子是公司以现金支付给你的股息，无论你是否提取或再投资，这些都要纳税。但是，股息的税务处理取决于股息的类型，因此你应该通过简单查看投资公司生成的年终税务报表或联系你的经纪公司来检查每种股息的税务处理。只要你持有股票的时间足够长（长短取决于股票），那么一些股息可能就是所谓的合格股息，按照资本收益税率纳税，这通常低于你的所得税率。

此外，每当你在应纳税账户中出售任何东西，你将支付当年投资收益的税款，这就是为什么你不想在你的应纳税账户里买卖一堆股票，因为这可能会导致年底出现一张金额庞大的税单。如果你出售股票时损失了钱，你每年可以从税款中扣除多达3000美元的损失，如果你损失超过3000美元，那么你可以根据需要将损失结转多年，这被称为"损失结转"，可以根据需要结转多年直到从税款中扣除所有损失为止。

如果你持有投资不到一年，就将其出售到一个应纳税账户，你将按你目前的所得税率纳税，如果在出售它们之前，你持有时间超过一年，那么你将按照资本收益率（如表10-11）纳税，这通常低于你的所得税率。

表10-11 美国联邦税率和长期资本收益（2018年）　　　单位：美元

税率等级	单一纳税人	夫妻联合申报	户主
10%	0~9525	0~19 050	0~13 600
12%	9526~38 700	19 051~77 400	13 600~51 800
22%	38 701~82 500	77 401~165 000	51 800~82 500
24%	82 501~157 500	165 001~315 000	82 500~157 500
32%	157 501~200 000	315 001~400 000	157 500~200 000
35%	200 000~500 000	400 001~600 000	200 000~500 000
37%	超过500 000	超过600 000	超过500 000
长期资本收益率			
0%	0~38 600	0~77 200	0~51 700
15%	38 600~425 800	77 200~479 000	51 700~452 400
20%	超过425 800	超过479 000	超过452 400

资料来源：美国国税局

关于卖出与提取的简要说明：在一个应纳税账户中，即使你不提取资金，也需要在卖出时纳税，但在一个税收优惠账户中，你只有在卖出和提取之后才会纳税。

另一个你应该长期持有股票的原因是：如果你的应纳税所得额低于 75 900 美元（已婚）或 37 950 美元（单身），那么就不需要从你的应纳税账户中提取资金而纳税。不需要纳税！这是保持低收入（你知道如何合理避税）的巨大好处之一，免税提款意味着为了实现财富独立，你需要投资的钱将更少。

在应纳税账户中投资什么

在使用应纳税账户时，你应该尽量保持与你在税收优惠账户中使用的相同的投资策略。这意味着要坚持 401（k）、403（b）、457（b）和个人退休账户中的股票和债券分配。因此，如果有 80% 的股票和 20% 的债券投资于这些账户，那你应该在应纳税账户中投资相同的金额，还应该继续投资低成本的总股票市场指数基金和债券基金，因为这些类型的基金中很少有买入和卖出，每年的税收影响较小。

在你的应纳税账户中持有债券／固定收益资产

虽然做起来有点困难，但随着投资余额的增长，你应该考虑的一个策略是把你所有的节税债券基金（跨越目标资产配置）存放在你的应纳税账户内，这样你就不会在每年年底缴税。比如说，你在税收优惠账户中有 100% 的股票投资，但你想把目标配置转换成 90% 的股票和 10% 的债券，如果你已经把对税收优惠账户的贡献最大化了，可以开始在应纳税账户中投资债券。这样做意味着你不必改变税收优惠账户中的资产分配，另外，由于债券的回报率通常低于股票，因此每年年底，你的税收负担将尽可能地减少。

购买个人股票

虽然总股票市场指数基金应该是你投资策略的核心，但如果你决定投资个人退休金账户或应纳税账户中的股票，你应该只购买计划长期持有的股票，虽然挑选个人股票不容易赚钱，但当你相信公司的基本原理并长期持有股票时，你赚钱的机会就会大大增加。记住，当你购买股票时，是在购买一家真正存在的公司的一小部分资产，所以你应该只投资于那些你会为成为其部分所有者而自豪的公司，如果你确实选择了正确的股票，那么随着公司价值的增长，你可以在很长一段时间内赚很多钱。

不要被很多自称为选股专家和个人股票投资的策略左右了，真正有效的个人股票投资策略被称为价值投资。沃伦·巴菲特是过去五十年来世界上最成功的投资者之一，他采用的就是这个策略，那就是当你发现一个被低估的公司时，选择去投资它。换句话说，你在寻找一个交易。如果你对投资个人股票感兴趣，可以看看《聪明的投资者》（*The Intelligent Investor*）一书，作者是本杰明·格雷厄姆（Benjamin Graham）（价值投资理论的开山鼻祖，也是巴菲特的老师）。

另一种普遍的个人股票投资策略是股息投资。正如你所了解到的，一些公司以定期现金支付或分配（即股息）的形式与股东分享部分利润，这些股息是明智地投资于一个总股票市场指数基金的原因之一，因为你从一堆不同的股票中得到了持续性的股息。有许多投资者建立了支付股息的股票组合，获得了股票的额外收益，这些股票可以继续升值，并以股息的形式产生持续性的固定收益。但这种策略的一个风险是，一家公司支付一次股息并不意味着会一直这样做，而建立一个股票股息集合比简单地投资指数基金更为有效。但如果你感兴趣的话，这是值得探索的。

如果你决定投资于单个股票，那么就不用管什么投资策略了，我建议你只需将整个投资组合的 5% 投资于你所有的个人股票上，当你能在整个股票市场上产生持续的回报时，把更多的钱押在一只股票上是不值得的。

为了帮助你进一步了解这些概念，我以自己为例来讲解。当为实现财富独立投资时，我将我的资金100%投资于股票，其中95%的资金投资于股票指数基金，5%的资金投资于我计划长期持有的个人股票，如亚马逊和苹果。然而，随着时间的推移和我个人股票价值的增长，现在，我的投资组合中有更高比例的是针对个人股票的，目前我暂时还没有卖出的打算。

我的投资组合

表10-12显示了我在2010年至2015年期间持有的大部分实际股票以及在五年内从2.26美元增至125万美元时的储蓄率。虽然我强烈建议主要投资于指数基金，但对于有些公司的股票你可能非常相信，以至于一定要投资它们。最开始，我选择进行小额投资，但在某段时间里，我最终过度投资了个人股票，因为我相信亚马逊、Facebook和苹果的长期潜力。

大学期间，我是第一批2万名Facebook的用户之一，在他们的IPO（首次公开募股）期间，我没有投资。虽然我相信他们公司的使命，相信他们的股票会增值，但我从来没有预料到他们过去七年里增长得如此迅速。为了重新认识和降低持有单个股票的风险，我最近一直在投资指数基金，关键是使用一个总股票市场指数基金作为投资组合的基础，并根据你愿意接受的风险/回报水平来选择它。也就是说，谨慎对待你的个人股票投资，如果你刚开始投资，不要将超过5%的净资产投资于个人股票上。

表10-12中并没有包括一些我在这段时间内亏损并出售的股票（损失不到5000美元）、我在比特币加密货币上的投资（这是高度投机的，不建议在任何加密货币上投资超过你净资产的1%）或任何我的房地产投资。

表 10-12　2010~2015 年我持有的大部分股票情况

单位：美元

投资	2010	2011	2012	2013	2014	2015
指数基金						
先锋总股票市场指数基金（股票）	520	4894	6903	9821	12 552	14 616
每股价格（截至2015年最后一天）	31.57	31.30	35.65	46.69	51.60	50.79
总价值	16 416	153 182	246 092	458 542	647 683	742 347
先锋总国际股票市场指数基金（股票）			1892	2785	3218	3449
每股价格（截至2015年最后一天）			25.05	28.01	26.00	24.24
总价值			47 395	78 008	83 668	83 604
个人股票						
亚马逊（股票）	30	200	200	300	300	400
每股价格（截至2015年最后一天，对股票分割进行了调整）	180.00	173.10	250.87	398.79	310.35	675.89
总价值	5 400	34 620	50 174	119 637	93 105	270 356
Facebook（股票）			800	900	900	1070
每股价格（截至2015年最后一天，对股票分割进行了调整）			25.91	54.65	78.02	104.66
总价值			20 728	49 185	70 218	111 986
苹果（股票）	100	100	100	300	300	400
每股价格（截至2015年最后一天，对股票分割进行了调整）	41.46	52.05	69.00	74.57	104.86	101.70
总价值	4 146	5 205	6 900	22 371	31 458	40 680
总收入	43 000	294 000	233 000	248 000	239 000	271 000
储蓄率	53.49%	40.68%	55.97%	68.10%	57.45%	60.48%
每年投资总额	23 000	119 610	130 402	168 895	137 317	163 901
投资组合总投资	23 000	142 610	273 012	441 907	579 224	743 125
总增长百分比	12.88%	35.34%	36.00%	64.68%	59.89%	68.07%
投资组合总额	25 962	193 007	371 289	727 743	926 132	1 248 973

结论

投资的越多，你的钱就会增长得越快！通常第一笔10万美元的投资将花费最长时间，但是一旦复利开始加速，从10万美元到20万美元，再到30万美元，一直到100万美元甚至更多，所花的时间就会越来越短。如果你每个月多投资1%，它的复利速度也会更快。每1美元都将发挥巨大的作用，坚持下去。你的目标投资数字现在可能让你感觉太高而无法达到，但马上着手，然后一步一个脚印地向着目标奋进是实现的唯一方法。如果你因为害怕自己对投资知之甚少而袖手旁观，就要尝试改变这种状态，及早开始比等待和做出完美的投资更重要。如果你坐在一旁等着"揣测最佳的市场时机"，那就是在浪费时间，我做不到，专家们做不到，没人能做到，揣测最佳的市场时机是不可能的，这是一场长线游戏。

你可以很快学会，并且可以在实践中去弄清楚一些问题，你会犯错误，我也会，我们都会，但是失败可以让我们吸取教训。一个简单的开始方法是通过自动化，你可以轻松设置401（k）账户、罗斯个人退休账户和其他投资账户，使其自动从你的薪水或银行账户中扣除资金，大多数管理投资账户的公司都可以轻松设置自动化投资，因此，你可以按设定的时间自动购买共同基金、交易所交易基金、股票和债券。投资交易所交易基金的好处在于，你可以在大多数投资账户中购买它们，费用很低，而且大多数都没有最低限额（因此你可以以5美元的价格开立一个账户，每天进行小额投资）。

但是自动化还不够。正如我们已经讨论过的，因为你一直在储蓄，你可能觉得足够多了，但其实远远不够，储蓄的足够多和尽可能多地储蓄是不同的两个概念。

还记得特拉维斯吗？多年来，他一直在401（k）账户中自动存下5%的工资，他认为这足够了，所以从来没有增加每月的储蓄金额，将他的储蓄率保持在5%将迫使他继续工作比想象中更长的时间，很有可能还要20年～30年。

我们都很忙，生活就是这样，事物的优先级在不断变化，但如果你想获得最好的投资回报，就需要将自动化和手动投资管理相结合。以下是自动和手动结合投资方法的工作原理：

（1）尽可能提高你在投资账户中自动贡献的百分比。
（2）尽可能多地手动投资你从副业和奖金中赚来的钱。

例如，你的 401（k）账户可能是自动化的，每次一发工资就会自动贡献你工资的 10%。这 10% 不需要你动手做任何事情便会自动投资，但我建议随着时间的推移，尽可能提高这一贡献率，试着每 30 天～90 天至少增加 1% 或更多的储蓄率。可能在某些月份你会觉得更加容易提高储蓄率，不断通过手动操作迫使自己提高储蓄率。当你得到加薪或奖金时，尽可能多地投资。当你通过照看邻居的猫赚了 60 美元时，把它用于投资，这只需要几分钟时间，在手机上完成即可。

作为这个策略的补充，你也可以使用像 Acorns 或 Digit 这样的小额投资应用程序，通过将购买进行汇总或从你的账户中取出少量的钱来存入一个投资账户，以帮助你投资更多的钱。但是这些类型的应用程序应该只在常规的自动和手动策略之外使用，以进行更多的储蓄。正如一些人认为的那样，它们不足以让你单独进行投资。

绝不可自满。你每天投资越多，就能越快实现财富独立，如果这件事对你很重要，你总能挤出时间去做，即使今天只投资 10 美元，也能帮助你更快实现目标，有可能提前几天、几周甚至几个月。想象一下，通过额外的投资，你未来将获得多少额外的时间。

与任何策略一样，使用这些建议作为指导方针，并根据你自己的财务状况、生活方式和目标进行定制。就像你可能需要调整数字一样，你至少需要每年监控一次投资策略的进展和表现。税率和税收政策可能会改变，或者其他人可能会发现新的漏洞，所以需要不断调整以适应最新状况。

有很多人在你之前已经实践过这条路，包括我，虽然我无法预测未来（尤其是股市表现、税收政策和税率的变化），但根据经验和多年的研究，我相信这一策略将帮助你跻身全球前10%的投资者行列，并助你尽快达到你的投资目标。

要点总结

1. 投资是被动收入的最终形式，是金融自由的加速器。

2. 你可以直接进行干预的关键概念。（1）风险最小化。（2）费用最小化。（3）缴税款最小化。（4）回报最大化。（5）提款税最小化。

3. 投资组合的核心应由股票（实际公司的股票）、债券（你借给别人的钱）和房地产（房产）组成。这些是最简单、最可靠的投资。

4. 如果的确需要投资帮助，可以雇用按小时收费的财务顾问帮助建立账户。与这种按小时或项目收费的顾问合作，而不是基于资产管理规模（按套管理）来寻求合作。

第一步：不同的短期和长期投资目标。（1）根据是否需要资金，大部分钱用于长期投资。（2）短期投资应以现金、定期储蓄存款或债券形式存在。（3）长期投资为股票和债券形式。

第二步：弄清楚你必须投资的金额。储蓄率越高，可以投资的钱越多，就越容易实现目标投资数字。设置一个你将在每日、每月、每季度和每年对每个账户进行投资的基准值。

第三步：确定目标资产分配。（1）在投资账户中拥有的每项资产的百分比决定了投资组合的风险/回报水平，是最重要的投资决策之一。（2）最佳方法是估算在需要使用资金前的时间。（3）如果离退休有十年或更长时间，建议现在将资金的100%用于股票投资。（4）在所有投资账户中实施这个目标，一年四次调整分配率。

第四步：评估你当前的投资费用（尽量减少这些费用！）。投资费用会对资金增长速度、资金额和实现财富独立的时间产生巨大影响。

第五步：选择正确的投资。（1）购买股票是在购买一个真实存在的公司的股份。（2）个人股票会大幅波动。（3）研究表明，相比整个股市，十五年内，平均90%的积极投资有令人失望的表现。（4）为尽可能高效，应投资一只拥有股票市场基金或标准普尔500指数的简单基金。（5）如果还没有这些基金，投资反映这些类型基金持有情况的基金。（6）可以忽略401（k）计划、403（b）计划或个人退休账户中的所有其他期权，它们虽然增加多样化，但并不真正必要。

第六步：最大限度地利用你的税收优惠账户。（1）税收可能会从未来的投资收益中抽走大量资金，需尽可能减少影响。（2）获得最大税收优惠的关键是制定战略：何时投资和何时从投资中取出。（3）投资免税、免税提款和投资前与提款时均需纳税的账户。

第七步：投资应纳税账户。（1）当最大限度地利用完税收优惠账户，用剩余的钱开一个应纳税账户。（2）在应纳税账户中出售负责支付当年投资收益的税款。（3）若所持投资不到一年就出售到应纳税账户，将按目前所得税率纳税。若超过一年，将按照资本收益率纳税。

5. 自动化投资远远不够。

自动和手动结合的投资方法的工作原理：（1）尽可能提高在投资账户中自动贡献的百分比。（2）尽可能多地手动投资从副业和奖金中赚来的钱。

第十一章

第七步（下）：尽可能早、尽可能多地投资

如何用别人的钱把 1 万变成百万

投资房地产不仅仅是一种分散投资组合和风险的特殊方式，在很多方面，投资房地产比投资股票更好，你可以用抵押贷款（也就是其他人的钱）来购买房产，还有很多税收优惠，比如通过出售你的主要住房（如果你已婚，申请联合纳税）可获得 50 万美元的免税利润。在本章中，我们将介绍许多其他的现金流和税收优惠，这些优惠使房地产成为一项惊人的投资。

实际上，房地产投资是合法的。你已经了解房屋租赁是如何帮助你完全消除或者显著抵消你最大的开支（住房），但实际上除了可以免费住房，你可以得到更多的东西，比如获得自由的租金，以及每月多挣几千美元。你可以在购买第一套房产时支付 3% 的首付，在几年内把它变成价值数百万美元的房地产投资组合。

你可以用免税的利润来购买或者转手/持有房产，把你的租金变成一个稳定的现金流，这个现金流不仅可以支付你的生活费用，并且产生了足够的钱来偿还你的抵押贷款或者投资更多的房产。许多投资者已将房地产作为在五年或者更短的时间内实现财富独立的主要途径。让我们来看看发展蓝图。

房地产案例

你需要谨记，房地产投资有风险，而且房地产的价值就像股票价值一样，永远无法保证其一定是增值的，事实上，在某些情况下，房地产的价值实际上会下降很多。不久前，我们经历了一场房地产危机，美国超过 1000 万的房主处于困顿中，这意味着他们欠的抵押贷款比房屋价值还要多，但发生这种情况的主要原因是，银行向无力偿还贷款的人提供了太多抵押贷款。

事实上，房地产投资在历史上比股票市场投资的波动性要小，自2010年的低点以来，房地产市场已经恢复得非常好，2010年～2016年，全国房价平均上涨43%。升值通常是因一个社区的居住环境改善或需求的增加，或通过对房屋进行装修，如厨房改造而产生的，城市的房地产增值尤其高。在全球范围内，54%的人口居住在城市（美国为62.7%），预计到2050年这一比例将增加到66%。

正如你已经了解到的，历史上，股票市场在经过通货膨胀和股息调整后，以每年7%的速度增长。相比之下，房地产平均每年升值3%到5%，乍一看，房地产似乎并不是一个比普遍股票投资更好的策略，但房地产有一些股票没有的优势。首先，你可以用别人（银行或贷款人）的钱购买房产，通过发展房屋租赁，你可以出租房子给其他人来冲抵或完全支付你每月的房贷，甚至还能给你创造更多的钱。

如果你将房屋买卖作为副业，无疑会大赚一笔，可以让你兜里始终有钱，但买卖房地产的真正价值在于，你可以用利润投资更多的房地产，而不用纳税，这就是所谓的1031交易。1031交易是一项税法，允许你利用出售投资性房地产的利润购买新的投资性房地产，来推迟缴纳资本利得税。你可以通过将你的房地产利润投资于房地产，一直进行1031交易。对于股票，你却无法这样做。当你离开这个世界时，你在1031交易所的纳税义务就消失了。

这是房地产投资相对于股票投资的巨大优势。投资股票时，投资组合的增长只与你投资的钱和任何复利收益成比例。投资房地产时，你的投资会随着房地产价值的增长而增长，由于不必预先把所有的钱都存起来，你可以使钱增长得更快，这被称为杠杆，当你诚信使用它时，你可以通过使用别人的钱赚更多的钱。是的，你必须偿还给银行，但关键是，你不需要更多的钱来获得相同的回报。例如，比起你支付10万美元的首付，支付1万美元的首付会带给你更高的投资回报。

例如，针对一处原价值为20万美元的房产，你支付了1万美元的首付，然后房产增值到25万美元，意味着房产带给你的回报是5万美元，也可以说1万美元的首付为你创造了五倍或400%的回报。如果你支付10万美元的首付，然后房产价值增值到25万美元，那么你只能获得10万美元投资的50%的回报。50%的回报率远远低于400%的回报率，因此，在大多数情况下，你的首付越低，你的投资回报率实际上越高，你减少了自己的投资，但却获得了所有的收益。

这是房地产投资比股票投资更为强大的主要原因之一。假设有1万美元的投资，你可以用这些钱买1万美元的股票，或者首付1万美元购买一套房子。假设你把1万美元投入股票市场，在未来3年内增长30%，这1万美元的股票现在价值13 000美元，即使考虑到10%的资本增值税的增长，你仍然可以获得12 700美元，这在短短3年内是一个惊人的回报。但是，如果你用1万美元支付一套价值20万美元的房产的5%首付，而这套房子在3年内升值了5万美元（在城市或流行市场上并不现实），那么这1万美元首付现在产生了至少5万美元的利润，作为奖励，如果房子是你的主要居所（过去五年中你有两年住在那里），你将不会为这5万美元缴纳任何税款。

使用抵押贷款购买房产的另一个巨大好处是，你的一级和二级住宅（如果你有）中最高75万美元抵押贷款的所有利息都可以免税，除了免抵押税，你还可以从联邦纳税申报表中扣除多达1万美元的财产税和州税。正如目前的税单所示，到2026年，这一扣除额预计将增加以支付高达100万美元的抵押贷款利息。

许多人认为他们需要一大笔首付款，或者需要承诺在家里至少住五年，让房地产投资物有所值，但事实不是这样。你可以用1%～5%的首付购买你的第一套房产，即对于一套20万美元的房产，其首付价格在2000美元～1万美元之间。而在美国的大多数城市，租房/购房盈亏平衡点是2.1年，也就是说，买房或租房的成本一样高。这意味着，如果你打算在一处房产住至少2.1年，买它通常是有意义的。虽然有很多像样的租房/购房计算器，但我认为最好的两个是 The New York Times 和 Zillow。

如果你买了一套房子，可以出租额外的房间来支付部分抵押贷款，甚至租赁收入可以大大超出抵押贷款的费用，当你向室友或房客收取的租金上涨，或房产增值时，可以把多余的现金投资到新的房产上。短短几年内，你就可以拥有五处或更多的房产，所有这些都会产生现金流和价值增值，当用租金收入偿还抵押贷款时，你的股权会增加。

买房比租房更灵活

你可能会觉得买房子意味着必须在一个地方扎根，那是一种你需要摆脱的旧思想。投资房地产是为了创造性地利用你的房子，既能赚钱，又能随心所欲地生活。通过这种方式，购买多个房间或多个单元的房产实际上比租房更灵活。既然拥有房产，是房东，你可以随时调整安排，以适合你最佳的生活方式。

如果想节省最多的钱，免费生活，你可以出租所有的房间，然后自己睡在地下室的沙发上。（我曾听说过一个业主住在厨房外的壁橱里）或者住最小的房间或公寓，（如果你有多个单元）然后将更大的房间或公寓用于出租。如果你要改善生活，可以选择最好的房间或最好的单元。

如果想搬到另一处房产或另一个城市，你可以一直保持此处房产的现金流，让它继续增值。如果你结婚或有了孩子，拥有一个复式或三联式公寓，可以把它改造成一个大房子。或者买了一处房产，一年后不喜欢住了，就可以把它租出去以支付抵押贷款，然后再另外找地方居住。仅仅因为你买了一处房产并不意味着被它困住了，这只是意味着你有一个可以增值的资产。

对房地产投资者来说，还有令人难以置信的税收优惠，可以帮助你保有更多的钱，更容易建立房地产投资组合。如果出租你的财产，会扣除很多费用，包括物业税（高达1万美元）、抵押保险、维修、管理费以及与经营和维护租赁物业相关的任何其他费用。这些扣除额有助于你节省税金，你所做的任何改进也都将有助于使房产更有价值。只有一个注意事项：如果你生活在一个房产税很高的地区，不能扣除超过1万美元，这意味着拥有一处房产会变得很昂贵。

但对于大多数房地产业主和投资者来说，这些税收减免实际上是可以叠加的，最终可以通过减少你的纳税额，使房地产经营更为容易。

除了这些好处之外，即使你的租赁财产会升值，也可以扣除折旧费，这允许你在很长一段时间内扣除为建筑（而非土地）支付的一定比例的"磨损"费用。标准的住宅扣除额是27.5年，你可以把建筑的价值（比如20万美元）除以27.5，得到7772美元，然后乘以边际税率（比如25%），等于1818美元，即你每年可以从折旧税中扣除的部分。查看国税局527号出版物了解更多信息。

房地产投资的另一个好处是，它是有形资产，可以用房产贷款。如果想再融资或从房产中拿出一些股权来投资市场或购买更合适的债券，你可以获得更多的现金。现金再融资的一个最大的好处是你可以免税取出资金！这是一种神奇的方法，可以从升值的房产中提取现金，而无须出售房产。

然后，如果你想赚更多的钱，可以再融资该房产以抵消部分升值，并用现金购买第二套房产。然后你可以再次购买第三、第四或第五套房产，并很快建立一个数百万美元的房地产投资组合。

如何以尽可能少的首付购买一套房产

为了购买第一套房产，你需要：存足够的钱作为抵押贷款的首付；有资格获得抵押贷款。抵押贷款是指银行或贷款人借钱给你买房子。正如你已经知道的，用别人的钱来增加你的净资产是房地产投资的最大优势之一，虽然从银行或放贷人那里获得一笔大额贷款令人心生恐惧，但抵押贷款实际上可能是一笔"积极的债务"，因为你正利用它们购买一种能产生现金流和增加价值的房产。你也可以用抵押贷款购买价值被低估的房子，这样可以立即获得比你所支付的更多的股权。如果有良好的信用，也不需要投入大量的钱，你可能只需要支付1%到5%的首付。

有两种常见的抵押贷款：（1）固定利率抵押贷款（FRM），其利率在整个贷款期限内保持不变；（2）可调利率抵押贷款（ARM），其利率在一定时期后根据市场因素增加或减少。利率和你能从贷款人那里得到的抵押贷款类型很大程度上取决于你的信用评分。你的信用评分越高，利率就越低。利率根据多种因素上下浮动，且可能因贷款人而异，因此必须从多个贷款人处获得抵押贷款利率报价。当我第一次通过抵押贷款购买时，利率变化超过了2%，这意味着在贷款期间要支付数十万美元的额外利息。

你应该多方寻找能得到的最佳抵押贷款利率，我建议至少从5个（或者更多的）贷款人那里获得报价。但是，在获得多个抵押贷款报价时，你必须小心，因为一堆贷款机构打印并查看你的信用评分实际上会降低你的信用评分，并进一步让你错失掉最好的利率机会，甚至是贷款购买的能力。作为第一步，在选择哪些贷款机构打印并查看你的信用评分之前，我建议你主动告诉贷款机构你的信用评分，而不给他们你的社会安全号码，并询问估计的抵押贷款利率。他们可以在他们的系统中查询，并尽可能给你一个精确的利率范围，当你找到两个或三个报价最低的人时，可以采取下一步骤，获得正式报价。这听起来像是有很多工作，但实际只需要几个小时，而且即使减少一点抵押贷款利率也是值得的，这几个小时可以节省数万美元的贷款利息。

固定利率抵押贷款通常在15年和30年的时间范围内。时间越长，你每月的还款额就越低，但支付的利息也越多。30年抵押贷款的利率通常会更高，因为银行贷款给你的时间更长，会承担更多的违约风险。

大多数美国人都有30年期的抵押贷款，在最初的几年里，他们支付了大约80%的利息。如果你能负担得起更高金额的每月还款额，那么可以选择十五年的抵押贷款，因为不管你打算把房子保留几年或更长时间，你都会支付更少的预付利息。在某些市场上，你仍然可以获得15年期的抵押贷款，只需支付3%的首付，因此不需要用大量现金即可获得比30年期抵押贷款更好的贷款利率。

可调利率抵押贷款的风险更大，因为你的利率只固定一段时间（通常是五年），之后根据市场上的当前利率，利率可能会上升或下降。虽然获得可调利率抵押贷款更像是一场赌博，没有办法预测5年后利率会是怎样的，但如果你能得到一个好的利率并计划在 5 年或更短的时间内卖掉你的房子,这将是一个非常明智的决定。这样短期内,你所付的利息要少得多。

不管选择什么类型的抵押贷款,不要被限制。你可以通过同一个或不同的放贷人对贷款进行再融资,以获得更低的利率。如果利率下降,可以减少你所付的利息,或者从 15 年的贷款转为 30 年的贷款,并减少你每月的还款额。

如前所述,再融资的另一个好处是,如果你在房地产中拥有一些股权,并且想继续房地产投资,你可以经常提取现金,然后用这些钱购买另一套房产。然而,因为再融资需要花费资金,只有在你计划在家里生活时,通过支付更少的利息来偿还再融资的费用,再融资才真正有意义。如果你打算在家里住的时间少于 3 年～5 年,再融资可能没有意义,但是如果你打算在家里住或者出租房产 5 年以上时持有抵押贷款,这可以帮助你节省很多利息。如果你正在考虑再融资,请你的潜在贷款人做一个盈亏平衡计算作为参考,以评估它是否值得。

你可以负担多少套房产?

拥有房产的成本可以随着时间叠加,希望你不会被吓到。一个普遍的建议是,你每月的抵押贷款加上税收和其他任何估价,不应该超过你每月到手工资的 40%。虽然我是一个积极的投资者,但我认为 40% 的比例太高了,比较保险的是 30% 或更少。

你不想成为一个所谓的拥有房子的"穷人",即当你的大部分工资都花在了抵押贷款上,却没有剩余的钱来投资或负担你的生活开支,不管你多么爱这个家,把你所有的钱都投进去是不值得的。如果这样做,你将面临巨大的风险,这不仅会让你损失很多钱,还会让你的家庭付出代价。

你还应该确保有一份稳定的工作和/或其他方式来获得稳定的收入(除了计划从房产上赚取的任何租金收入)。这样做的方法是购买一套在你经济范围内的房子,而不是你的银行或贷款机构承诺你能买得起的房子。在大多数情况下,如果有一个不错的信用评分，你将被批准获得一笔比你应该获得的更大金额的抵押贷款。银行想尽可能多地借钱给你，这样他们就可以尽可能多地赚取债务利息，但从长远来看这对你没有帮助，不要中了银行的套路！如果抵押贷款的支付额低于你月收入的 30%，你就可以用抵押贷款购买房产。

此外，还要记住购买房产和持续拥有房产所涉及的其他成本。除了你需要缴纳给银行的抵押贷款，还包括物业税（如果住在一个昂贵的地区，这会增加你每月的账单金额）和估价（由公寓和社区协会收取以支付共同费用）。成本会叠加，所以很重要的一点是要非常清楚地知道你每月需要支付的所有与房产相关的费用。下面表 11-1 是在芝加哥购买 30 万美元公寓的成本明细示例。

不管有多高的工资，有些城市或地方你都负担不起，所以要么拥有特别多的钱，要么具有创造力。例如，可以在你的房产上支付一个很低的首付（1% 到 5%），或通过出租房间让室友帮忙负担部分/全部来偿还抵押贷款。在纽约、西雅图、旧金山、洛杉矶、华盛顿等城市，购买房产是非常昂贵的。但是一旦你赚了更多的钱，或者能让你的朋友聚在一起买一处房产，或者从父母那里得到一些钱，那么投资房地产将是不错的选择，它往往可以很快升值。

如果发现你的目标房产在不断增长的房地产市场上价值巨大，但你没有足够的现金，或者你可以获得低于 4% 或 5% 的抵押贷款利率，并相信投资可以获得更高的回报，那你就不需要在房子上支付 20% 的首付。一个普遍的错误观念是你需要支付 20% 的首付，但很明显你肯定不会这样做，因为如果等待太久，你可能会错过一个超棒的房地产投资机会。

表 11-1　在芝加哥购买 30 万美元公寓的成本明细　　单元：美元

一次性成本	
产权转移费用	1000
税费	2400
搬家费	3000
总计	6400
经常性成本 / 每月付款	
本金支付	1256

续表

经常性成本 / 每月付款	
利息支付	721
房地产税	420
每月估价（公共区域和社区 / 建筑维护）	600
维护 / 维修	200
总计	3197
年度开支	38 364

斯科特，住在洛杉矶，过去四年，他存了 20% 的首付款。而在这段时间，洛杉矶的房地产价格飙升，他却无法在原来想居住的街区买房子。但如果四年前他在那附近用 3% 的首付买了一套房，他就可以立即进入房地产市场，住在他想要的房子里，并从升值中获益。根据我所看到的数据，他所看到的任何一处房产的增值都是巨大的，那时候可能很容易上升到 40 万～50 万美元。而现在，他不仅还在租房，还失去了买房子赚大钱的机会，完全被排除在房地产市场之外了，这一切都是因为他当初努力想存够 20% 的首付款。

请注意，你只能在被视为主要居所的房屋上支付低于 20% 的首付款，任何你不住的投资性房产都可能需要 20%～25% 的首付。对于主要居所，如果能获得低于 5% 的抵押贷款利率，你最好把通常用来支付首付的现金（即使有足够的资金）投资在股票上，然后用银行的钱购买升值的房产。如果抵押贷款利率高于 5%，你最好在首付时尽量将其减少到 20%。但不管怎样，如果你身上缺少现金（没有足够的应急基金），或者可能在市场上获得更高的回报，就不要选择付 20% 的首付。此外，千万不要用超过 30% 的净资产作为房产的首付款。

如果首付款低于 20% 时，你必须支付一种叫作私人抵押贷款保险（PMI）的东西，一旦你拖欠抵押贷款，银行的投资也不会受到损失。对于 30 万美元以下的贷款，PMI 通常为每月 75 美元～150 美元，但它会根据贷款规模、信用评分和首付金额而波动。

但是，只要你能负担得起，PMI 就没什么大不了的，值得你以低于 20% 的首付款购买房产。你可以通过拥有至少 20% 的财产所有权（基于评估）来摆脱

PMI，通过以下四种不同的方式实现：

（1）房产可以增值，使你目前的投资价值占总价值的 20%。

（2）对该房产进行维修或升级，增加其价值，使你现在拥有 20% 的股权。

（3）再融资以获得一个新的抵押贷款和得到一份显示你拥有 20% 股权的评估报告。

（4）更快地还清抵押贷款，直到拥有 20%。这取决你的个人资金状况且可能需要几年时间，但如果你能用不到 20% 的资金支付首付款，进入房地产市场和/或从其他地方获得更高的投资回报，那么每个月多付一点钱可能是值得的。

如果第一次购房，你一定要去你所在的城市或县城看看是否有任何对于第一次购房的信用计划。例如，芝加哥为首次购房的人提供了多个项目，其中一个项目的首付比例是 2%。不要浪费你的金钱，始终查看是否有可以利用的方面。

在芝加哥购买第一套房产时，我的首付比例下降了 5%，因为我得到了小额的第一次购房补助金。如果我一直等到存够 20% 的首付款，那至少要花一年时间，我不仅会错过想要的那套房产，市场的价格也会高出 20% 左右。这种类型的快速升值可能是罕见的，但它往往是有意义的，降低首付，迅速进入市场，并使用任何额外的现金。否则，就把你的首付款投资在比你的抵押贷款利率（如股票市场）有更高回报的东西上。

过去五年，我的房产升值了 25 万美元，如果等到存够了 20% 的首付，我可能会错过数十万美元的潜在收益。我知道房产会升值得如此快吗？不知道。在很多方面，我很幸运，但我的确知道芝加哥的房地产市场在下跌，这是一个好的商机。我是在仲冬季节购买的房产，当时芝加哥的房价通常较低（谁想在芝加哥的冬天去买房呢？），而且我买的房子很特别是在一座古老的印刷大楼（一座国家历史地标）里的阁楼，那儿的氛围很好。

如果你得到一个好的按揭利率和良好的条件，那么用银行的钱购买和持有房产很容易。例如，我有一套 15 年期固定抵押贷款，其利率为 2.625%，这真的很低，我可以得到更高的回报，把用来偿还抵押贷款的现金投入股市。由于股市在过去一年里一直处于猛涨状态，这笔钱已经获得了 23% 的回报。我的抵押贷款利率很低，打算把多余的现金用于投资，而不是提前还清抵押贷款。然而，如果我真的决定退休，只靠投资收入生活，我很可能会完全付清抵押贷款。

再强调一次，这归根结底就是做出正确的决定。其中一个可能的原因是，抵押贷款利率一直处于历史低点，在过去的 8 年里，股市已经完全压垮了它。早在 20 世纪 80 年代，当抵押贷款利率为 10%～12% 时，尽快偿还抵押贷款可能更有意义，因为其他投资不太可能回报那么多。

房地产投资的两种方式

投资房地产有两种主要方式：你可以买卖（又称快速转手）房产，或者长期购买和持有它们。让我们看看这两种策略如何帮助你以不同的方式达到目标。

购买和转手房产意味着，你首先要买一处房产，然后在几年内（甚至几周内）把它卖掉。有时房子需要维修，有时不需要，但策略是寻找高于你支付价值的房屋，或者通过一些维修可以获得更多价值的房屋。快速转手房产可以被发展为一个不错的副业，几乎在任何城市或城镇都有这样的交易，在一些城市这种交易有难度，因为有很多同行在随时关注市场，准备出手。所以一旦发现不错的房屋，你就要随时准备购买。

购买和快速转手房产可以帮助你赚一些额外的钱，然后你可以用这些钱来购买更多的房产或增加股票投资。正如你已经了解到的，由于 1031 交易，你可以通过它们购买新的房产来免税地滚动你的利润，这样资金不断发展、积累，某一天你就可以买到你梦想中的房子。你也可以选择购买多单元房产或公寓楼，然后选择持有或出租。

就像长期购买和持有股票一样，购买并持有房产是一种比转手更有效的策略，以帮助你更快地实现财富独立，你可以建立一个投资组合，通过租金收入产生每月稳定的现金流，用来支付你的抵押贷款债务和每月开支，同时，随着时间的推移，资产也会增值。股票是没办法做到这一点的。你还可以扣除大部分利息和拥有租赁房产的许多费用，使升级、维修和管理费用等诸多事项都可以免税。

要尽快达到目标投资数字，现金流比升值更重要（因为每月的租金收入可以支付你每月的生活费用，让你可以在100%投资增长的同时正常生活）。此外，现金流比升值更可靠，因为要么房客付房租，要么你把他们赶出去，但升值是基于许多因素的，比如你不能真正控制的供求关系。

根据目标投资数字和每月支出，你可能不需要拥有很多房产就可以从租金中获得足够的现金流来支付每月的开支。假设你每年需要6万美元，也就是每月5000美元。为了确定每月的租金收入目标，你希望在预期的每月支出中至少增加25%，以计算管理租赁（如维修）所需的费用和管理公司（如使用）的成本。为了满足每月的开支，你每月需要足够的房产来产生 $5000 \times 1.25 = 6250$（美元）的租金收入。

这可能是一处房产每月产生6250美元的收益，也可能是5处房产每月平均每个产生1250美元的收益，你也可以提高房屋租金来实现这一点。在大多数美国市场，租金通常每年上涨3%到5%，但如果附近地区有需求，租金可能会上涨得更多。

表11-2的例子详细说明了在10年内购买五处房产是如何每月产生6250美元现金流的，以及如何通过房产升值增加你的净资产的。

这个例子中，你已经在过去的10年里购买了五处房产，所有房产的租金收入都在增加，每月的现金流也在增加。

表 11-2　五处房产投资组合每月产生 6250 美元现金流的例子　　　单位：美元

年	房产	债务/抵押贷款	每月的债务、税收和估价付款	租金收入	月现金流	房产价值	股权/所有权
1	1	200 000	2000	2000	0	250 000	50 000
2	1	190 000	2000	2100	100	260 000	70 000
3	2	380 000	3500	4200	700	475 000	95 000
4	2	365 000	3500	4500	1000	500 000	135 000
5	3	565 000	5600	7000	1400	700 000	200 000
6	4	780 000	8400	10 400	2000	1 100 000	320 000
7	5	980 000	10 100	12 900	2800	1 450 000	470 000
8	5	940 000	10 400	13 700	3300	1 480 000	540 000
9	5	880 000	11 400	16 700	5300	1 520 000	640 000
10	5	840 000	12 100	18 350	6250	1 550 000	710 000

此外，随着房产价值的增加和总债务的减少，你的股权/所有权也会增加。这只需要10年时间。如果你继续持有房产，租金收入和股权/所有权将继续增长。如果你决定在未来变现，可以出售房产，并在股权/所有权增值时变现。但一个更好的长期策略是保留你的房产，让租金收入和资产永远增长。

在这个例子中，如果你可以购买超过五处房产或者购买价值更高的房产，就可以达到每月的现金流目标，从而更快地实现财富独立。虽然五处房产听起来很多，但大多数人可以轻松地将五处房产作为一个每周不到5个小时的兼职来管理，或者你可以很容易找到一家好的管理公司和一个信任的人来外包这些工作。房地产投资是可发展的，会给你很大的灵活性，可以根据你想赚多少钱和想花多少时间来管理这些资产，或者随意购买你想要的房产。虽然有很多房地产投资者最终把他们的房地产投资变成了全职工作，但你可以根据自己想要的生活方式，定制自己的投资策略。

如果不想投入时间，你可以很容易找到一家管理公司，该公司将收取每月租金的7%～10%来管理物业（包括寻找租户、安排维修等）。有了一家好的管理公司，你甚至可以在房产之外的另一个城市生活，许多房地产投资者都这样做。你甚至可以住在巴厘岛（生活成本相对较低），并且很容易从你在美国的房产中获得被动收入。

正如你所了解的，没有人能预测股票市场或房地产市场。任何一个告诉你可以进行市场预测的人都是在吹嘘，但就像股票一样，你可以购买价值更高、升值机会更大的房产。例如，大学附近的房产是很好的投资，因为学生需要住的地方。同样，独特的或历史悠久的房产在理想的地区或热门度假目的地也具有很大吸引力。一般来说，房地产越受欢迎，其价值上升的幅度就越大，至少在市场疲软时能够保持价值不变。

第一次购房是你一生中最重要的投资决策之一，多花一点额外的时间以合适的价格找到合适的房产，你可以在租金和房产价值上升时迅速赚很多钱。无论住在城市还是乡村，总会找到很多这方面的交易。一开始，房地产投资似乎令人望而生畏，但和股票投资一样，并没有那么复杂，你应该只投资于你能理解的东西，并且只承担你能承受范围内的风险，通过关注网上的价格和目标社区的房产来获得市场知识，或者把它外包出去，和一个了解社区和随时在寻找最佳交易的房地产经纪人合作，你对市场和周边地区了解得越多，你就越有可能成为投资者。

获得更多的经验后，就可以开始扩大你的规模，购买两套和三套家庭住宅，甚至整栋公寓。虽然我们在本章节中并不会深入探讨如何购买整栋公寓楼，但其实这并没有你想象中那么疯狂，反而比你想象的容易得多。在芝加哥，六个单元的公寓楼（公寓已经出租）售价约100万美元，你可以用15%～30%的首付购买。请注意，任何超过四个单元的建筑都被视为商业建筑，需要商业地产贷款，但只要租金收入能支付抵押贷款，你就能维持收支平衡，并拥有增值资产。

通过吸引投资者扩大房地产投资

扩大房地产业务最快的方法之一就是与伙伴合作，这些人是其他的房地产投资者，他们将投资于你和你的房产，与房地产投资者合作有三大优势：

第一，你通常能够在银行之外获得更优惠的贷款条件。

第二，一个有经验的房地产投资者会教会你很多知识且能够助你更好地应对市场的变化。如果你一直投资房地产，市场的变化会改变你投资房地产的方式。如果你的房产就市场水平来说增值很大，那你就需要寻找其他更便宜的房子住，把这套贵的房子用于租赁。

第三，经验丰富的房地产投资者拥有一支优秀的团队，可以获得更好的资源，如修理工、检查员、物业经理、律师和其他人，帮助你进行房地产投资。如果他们在你身上投资，将资源用于你身上，就可以保护和获得最佳的投资回报。

虽然你不能用房地产投资来预测或控制房地产增值，但可以控制你的成本和现金流。与经验丰富的房地产伙伴合作，可以更轻松地完成这两项工作，更快地发展业务。如果你决定找一个房地产投资伙伴，就一定要找一个在房地产投资时间更长、拥有比你更多房产的人，试着和最有经验的投资者合作。但要想与这样的投资者合作，你需要有一个成功投资房地产的可靠记录，这些房地产正在升值并产生越来越多的现金流。

希望你确信购买第一（或第二）套房地产，然后开始赚钱并继续投资于房地产会是一个不错的选择。正如一位明智的投资者曾经说过："你在购买房产时赚钱，而不是在出售房产时赚钱。"你希望你能找到最好的房地产交易，如下是九条帮助你找到投资房地产最佳机会的建议。

（1）制定房地产投资标准。设定投资标准将有助于你集中精力成为特定房地产类型和某些社区的专家，更容易发现交易。哪种类型的房地产？在哪个社区？大多数成功的投资者坚持自己的投资范围，只投资于他们所了解的，可以是工作室、独户住宅、公寓楼、移动住宅、商业地产，甚至是停车场，如果你有一个利基市场并坚持在了解的范围内操作会容易得多。

（2）设定预算，获得按揭或贷款的预先批准。我建议你在开始购买房产之前先获得抵押贷款的预先批准，这样你就知道能有多少资金可用于消费了。另外，向房地产经纪人透露你预先批准的信号，即你对于购买房产是非常热爱并认真的，一旦你发现不错的房产交易，会随时准备购买。获得预先批准很简单，只需向贷款机构提交一些文件，贷款机构会批准你支付一定数额的资金。从至少四个不同的贷款人那里得到报价，这样你就能找到最低的抵押贷款利率。

（3）寻找能立即产生正现金流、具有高租金和升值潜力的房产。你应该只购买能立即产生正现金流的投资性房产（这意味着承租人的租金足够高，至少足以支付该房产的抵押贷款、税收和预期费用）。如果你购买了一个投资性房产后马上就亏钱了，购买便没有任何意义。

房地产投资者用来寻找能立即产生正现金流房产的一个普遍策略是所谓的1%规则，但并不适用于所有市场（尤其是昂贵的市场）。你要找的房产预计每月租金至少是房产销售价格的1%。例如，如果某处房产的售价为20万美元，那你必须每月从该房产获得2000美元的租金才满足1%的规则。如果得不到那么多，那么租金收入很可能不足以支付按揭贷款和必要的开支，这通常不到1%。要想知道你能从房产上获得多少租金，上网看看附近相似房屋的租金价格。

如果想更保守些，可以选择2%的比例，通常1%～2%之间是个不错的开始。你应该通过你的房屋租赁，产生足够的租金收益，至少其租金收益能产生支付抵押贷款所需的现金，再加上10%～20%的额外费用，如果这套公寓几个月都没有人入住，还可以提供额外的资金缓冲空间。

寻找一个靠近便利设施、城市中心或大学的社区，这里的房产将有更大的增值机会。寻找转型期的或是有许多老年卖家的社区，且该社区是为年轻买家和家庭而设立的。随时注意那些喜欢聚集在炫酷社区以及独特房产里的艺术家、嘻哈音乐人和学生，这些地方在未来5年内升值空间最大，很多地方的周期是可以预测的。购买其他人想在5年内居住的房产，或者如果你有足够的资金，购买那些需求可能会不断增加的社区，比如纽约的曼哈顿，洛杉矶的威尼斯，或者旧金山的北滩。

（4）找一个为你辛勤工作的出色的房地产经纪人。一个伟大的房地产经纪人是一种宝贵的资产。他们了解市场，了解你的标准，当他们发现交易时就会知道是否是好机会。虽然有很多房地产经纪人，但根据我的经验，很少有优秀的经纪人。一个伟大的经纪人更多的是从你的目的和利益出发，而不仅仅是他们自己的。找一个伟大的房地产经纪人就像找一个伟大的医生，很难找到你喜欢的并且真正关心你利益的人。首先在Zillow等网站上查看房地产经纪人的评论，针对一些你可能中意的人安排一些会面，大多数房地产经纪人都渴望与潜在买家见面，准备一份问题清单，让他们告诉你最近他们为客户代理的两到三宗房地产投资交易，具体询问他们代理的投资交易，以及过去客户的投资做得如何，而不仅仅是销售。

（5）反其道而行，选择交易的最佳时期。大多数的房子都是在春季买卖的，但这却是房价最高的时候。找到一个好交易的方法之一是在别人不会去寻找交易时，反其道而行。例如，在一个冬季很冷的城市去寻找交易。10月至12月购买的房屋比一年中任何其他时间购买的房屋增值更多，竞争较少，这使得销售价格相对较低。此外，当人们在一年中不太理想的时间出售房产时，他们可能更急于出售，因此更有可能给你一个比较优惠的价格。另一个购买的好时机是在年底，那时人们和银行都更有兴趣将房子从他们的账上售出。

（6）寻找法拍房以及短售屋。法拍房是指业主无力偿还抵押贷款的房产，银行强行收回后，将其拍卖的房屋。如果你有耐心的话，可以找到很好的法拍房交易，但也要记住，一些法拍房可能不太理想。如果一处房产超便宜，就有理由这样做，在进行房屋投资前，需要进行全面的检查。短售屋是指贷方（通常是银行）为了减少账面上的损失而卖掉他们拥有的房产。银行拥有房产，一处房产交易的最终完成可能会花很长一段时间，但这一切都是值得的。你可以在Zillow或Trulia等网站上或通过房地产经纪人找到法拍房以及短售屋，但你需要随时准备行动，因为一个好的交易往往一不小心就会被别人抢先。

（7）对社区进行测试。对社区进行测试的一个简单方法是在Airbnb或

VRBO等房屋共享网站上租用社区的公寓或房屋,看看这些社区在周末/晚上是怎么样的?走路办事是否方便?简单几次对于社区的评估还不够,不会帮助你解决这些问题。无论你是购买主要住宅还是用于租赁的房产,都应该对想买的社区进行测试。如果你喜欢住在那里,其他人也会。试着带一个朋友、家庭成员或伴侣与你一起进行测试、感受,然后咨询他们每一次的不同意见。

(8)找一个有经验的房屋检查专家。不管一个房子看起来多么划算,它总会有一些问题,而卖家并不想让你知道这些问题所在,这就是为什么对于你想购买的任何房产进行检查都至关重要。并非所有的房屋检查专家都是称职的,实际上任何人都可以在没有任何证书的情况下将自己标榜为房屋检查专家,在寻找房屋检查专家时,除了做简单的谷歌搜索外,你还应该做更多详尽的调查。

找一个长期从事此项工作的房屋检查专家,要求查看他们最近进行检查的报告样本。不是所有的房屋检查专家都会在你买房子之前检查所有应该检查的东西。例如,许多所谓的专家通常不会寻找房屋漏洞,但他们应该这样做。还要确保你在他们做检查时,同他们在一起并有权利让他们明确指出问题所在,尽可能多地问问题,因为你肯定不想在购买房子之前,由于没有仔细检查,导致购买之后发现了房屋的问题,这需要耗费你昂贵的维修费。

你甚至应该视实际房屋情况来决定报价,如果有不喜欢的方面,你就可以有意放弃购买,或者至少准备好根据需要解决的任何问题降低报价,许多卖家愿意谈判,特别是当你发现房屋需要做很多修理工作的时候。

(9)随时准备放弃交易。坏的房地产交易比好的多,就像买卖股票一样,你需要控制自己的情绪。大多数人在购买房地产时会情绪激动,但你需要寻找最好的投资性房产,如果不符合你的标准,也要随时准备放弃交易,比如说:这套房子是否太贵了?房子是否需要很多维修工作?一笔交易只有当你签字后才能成交,如果你觉得放弃才是最好的选择,不要畏惧。

与任何类型的投资一样,房地产投资其实也有风险。如果你遵循这些原则,支付你能负担的首付,并使用房屋租赁来降低拥有房屋的成本,你可以将风险降到最低。无论你想建立多大规模的房地产投资组合，都会为你创造很大的灵活性，帮助你赚更多的钱以及加快实现财富自由的脚步。

要点总结

1.投资房地产不只是使投资组合和风险多样化的一种特殊方式，在很多方面，是比股票升值更快的投资。

2.投资股票时，投资组合的增长只与你投资的钱和复合收益成比例。拥有房产，你的投资会随着房产价值的增长而增长，你不必预先把所有的钱存起来，可以使你的钱增长得更快。

3.为了购买第一套房产，你需要：A.存足够的首付，B.有资格获得抵押贷款。

4.建议你每月的抵押贷款加上税收和任何其他估价不应该超过你每月到手工资的40%。尽管我是一个积极的投资者，我仍然认为40%的比例太高了，比较保险的比例是30%或更少。

5.投资房地产有两种主要方式：买卖（快速转手）房产和长期持有它们。

6.扩大自己房地产业务的最快方法之一就是与伙伴合作。

7.九个帮你找到最佳投资房地产机会的建议：

（1）制定房地产投资标准。

（2）设定预算，并获得按揭或贷款的预先批准。

（3）寻找能立即产生正现金流、具有高租金和升值潜力的房产。

（4）找一个为你辛勤工作的出色的房地产经纪人。

（5）反其道而行，选择寻找交易的最佳时期。

（6）寻找法拍房以及短售屋。

（7）对社区进行测试。

（8）找一个有经验的房屋检查专家。

（9）随时准备放弃交易。

THREE

第三部分
除了钱,我们需要关心的还有很多

第十二章

关注眼前远远不够

如何利用你的投资度过余生

快进几年，想象一下你正处在提前退休的边缘，这意味着你很快就可以选择是否需要工作了。到目前为止，你已经掌握了本书以及更多的内容，你的财务状况也很不错。过去四年，你一直努力把收入的50%或更多存起来并明智地投资。根据你的计算，如果股市在未来三年内没有下跌两位数，你将有可能在五年或更短的时间内退休。

临近提前退休时，你能更好地处理每月开支，到目前为止，努力优化这些开支，你就有足够的钱来满足需要，使用优化的支出预测来更新你的投资目标数字，并且将按计划实现这一目标。在这一点上，你将开始制定投资退出策略，并认真规划三件事：

（1）你的现金流策略、使用任何收入流、投资提取和现金。
（2）如何确保余生都能依靠你的投资生活。
（3）你下一步要做什么，想做什么。

投资退出策略的首要目标是：你的钱能伴随一生。如果你最终犯了错误，需要重新开始工作，相比75岁，这在你45岁的时候更容易做到。就像计算目标投资数字一样，用你的投资度过余生绝不是一门精确的科学，你的策略也会随着时间的推移而发展，但是有很多原则和策略可以显著提升资金支撑你余生的概率，关键是尽可能靠近你的目标。这不是计算一次就可完成的事情。记住，你应该每季度（每年四次）重新计算你的目标投资数字，并将其作为日常工作的一部分（这只需要5分钟）。

现在就开始计划你的投资退出策略，这样你就可以减少任何因提前提款所带来的罚款（在 59.5 岁之前从你的税收优惠账户中提款）和税收对你的应纳税账户的影响，知道如何在将来以最好的方式提款无疑会使你成为一个更好的投资者。

我虽然还没有退休，但在过去的几年里，一直在计划如何才能退休。以下是目前使用的最佳投资退出策略，随着你临近提前退休或需要靠投资生活，有必要花些时间研究新的提前退休以及投资退出策略，这些策略可能随着税法的变化以及金融独立团体发现的漏洞（如果有新的漏洞将被发现！）而变化。本章绝不是旨在说明一个确定的提前退休和投资退出战略，只是为了向你介绍一个框架，当你将来依靠投资收入生活时，需要根据自己的需要进行定制。

制定现金流战略并调整资产配置

当越来越临近退休时，你会开始计划如何支付每月开支，你的策略应该很大程度上取决于需要多少钱，是否需要立即开始收回投资，或者是否有可靠的收入流，比如租金收入。如果需要从投资中提取资金来支付你的开支，你可能会把投资转移到更保守的股票/债券分配上，这样就可以依靠债券或其他类型的固定收益资产。

提前退休人员的普遍资产配置是 60% 的股票加 40% 的债券或 40% 的股票加 60% 的债券。这两种配置方式都允许你参与股票市场的长期增长，但你同时可以从债券中提取固定收益，并以此为生。如果你以固定收益资产为生，可以通过更为保守的配置让股票投资保持增长和复利，尽管也有一些提前退休人员提取了投资组合中不足 3% 至 4% 的资金用于支付每月开支，但为了最大限度发挥股票的长期增长潜力，他们将所有资金投资于股票上，这一切取决于你的选择，你愿意承担何种水平的风险，你是否愿意靠固定的有保障的收入生活。债券投资一个很好的方面是，你清楚你的债券投资每年将如何增长，收入是有保证的。

尽可能地靠副业或被动收入生活

如果可能的话，在提取投资收益之前，用你从房地产租赁收入、副业收入或被动收入来源中赚的钱支付你每月的开支。

虽然我们在计算你的目标投资数字时考虑了这一点，但依旧值得重新考虑，因为任何收入都会减少你从投资中提取的资金。例如，如果你每月多赚 2000 美元的租金收入，并且需要 5000 美元来支付生活开支，那么每月 2000 美元的相对被动收入将使你从投资中提取的金额减少到 3000 美元，即减少 40%。由于每月租金收入为 2000 美元，你可以在投资账户中每年多留下 24 000 美元，以保持其继续增长。如果能凭借副业收入支付你每月的开支，你余生就可以依靠这些收入生活，而不必去动投资，这很容易成为在你全职工作之外建立收入来源的最大好处之一。

根据你的投资业绩和股市表现调整你的提款比例

正如在本书中早些时候所了解到的，如果你至少投资了 25 到 30 倍的预期年度支出，那么根据现有的研究，3% 到 4% 的安全提款率（根据通货膨胀率进行年度调整后）将显著增加资金在你余生中持续的时间。现在，值得一提的是"安全的提款率"。这在早期退休圈内引起了一场激烈的争论，当临近要退休的时候，有必要多读一些。当你准备好用投资度过余生时，可能会有新的研究和投资退出建议，但基于我所回顾的所有研究，对于保留你的本金以及确保未来的增长，3% 到 4% 的范围是一个比较保守的估计。

不管怎样，你应该计划拿出你赖以生存的最少的钱，并尽可能多地投资和获利。由于所谓的回报风险序列，你退休前五到十年的投资表现会影响你资金可能持续的时间。例如，如果你在股市下跌 30% 之前退休，而你所有的投资都是在股票上，那么退休时，你的总资金也会损失 30%，这可能少于你的目标投资数字，所以目标是让你的投资本金完好无损地度过头5年～10年。

如果你退休后的头几年股市下跌了许多，你极有可能在未来十年内挽回损失，研究表明，即使在历史上最糟糕的股市下跌之后，3%到4%（基于通货膨胀调整后）的正确资产配置的提款率也会在绝大多数情况下产生一个成功的结果（金钱足以支撑你的余生）。

如果股市在过去的一年里大幅下跌，那么推迟一两年退休或者增加副业收入来抵消你需要提取的资金也是值得的。然而，你总是希望从投资中提取尽可能少的资金以保持尽可能多的复合增长，即使股市一年上涨23%，你也应该坚持减少提取投资，以保持其继续复合增长。

你也可以通过正确的退出策略来最小化回报风险序列，这可能包括将一些投资转移到固定收益（债券）中，你就可以依靠其收益负担你退休后头五到十年的生活，而把剩下的钱留在股票中继续增长，这样就可以保证收入不受股市表现的影响。

你应该设法靠现金和固定收益投资为生，并只用你的股票市场提款作为补充，这样一来，无论是经济低迷时期还是在经济繁荣时期，你都能保持股票市场上资金的最大增长。股市下跌时，你靠固定收入和现金生活；股市上涨时，如果你需要更多的钱，可以靠股票回报生活。

3%～4%的提款率是一种极为保守的提款策略，只要在退休后的头5年～10年内采用合理的提款策略，那么在接下来的几年里，你的投资组合规模可以轻松地翻两倍、三倍、四倍的增长，只要你想，你就可以轻松地增加生活开支和进行更多的消费。例如，如果你的预期年支出是5万美元，你退休前投资了125万美元，并且打算以3%到4%的提款为生，那么你的投资组合在未来30多年内可能会实际增长到500万美元或更多，这使你有可能随着钱的增长而提取超过5万美元的现金，并随着年龄的增长开始更多的消费。毕竟，500万美元的4%是20万美元！但是，既然希望你的钱能伴随一生，那就只提取你需要的金额。

先从应纳税账户中提取

虽然根据个人财务状况以及现行税法,这可能会有所不同,但如果你需要在59.5岁之前从投资收益中获利,那么最好按以下顺序从你的账户中提款。首先,从没有提前取款处罚的账户中提取,另外,你应该只提取你投资收益的一部分,而不是本金,因为需要保持你的收益和原始投资的增长。

从应纳税账户中提取的三大好处:一是没有提前提取罚款,你可以随时提取资金;二是只对你的投资收益纳税;三是你持有至少一年的投资收益是按资本收益税率纳税,该税率明显低于正常所得税率。首先从你的应纳税账户中提取收益会让税收优惠账户中的资金不断增长,这最终会带给你更多的税收优惠。

如果你结婚了,你和配偶可以从免税账户中提取所有的钱,最多77 200美元!即使你提取超过77 200美元,对于一对已婚并联合申报的夫妇,你只需按15%的资本收益率纳税,最高可达479 000美元。许多早期退休人员的年费低于77 200美元,他们用0%的资本收益率,所以不需要纳税(如表12-1)。

对于你的应纳税账户,有一项需要注意,即如果为了替代从投资中提取基本的开支费用,你专门建立了一个投资组合以产生持续的股票股息收入。如果已经建立了一个完全覆盖每月开支的股息投资组合,那么你就可以很容易保持投资组合的完整性,并永远生活下去!

在完全耗尽应纳税账户的收益后,你可以提取应纳税账户的本金,最后才开始提取税收优惠账户中的资金收益。在提取完应纳税投资后,你可以使用以下提取策略从你的税收优惠账户中进行提取。

表12-1 美国联邦税率和长期资本收益(2018年)　　　　单位:美元

税级	单一纳税人	夫妻联合申报	户主
10%	0~9525	0~19 050	0~13 600
12%	9526~38 700	19 051~77 400	13 600~51 800
22%	38 701~82 500	77 401~165 000	51 800~82 500
24%	82 501~157 500	165 001~315 000	82 500~157 500

续表

税级	单一纳税人	夫妻联合申报	户主
32%	157 501~200 000	315 001~400 000	157 500~200 000
35%	200 000~500 000	400 001~600 000	200 000~500 000
37%	超过 500 000	超过 600 000	超过 500 000
长期资本收益率			
0%	0~38 600	0~77 200	0~51 700
15%	38 600~425 800	77 200~479 000	51 700~452 400
20%	超过 425 800	超过 479 000	超过 452 400

数据来源：美国国税局

税收优惠账户提取策略

这是你应该从税收优惠账户中提取的正确顺序：

（1）传统的401（k）/403（b）计划。

（2）传统的个人退休账户。

（3）健康储蓄账户。

（4）457（b）计划。

（5）罗斯个人退休计划。

（6）罗斯401（k）计划。

不管怎样，你应该从你的罗斯账户中提取最后一笔资金，以使投资收益可以最大限度地免税增长。如果你在59.5岁之前就需要这笔钱，就可以享受罗斯个人退休账户的好处，随时提取投资而无须支付罚款，你可以先提取，然后让你的投资收益继续增长。如果你能坚持在59.5岁之后才提取投资收益，那么你将可以免罚款提取，进而能够最大限度地发挥其显著的税收效益。即使你必须提前提取，这也应该是你最后考虑的方式。

如果你投资了罗斯401（k）计划，那么你应该在提取之前将罗斯401（k）计划转换为罗斯个人退休计划，因为对于罗斯401（k）计划，你必须从投资和收益中提取一定比例的资金，如果提前提取资金，就需要纳税，并且必须接受10%的提前提款罚款。

当你从一个有税收优惠的非罗斯账户中提取资金时，要为你的主要投资以及根据你在提款时的税率所获得的任何收益纳税，因为税种是基于你的收入水平，当你退休时，你的收入越低，在这些提款中支付的税款就越少。

如果你的唯一收入来自投资，并且在扣除后提取的金额少于77 400美元（记住，即使你是一个提前退休的人，仍然可以获得标准的税收减免！）。如果属于夫妻联合申报，那么你从401（k）账户中的提款将按12%的税率纳税。然而，如果再多提取77 401美元，你需要支付22%的税款，如果在59.5岁之前提取资金，除了税款外，你还将受到10%的提前提取罚款，所有这些都会减少你在投资账户中可以用来增长的资金。

然而，有一个方法可以避免10%的税收优惠账户提前提款罚款，但是需要运用得当。

罗斯个人退休账户转换阶梯

让我向你介绍一个最有价值的提前退休投资退出策略：罗斯个人退休账户转换阶梯。具体工作原理如下：由于美国税法中隐藏着某种特殊的魔力，任何从401（k）转换成传统个人退休账户的资金都可以在转换后五年内提取，而无须支付10%的提前提取罚款。①

---

① 如所有税收策略一样，罗斯个人退休账户转换阶梯可能会随着未来税法的更新而改变。所以一定要在将来读到这本书的时候检查它是否仍然是可行的。

这就是罗斯个人退休账户转换阶梯的工作原理：

（1）先把401（k）或403（b）中的钱转换到传统的个人退休账户。

（2）把你的传统个人退休账户转换成罗斯个人退休账户。这儿你需要交税，所以尽可能只转换你需要的金额。当你离退休越来越近时，你会更容易决定你需要提取多少钱来支付生活费用。

（3）5年内，你可以从你的罗斯个人退休账户中免费提取你转换的钱。

之所以称之为阶梯，是因为你每年都会希望将传统个人退休账户的另一部分钱转换到罗斯个人退休账户，以便构建阶梯。在每一步骤中，你都要等5年后才能免税提取现金。一个普遍的策略是在提前退休的头五年里靠你的应税投资生活，在这期间开始建立你的罗斯个人退休账户转换阶梯，这样就可以将需要支付的转换税款降到最低。

当你退休或者需要靠税收优惠资金来生活的时候，在过去的一系列五年里，你已经将传统个人退休账户转换为了年度罗斯个人退休账户，这样你就可以马上开始提取免税和免罚款的资金。

通过将传统个人退休账户转换为罗斯个人退休账户，你将按照所得税水平对之前未纳税的转换金额部分以及转换中包含的投资收益纳税。尽管可以在任何时候设置你的转换阶梯，为了尽量减少税款，你应该在已经退休或收入较低的时候开始设置转换阶梯，这样你就可以尽量减少在转换过程中支付的税款。这就是为什么首先依靠你的应税投资生活是很重要的。

当你在转换那一年纳税时，对于所需要缴纳的转换税你可以推迟。因此，你转换的时间越早，延迟缴纳转换税的时间就越长。例如，你在1月2日进行转换，直到下一个4月（上一年的税款到期时），你才需要为转换支付税款。一定要用你的罗斯个人退休账户之外的钱来支付转换税，这样你就可以留下更多的钱用于投资，并且免税复利，这就是以钱生钱啊！

为了避免10%的提前提款罚款，这听起来像是一项很庞大的工作，但这样做，就好像你的钱有了 10% 的回报，所以是值得的！你不想损失那 10% 的资金，是因为你继续投资的钱越多，它继续复利的时间就越长，你还可以转换任何金额的货币（没有限制）。例如，如果你 2018 年将 10 万美元从传统个人退休账户转换为罗斯个人退休账户，那么 5 年后 2023 年的某一天，你就可以完全免费提取资金，而无须为此缴纳罚款。

虽然这做起来挺容易，但如果你的确需要帮助，可以打电话给持有你投资的公司或聘请专门从事提前退休的税务或财务顾问来帮助你。一些财务顾问甚至不知道罗斯个人退休账户转换阶梯是什么，但也没有关系，重要的是你需要学会正确转换，这样就不会陷入巨额的税单中。这也是最好在退休后，当你的收入和税率都很低时，建立转换阶梯的原因。

尽可能保持低收入，优化税收减免

收入越低，你将支付的投资收益税就越少，如果你的收入低于最低所得税和资本收益税的门槛，甚至不用支付税款。一旦你决定以投资为生，就必须将所有来源的收入限制在你需要的范围内以尽可能降低你的税款。这听起来像是很多工作，但事实并非如此，当确定自己即将实现财富独立时，你可以了解更多关于如何每月加快收回投资的步伐以尽可能降低年度税款。你的开支越低，税负就越低，钱持续的时间就越久，这是尽可能以最少开支生活的另一个好处。

税收减免还可以显著减少（在某些情况下完全消除）你在提取投资时必须缴纳的税款。在本文中，夫妻联合申报的标准税收扣除额为 24 000 美元，你还可以扣除许多其他事项，如子女、合格股票股息、医疗费用、业务费用等。尽可能多地学习税收优化和/或按小时雇用一名了解提前退休策略的会计师，他/她可以让你了解税收优化的细枝末节。虽然税收优化听起来可能很无聊，但你（或你的会计师）在纳税方面做得越好，可以减少的税单金额就越多，你可以继续投资的钱就越多，可增长的资金就越多，资金持续的时间也就越长。与其他货币管理一样，税收优化也会随着时间的推移变得更加容易。

下一步怎么做？

如果真的计划提前退休，你可能会对如何度过余生有一个计划。当然你可能要花些时间来放松，但有某种能力工作对人类来说是健康的。然而，"工作"的定义是完全开放的，可能意味着做一份你喜欢的兼职工作；追求一个激情项目或新的商业冒险；以个人使命或社区服务为目的去从事一些事情；去世界各地旅游；塑形或者任何你一直想做的事。记住，"退休"可以是任何你想要的可能，那就是自由。

有很多关于提前退休人员的故事，他们努力工作，并且有计划性地提前退休，结果却突然陷入无所适从中，"好吧，我现在应该做什么呢？"当你整个工作生涯都是在努力实现这一目标时，一旦达到目标，就需要在某个地方投入精力。无论你的身份是否与职位、薪水和地位有关，你都应该为过渡做好准备。

例如，你的个性，如何赚钱，如何实现财富自由以及是否喜欢你的工作等一系列因素很可能会决定这个转变对你来说是否容易。一旦决定进行这个转变，你可以选择慢慢地适应或者果断选择另一种生活方式，尽你所能做好计划，做你觉得合适的事情，做你一直想做的事情，花时间去发现新事物，让自己成长和改变。我甚至无法想象 5 年、10 年、20 年或 30 年后我会在哪里。

自由是开放的、不确定的。但当你敞开心扉时，生活是无限丰富的。

要点总结

1. 一旦准备好退休，你需要制定正确的投资退出策略，以确保钱能持续尽可能长的时间。

2.计划你的投资退出策略永远不会显得太早。这样你可以将任何提前提款罚款（在59.5岁之前从税收优惠账户中提取款项）和税收对你的应纳税账户的影响降至最低。

3.尽可能长时间地靠副业或被动收入生活。

4.最大限度地减少你的税款。

5.先从你的应纳税账户中进行提款。从税收优惠账户中进行提款的顺序：A.传统的401（k）/403（b）计划；B.传统的个人退休账户；C.健康储蓄账户；D.457（b）；E.罗斯个人退休计划；F.（罗斯）401（k）计划。

6.罗斯转换阶梯：美国税法中任何从401（k）转换到传统个人退休账户的资金都可以在转换后五年内提取，而无须支付10%的提前提款罚款。但请注意，你需要为从传统的个人退休账户转换为罗斯个人退休账户缴纳税款。

7.如果真的计划提前退休，想办法充实你的时间，用足够多的兴趣使生活丰富多彩。理想情况下，即使退休了，你也应该去做一些事情，比如激情项目、深度任务、环球旅行或者你一直想做的事情。自由是开放的、不确定的，但当你敞开心扉时，生活是无限丰富的。

第十三章

未来优化框架

每日、每周、每月、每季度和每年的习惯

在本书中，你学习了能够尽可能多赚钱的思维方式和框架，学会了如何追踪你的净资产，计算你的目标投资数字并将其分解成更小的目标，计算你的储蓄率，关注资金的未来潜力，获得加薪并将全职工作作为跳板，找到并发展有利可图的副业，投资房地产，最小化投资税和费用，最大化投资回报。

虽然每个人都想快速致富，但更现实的是，这本书不会帮助你快速致富，但它会帮助你逐渐变富。对一些人来说，这可能比其他人更困难，但无论你花了5年还是20多年的时间达到投资目标，其实其中蕴含的方法/规则都是一样的：那就是减少开支，赚更多的钱，最小化你的税款以及尽可能多地投资。

正如你在本书中所了解到的，采用企业心态就是要找到一种方法使你在有限的时间内尽可能多地赚钱。当我在2010年开始认真对待金钱，集中精力尽可能快地储蓄了100万美元之后，我就不必在未来40年从事我不喜欢的工作了，几年后，我意识到我有机会在5年内实现它。

虽然已经学会了使财富自由成为可能的策略，但是如果你不付诸实践，它们就毫无价值。在本章中，你将学习未来的优化框架，该框架旨在帮助你使用日常生活中所学到的一切。

以下四个原则是这个框架的基础，将大大增加你在金钱和生活中其他方面成功的机会。

马上开始行动吧

记住，本书是关于最大化你的金钱和时间的策略，尽快开始实践吧，不要浪费时间。今天就做点什么吧。无论是增加你在401（k）账户中的储蓄金额，计划如何获得加薪，开始发展一个副业，还是节省额外的5美元，请立马行动起来。

开始行动比做出完美的决定更重要。现在选择"足够好"比等待完美的时间、完美的工作或完美的想法更重要，不要进行过度分析。虽然在你的朋友、家人中你可能是唯一一个走这条路的人（直到你改变他们！），不要等到你学会了一切才开始行动，你将从实践中学习或向别人学习，需要一直学习。

无论你读了多少书，上了多少课，都绝对不能代替真正的实践。相信我，你得到的经验越多，就越容易根据可预测的结果做出决定，发现可赚钱的机会会变得更容易，投资会变得更容易，接受风险会变得更容易，知道何时去冒险会变得更容易，知道何时说"是"或"否"也会变得更容易。

你也会犯很多错误，正如我一样，关键是不要让这些错误改变你，坚持下去。帮我一个忙：把这本书放下，马上登录你的银行账户，截图看看你目前的银行账户余额，把它打印出来，挂在你的浴室、壁橱里或者其他任何你每天都能看到的地方。然后打开futureme.org，这是一个免费的工具，允许你现在发送一封你可以在将来某个特定时间收到的邮件，给未来1年或5年内后的自己写封电子邮件，回答以下三个问题：

（1）财富自由对你意味着什么？
（2）什么使你快乐？
（3）一年后/五年后你想去哪里？

这正是安妮塔在33岁退休时所做的，她给未来的自己发了封电子邮件以便在财富独立的奋斗中始终保持动力，通过这些写给将来的自己的每一封邮件，她能清楚地知道自己在这段时间成长了多少以及离目标还有多远的距离。记住，5年后的你和今天的你可能大不相同，你的目标、优先事项和梦想也会随着你的改变而改变。

这是你的出发点。一年后你再来回顾过往，会对自己达成的成就感到惊讶。八年前，我完全破产了，对这本书中的知识一无所知，但仅仅一年后，我的储蓄率从 0% 提高到了近 60%，收入从 1% 增加到了 7%，储蓄了超过 10 万美元。

以下是你目前可以做的 10 件事：

（1）将 401（k）缴费率至少提高 1%，甚至尝试 5% 或更多。

（2）如果你没有罗斯个人退休账户，去开通一个。如果有的话，每天投资至少 5 美元。如果没有资格申请罗斯个人退休账户，申请传统的个人退休账户，然后每天投资至少 5 美元。

（3）设置每天或每周至少投资 5 美元的自动存款到你的罗斯个人退休账户或其他账户。

（4）研究你的工作福利，确保有充分利用它们。

（5）分析你当前的市场价值，开始为加薪做准备。

（6）写下五个新的副业想法。

（7）和三个刚认识的有趣的人一起共进午餐或喝一杯咖啡。

（8）如果你在租房子，计算一下买房子是否有意义，然后计算出你需要多少钱。

（9）如果你拥有一套房子，尝试是否可以发展租赁事业。

（10）设置储蓄率跟踪电子表格或开始使用在线工具。

保持专注，学会说不

赚钱从来都不容易，但浪费时间却从来没有这么容易过。我们在网上漫无目的地闲逛几个小时，或者放纵地观看一整个周末的电视节目，人们总是善于浪费时间。但记住时间是你拥有的最宝贵的东西，充分利用它。

不管你在办公桌上花了多少时间，发了多少封邮件，开了多少次会议，工作有多忙，有多努力，做了多少事情，如果没有将时间投入在正确的事情上，你将永远不会完成任何有价值的事情。

如果想在金钱方面（以及生活的其他方面）取得进展，你必须学会对自己说"是"，对其他几乎所有的事情说"不"。当你觉得所从事的事情值得花时间/金钱，那就大胆去做，但如果不是，就要学会说"不"。如果欣然接受生活的一切，它将耗尽你的金钱和时间，世界就是这样运作的。如果不逆流而上，你很有可能会被冲走，学会说"不"是我学到的最困难和最重要的课程之一，我至今还在学习怎么做。

投入更多时间去关注那些能帮助你赚钱的事情，你会变得更有效率。当朋友叫你下班后去喝酒，你知道这时应该花更多时间在副业上，拒绝朋友的邀约会让你离目标更近一步。当伴侣希望你俩在周二晚上依偎在一起观看电视，你因为还没完成当天的事情选择了拒绝，这是明智的，因为从长远来看，这对你俩无疑都有莫大好处。

当然，也不能总是说不（你也不想），但现下花更多的时间来换取将来5到10倍的时间是一个机会，而不是一种牺牲。记住，今天的1美元在20年后可以价值10美元，而今天1个小时的忙碌相当于将来的20到30个小时（或更多）的自由。

保持专注。你很快就能学会区分重要和不重要的事情，并更容易进行权衡。下面有十种方法可以帮助你保持专注，学会说"不"：

（1）看待办事项。有什么事情不是首要任务，也不符合今天的目标，可以往后推一下？

（2）看日历。哪些会议你可以取消？

（3）看日历，每天花至少5分钟研究金钱。建议你将其列为早上起来做的第一件事。

（4）看日历和时间表，找到那些你真正喜欢、让你快乐且与赚钱无关的事情。这不同于心不在焉地在Facebook或Instagram上浪费宝贵的时间，无论是看书、打篮球还是其他，只要喜欢，都安排时间去做。生活总有千万种方式阻碍我们，但我们需要不断坚持所爱、所想。

（5）如果每天收到大量的电子邮件，设置一个只有最亲密的朋友和家人才知道的个人电子邮箱。查看电子邮件是大多数人浪费时间最多的行为。

（6）打开手机飞行模式，断开电脑与Wi-Fi，给自己一段时间集中精力做事。

（7）将会议和电话限制在一周内某个特定的日期和时间。记得在做其他事情之前为自己留出时间，我经常就会一天一夜不接电话。

（8）取消任何会分散你注意力，且不会以其他方式服务你的订阅、课程或委托。

（9）如果有搭档，安排时间一起讨论新目标。这可能需要一些时间，不要着急，把人生目标当作沟通金钱的桥梁。可以在https://financialfreedombook.com/tools上查看理财谈话卡片以指导对话。

（10）若有人要求你做事，判断它是否符合你的个人和职业目标。如果内心无法获得清晰的答案，要勇于说"不"！

坚持是胜利的法宝

本书中的策略不会帮助你一夜暴富，但如果坚持下去，它们会帮助你逐渐变富。这就是坚持如此重要的原因。

成功得益于日常习惯，每天花几分钟时间监控你的财务状况，努力赚更多的钱，提高你的储蓄率，保持优化，你会发现这一切会随着时间逐渐累积、产生复利。如果每天花几分钟时间集中精力在金钱上，你会变得更专注，管理你的金钱会变得更容易。建立一个习惯只需要30天左右，提前努力养成好习惯，你会发现一个好的理财决定不仅会变得更容易，甚至可以变成你的习惯。

平衡你的微观（每日）和宏观（每年和以后）目标。你已经把目标投资数字分解成每日、每周、每月和每年的目标，接下来需要做的是尽最大努力达到每个阶段的目标数字，然后超越它们。如果某一天，你没有执行计划，就在接下来的一天补充起来。

下面是我在追求财富自由时每日、每周、每月、每季度和每年所做的工作计划，这几乎是我用来优化自己资金的精确计划，你可以把它作为一个起点，并根据自己的财富自由目标来定制。为了跟踪进度，你应该同时使用一个在线的净值追踪器和一个手动的电子表格来定期记录。我使用的电子表格模板和净值跟踪器，可从 https://financialfreedombook.com/tools 上下载。

每日（5分钟）

（1）使用净值跟踪应用程序检查净值。

（2）每天至少在一个账户上多投资5美元。

（3）计划今天如何再多赚50美元。

（4）回顾你在过去几天的支出费用以及缘由，支出时有何感受？现在有何感受？从喜欢和不喜欢的东西中学习。

每周（10分钟）

（1）检查二级和被动收入表现（投资表现、网站收入、租金收入、副业收入等）。

（2）检查过去一周的信用卡花费并查找其中的差异。

（3）找找别人拖欠你的款项。

每月（1个小时）

（1）查看每月的储蓄表现（以美元和百分比表示）。

（2）至少增加1%的储蓄率。

（3）检查被动和二次收入表现。

（4）每月支付账单。实际上，我建议手动支付，而不是设置自动支付，因为每个月自己支付账单感觉会更深刻，迫使你重新评估支出，并找出节省资金的方法。

（5）分析个人和企业现金流。

（6）调整下个月甚至本年度的现金流预测电子表格，尤其是当收入变动时，你必须预测未来3个~6个月生活中会有多少现金流，以确保能够负担你的开支和投资。现金流管理是一门艺术，随着时间的推移，你会更好地平衡需要多少钱。

每个季度（1个小时）

（1）检查目标投资数字实现进度并重新分析目标。

（2）检查目标资产分配，必要时重新进行分配。

（3）重新计算每个收入流和综合收入的实际小时工资率，并记录在电子表格中。

（4）使用免费服务检查你的信用评分，寻找任何不正常的地方（没有偿还的债务或逾期/拖欠付清的款项）。

（5）检查被动和二次收入表现。

（6）分析个人和企业现金流。

（7）调整你的现金流量预测表格。

每年（3个小时）

（1）检查自动投资和付款账户。

（2）为税收优化和缴纳最少的税款做准备。

（3）预测下一年的现金流并分析你过去一年的预测。

（4）检查投资账户的费用，确保其没有增加。

（5）查看杂志、流媒体服务和会员资格的年度订阅。

（6）回顾年度投资策略。

我已经实现了财富独立，日常生活也有了一些变化。我现在可以花更少的时间跟踪个人支出，花更多的时间调整我的投资业绩以确保资金效益最大化，优化税收以确保我尽可能地缴纳最少的税款，分析我的网站和在线收入流的表现。随着时间的推移、投资的增长，你也应该开始增加常规任务，以优化支出、盈利和投资方式。

J.P. 现在 28 岁并且退休了，她从没有放弃过跟踪分析自己的资金影响指标，她以两年为一个时段，按类别一直跟踪自己的净资产和每月支出，此外，她同时还在某些特定时间段对其他一些指标进行跟踪分析，比如和朋友出去花了多少钱等。

应该何时寻求帮助

不管你对一件事有多了解，总会有人比你知道得更多。这个社会，关于金钱的话题很多时候都是有些忌讳的，我们是不会和周围的人、家人、朋友、伴侣和同事谈论金钱的。即使对自己的工资感到尴尬不满意或害怕老板，也不会和同事谈论工资问题，以至于有可能错失掉本该属于我们的钱。当不知道正确的答案或者负债累累时，我们害怕寻求帮助，向合作伙伴隐瞒债务或购物支出，因为我们害怕他们对于这件事的看法。

然而，事实上，你越是谈论金钱，就能向周围的人学到越多。与你的伴侣、朋友、家人或同事分享这本书，每月举办一次聚会，分享你遇到的挑战以及赚钱的策略，借助理财谈话卡片，帮助你进行机智的理财谈话。它们可以在 https://financialfreedombook.com/tools 上找到。在 https://millennialmoney.com 网站上加入当地的财富独立组织或财富自由团体。

加速财富自由的最快方法之一是不断向他人学习，保持好奇与读书，永远不要停止。多看书、下载播客、参加课程，你学到的每一件事都会在你的一生中发挥极大的作用。

大脑自然会收集那些榜样并与新信息建立联系，而我们甚至没有意识到这一点。你周围的人对于金钱的想法越多，你学到的也就越多，赚的也就越多。

我最近对有限责任公司的股权结构产生了一个复杂的疑问，就这个问题联系了一位世界顶尖的专家，花了他15分钟的时间，给了他300美元，他通常每小时收费1200美元，但同意在某一天的午餐时间和我聊15分钟。接触到顶尖专家并从中学习，问一些在网上找不到的信息，我已经多次就一些法律和税务问题做这样的事了。

当遇到财务或其他复杂的问题时，你也可以这样做。许多财务顾问甚至可以配合你的时间与你在Skype上聊天，理想情况下，让财务顾问来填补你的知识空白，而不是管理你的钱。如果你想与财务顾问合作，选择以小时收费而不是基于你资产百分比收费的财务顾问。

劳逸结合

赚钱会让人上瘾，而且很容易让人把所有的时间和精力都花在追求财富独立上。2010年～2015年，我一直在全力冲刺，这导致我长期睡眠不足，还做出了很多牺牲，包括失去了一些友人，偶尔也失去了健康，我在超级努力和崩溃之间循环了整整几个星期。我有几个星期都精疲力竭，一直躺在沙发上，这绝对是不健康的做法。

回首过去，很多事情我原本有不同的处理方式，但我犯的最大错误实际上是做的太多。我从未设定任何界限，有连续5年每周工作大约80个小时，这对于我们中的许多人来说是一个巨大的风险，因为我们无时无刻不处在数字经济中，能够随时随地工作有很多好处，但也使得我们很难远离工作。

现在我清楚地知道，在保证足够休息的前提下怎样能更有效率，甚至赚更多的钱。当我太累而无法高效工作或连续几周都没有好好休息时，我其实就是在浪费时间，虽然每周多花20小时～30小时来换取未来20年到30年的时间是完全值得的，但是要注意如何利用自己的时间，休息一下也许正是你需要的。

如果你感到精疲力竭，最好的策略是立即停止工作、开始休息——这儿的休息不是说随便趴一下就好，而是真正躺在床上睡觉休息，如果继续工作，你很可能会生病。慢下来，进入大自然，做散步冥想，吃健康的食物，喝绿色果汁，睡觉，做运动，做一些瑜伽，永远别忘了在奋斗的路上休息一下，这才是最好的药。记住：生活 > 金钱。

要点总结

1. 虽然已经学会了使提前退休成为可能的策略，但如果你不付诸实践，它们就毫无价值。

2. 马上开始行动吧：本书是关于如何最大化你的金钱和时间的，尽快开始实践吧，不要浪费时间。

3. 回顾出发点：一年后回顾过往，你会对自己达成的成就感到惊讶。

4. 保持专注，学会说不：赚钱从来都不容易，但浪费时间却从来没有这么容易过，但记住，时间是你拥有的最宝贵的东西。

5. 坚持是胜利的法宝：本书中的策略不会帮你一夜暴富，但如果坚持下去，它们会帮助你逐渐变富。这就是坚持如此重要的原因。

6. 知道何时应该寻求帮助：不管你对一件事了解多少，总会有人比你知道得更多。

7. 劳逸结合：虽然每周多花20到30个小时来换取未来二十到三十年的时间是完全值得的，但是要注意如何利用自己的时间，休息也许正是你最需要的。记住：生活 > 金钱。

第十四章

对财富说是

除了钱,我们需要关心的还有很多

> 万物之间皆有联系。
>
> ——释迦牟尼

这是夏天一个温暖的早晨，空气中弥漫着花香，光线打在所有绿色植物上，显得郁郁葱葱，绣球花灌木中粉红色和蓝色交织在一起，产生一种近乎迷幻的效果。橙汁香甜可口，咖啡味道也很浓郁。感觉今天很自由，就像小时候无忧无虑，整天只想着探索世界、发现新奇事物般的美妙日子。

我在阳台上写这本书，葡萄藤蔓爬满了四周的墙壁，晴空万里、清新凉爽，阳光打在我脸上，分外温暖。此时，我在意大利北部的弗拉格斯堡城堡，一个由白云石堆砌而成的地方。我俯视山谷，又是一个周一，工人们正在奔赴岗位，开始一周的工作，高速公路上逐渐变得拥堵起来。

这一切就是我想要的，事实证明，成功不是为了钱，而是为了安宁，我感到平静、自由、充满活力，此刻，除了这里，我哪里都不想去。

几年前，这样的画面还只会在我梦中上演，现在它的确就是我的生活。当然，金钱使它成为可能，但奇怪的是，金钱现在是我脑海中最不用考虑的东西之一。我破产时，金钱意味着焦虑、压力和错失的机会，我没有钱时，这就是我所想的。

但一切发生了根本性的转变，当我在银行里存储1万美元时，我意识到我可以逐渐逃离只靠薪水生活的日子，压力便开始逐渐消失了；然后当我储蓄了5万美元（一整年的开支）时，我开始不再担心钱了。我赚的钱越多，达到的每一阶段财富自由的水平越高，我就越能控制住自己，我拥有了更多的机会，30岁获得经济独立后，我有了更多的时间和空间。我感受到了自由。

你也可以拥有这种自由，只要你有中产阶级收入，生活在一个生活成本合理的地方，就可以储蓄 40%～50% 的收入，在 10 年~15 年内达到你的目标投资数字。如果你再努力冲刺一下，也许能在 5 年或更短的时间内实现目标。如果你住在一个昂贵的地方，或者年收入不到 2.5 万美元，可能需要更长的时间，但是无论住在哪里，你赚的钱、储蓄的钱越多，就可以更快地使工作变成可选择的东西，我知道你能成功。

当我 30 岁实现财富自由，开始有机会过想要的生活时，寻找到其他在 35 岁之前也实现财富自由的人，我很高兴能找到这样一个目前还比较小但正不断扩大的团体，我将这些人称之为"我的朋友"，以下是他们的一些故事以及他们在实现财富自由后的感受。

史蒂夫在 IT 部门工作了 12 年，一直从事他从未真正喜欢的一份工作。结婚时，他突然意识到他和妻子考特尼两个人的收入中有一些资金是可以用来投资的。婚后，他们将 70% 的收入用于投资，这样就可以有更多的生活选择，做那些让他们快乐的事情，例如乘坐气流露营车环游全国。他们提高了投资率，使大部分投资自动化后，他们的资产净值迅速增长。当他们 35 岁实现 89 万美元的目标时，两人都放弃了在今后的生活中依靠 2.5 万～3 万美元生活的计划。不到一年后，由于他们的生活水平低于投资增长，净资产现在已经超过了 100 万美元（而且还在增长）。

对史蒂夫来说，财富自由意味着拥有说"不"的自由，也意味着不必因为钱而做决定。"相反，我可以自由而清晰地思考，做出直接影响我幸福的选择，而不是需要根据我钱包来做的选择，我不会用这种自由换取世界上所有的金钱。毕竟，在生命的尽头，我们往往会记住我们经历过的幸福，而不是我们挣来的钱或拥有的东西。幸福和自由是生活的钥匙，金钱只不过是达到目的的手段。"现在史蒂夫在 thinksaveretire.com 工作，致力于写关于他的生活的博客。

米歇尔曾是一名金融分析师，在 makingsenseofcents.com 上写了两年的博客后，于 2013 年辞职成为全职博主。她在写博客的过程中赚了一些钱并提前还清了学生贷款，意识到自己可以通过提高储蓄率（最高为 90%）并从博客中获得足够的收入来支付每月的生活开支，从而实现财富自由，她也不需要花很多钱来感受幸福。她说：" 很多人认为他们需要巨大的房子、汽车还有更多的钱才能过上幸福的生活，但事实并非如此。"

米歇尔在 28 岁时通过博客赚了 150 多万美元后实现了财富独立，尽管她从来没有算过到底有多少钱，但她知道自己有足够的钱，因为她的投资收益很容易负担每个月的开支，而且暂时还没有退休的计划，米歇尔很热爱现在所做的一切："生活很美好，我一周工作不到 10 个小时，可以做我最喜欢做的事情，和丈夫以及养的两只狗一起去全职旅行。"

安妮塔曾经患过抑郁症，现在她不再每周工作 70 个小时，选择了一种压力更小的生活方式，这让她的病情得以控制。大学毕业后，她的第一份工作是在一家保险公司，年薪 4 万～5.5 万美元，但最终，她意识到，如果想使工作成为自己的选择，她就需要赚更多的钱。安妮塔去读了法学院，拿到了 10 万美元的学生贷款，目的是找到一份高薪的工作，这样她就可以储蓄很多钱了。从法学院毕业后不久，她在一家大律师事务所找到了一份专攻并购公司的律师工作，在工作 5 年的时间里，她赚了 16 万～31 万美元，而且住在一个简陋的公寓里，只买二手的东西，这让她得以储蓄了 85% 的工资，并在工作的第一年还清了低息学生贷款。

安妮塔在 33 岁时达到了自己的目标投资数字，不久就放弃了那份高薪的法律工作。她的同事和老板简直不敢相信她真的要离开，但这一直是她的计划。"控制你的时间和生活是一个长线战略，如果你生活在梦寐以求的生活中，怎么会不快乐呢？" 安妮塔也在 powerofthrift.com 上发表了关于她冒险生活的博客。

贾斯汀曾在北卡罗来纳州罗利市担任土木工程师十年，2004 年的起薪为 4.8 万美元，2013 年的起薪为 6.9 万美元。在大学毕业找到工作后，贾斯汀每个月都有了些额外收入，所以他开始投资，仔细盘算之后，他意识到在 65 岁之前，他能拥有足够的钱度过余生。

虽然贾斯汀和妻子从来没有目标储蓄率，但他们努力过节俭的生活，并将剩余的资金用于储蓄，他们的储蓄率在大多数年份都在 50%～70% 波动，虽然最初的目标是储蓄 250 万美元，但他们发现储蓄的时间越长，实际需要的就越少，最终他们将 130 万～140 万美元作为目标。33 岁时，贾斯汀被解雇了，但在计算了这些之后，他意识到他再也不用工作了。"每当我想到我有多么幸运能达到目前这种水平时，我就会很开心。现在是本周上午 11 点，如果我愿意的话，我可以每天都躺在吊床上看书，那让我感到开心和满足。"贾斯汀在 rootofgood.com 上发表了关于他生活和金钱的相关博客。

克里斯蒂和布赖斯在加拿大的 IT 部门工作，不买房的想法很快就帮助他们储蓄了一大笔钱，他们是真的想离开企业界。工作时，他们每天都觉得很辛苦，能想到的就是努力累积钱财，就可以远离这种生活了。他们把所有的时间都花在了生存上，没有时间思考任何其他事情。

他们的储蓄增长迅速，分别在 31 岁和 32 岁时实现了财富独立，储蓄率超过了 100 万美元。因为已经实现了经济独立，他们可以在一些社会贡献上花更多时间，正如他们所说："当我们早上醒来时，会思考我们能做些什么帮助这个世界，而不是帮助我们自己。"这包括去 We Need Diverse Books（一个致力于为儿童书籍带来多样性的非营利组织）当志愿者以及教人们在 millennial-revolution.com 上发表博客进行投资赚钱。

南希在金融服务业赚了一大笔钱后，以超过 200 万美元的收入于 28 岁退休。那时她在大学主修文科，一直梦想着成为一名作家，但在接受一家金融服务公司的校园采访后，她意识到可以利用自己的工作尽快退休，拒绝了那种"正因为你赚了更多的钱，花的钱也会增多"的做法。南希尽可能降低了在纽约的开支，包括住一套 300 平方英尺的公寓，她最终储蓄了至少 80% 的收入，在 5 年内离开了纽约。现在她将时间花在写作、遛狗和家人在一起以及在 themoneyhabit.org 上发表博客上。

布兰登从事网络开发工作，一找到他的第一份工作，他就想方设法进行储蓄。十年时间里，他能够从每家公司获得15%到25%的加薪，并有机会进行远程工作。布兰登和他的妻子吉尔把生活费用控制在很低的水平，虽然花了一些时间才弄清楚让他们开心的确切的消费水平，最后，他们意识到这一水平大概在每年3.8万～到4.5万美元。

通过专注于投资税收优惠账户，他们尽可能地降低了税款，储蓄了更多的钱，并在32岁时实现了财富独立。布兰登曾在欧洲和美国生活过，他认为美国是"尽快实现财富独立的最佳地方"，因为那儿有更高的工资，控制开支的机会，以及你能发现的所有税收漏洞。

现在布兰登热衷于做音乐以及在 madfientist.com 上发表博客教别人如何优化财务。吉尔选择继续工作，因为她热爱她的工作。"前几天晚上我很晚才回来，然后早上通常会感觉很累，我意识到我的日程上没有什么是需要做的，即使我想每天都富有成效，我也不必如此。知道自己的一天是属于自己的真是一种奇妙的感觉。我建议人们都这样做。这是完全值得牺牲的。"布兰登说。

金钱有可能改变你的生活，给你创造更多的机会，允许你帮助家庭、社区和关心的其他方面；金钱可以反映你是谁，如何储蓄，如何投资以及你所支持的慈善机构，这些都将反映你这个人的特点。金钱是一种我们可以把内心和周围的东西变成力量，从而进一步改变世界的媒介。

关于金钱，我学到的最深刻的经验之一是，要么你控制它，要么它控制你。如果你任由它给你压力，成为你的上帝，它就会赢。但当你意识到金钱的力量，知道它是如何运作的，你就可以赢。掌握金钱就是掌握自己。我们都对金钱有感情，越是谈论金钱，你就会越有意识，越容易理解和控制它。

金钱不再是你想要的抽象而复杂的东西，它是你拥有并知道如何得到的东西，一旦知道金钱是如何运作的，你就可以放手让它按自己的条件来实现，不再是一种担心,而是一种机会。当开始存钱和赚更多的钱时,你的生活还会发生其他变化,你的焦虑会变少,对于金钱的控制力以及所拥有的机会会变多。当掌握金钱时,你通过它获得了自由。

但记住,金钱不是目标,时间才是目标。拥有时间去做能带给你快乐的事,与你爱的人共度时光,发展你自身,过你想要的生活才最重要。无论是5年还是20年,到达目的地时,你可能是一个完全不同的人了,不要因为退休的模糊承诺而让你的梦想停滞不前,不要畏惧改变,让自己成长,寻找人生的意义。

家庭和朋友比金钱更重要,如果你无法找到一个人与你分享,那么金钱也毫无意义。花时间和你的孩子、兄弟姐妹、父母、祖父母和朋友在一起。健康也比金钱重要,不要拿自己的健康开玩笑,花些时间休息、放松和充电。不管你为目标多么努力奋斗,请记住,钟摆是双向摆动的,即任何事情都有双面性,劳逸结合非常重要。

我建议你认真考虑想要什么样的生活以及实际需要多少钱才能实现它。关于这一点,你需要对自己诚实,想清楚成功对你究竟意味着什么。

过你自己想要的生活,而不是去模仿你的邻居、同事或社交媒体上那些人的生活,太多人被生活困住,他们认为需要过别人认为他们应该过的生活,但这是你的生活、时间,不是别人的,每个人都是独特的单一的存在。你可能不需要一辆漂亮的车、一座大房子或一种疯狂的奇妙生活,事实上,你根本不需要房子或汽车。不要成为那些年老时后悔没有在本该可以更加真实,却被别人所左右的人。这个世界也需要每个人都实现自我的追求。

我们的父母所依赖的体制和工作正在分崩离析,这是一条新的道路。如果你致力使用本书中的策略,你将掌握赚钱的能力,并按自己的情况去实现你的目标。

生活,就像投资,是要承担计算风险的。面对风险,我们倾向于置身事外和谨慎行事,这是一种与生俱来的特点,不要盲目冒险,也不要隔岸观望。恐惧使我们安全,使我们活着。但也让我们无法真正生活,无法成长,无法前进,你拥有的钱越多,可以承担的风险就越大。冒险时,它会带来更多的机会、经历、故事和更丰富的生活。

过去几年，我学到了另一件关于生活和金钱的事情就是——承担的风险越大，你就越快乐。找到你自己可以承担的风险水平，无论是要求加薪，开始新副业，把储蓄率提升到 50% 还是放弃目前的工作去寻找更好的机会，无论是什么，承担计算好的风险都会帮助你尽快实现财富自由。

不断测试和优化，不要害怕重新调整，生活就是关于学习、平衡、适应、消费和储蓄、风险和回报的，把它们付诸实践并坚持下去，帮助别人、谈论金钱、分享故事、保持坦诚、友善，我们大家都是追求自由的赶路人。

现在停下来深呼吸看看你周围，抓住时机，感受光线、声音、人们，感恩你现在所拥有的，因为你已经比许多人拥有的要多，全球中位数年收入仅为 1225 美元，如果你每年赚 3.4 万美元，那么你已经在全世界排名前 1% 了。

财富自由是指有自由去做你想做的事，你可以拥有它，迅速赚钱是可能的，拥有更多的时间是可能的，以你自己的方式生活是可能的。你可能有一个很多人都没有的独特机会。你真的可以拥有所有你需要的钱。

致谢

写这本书是一次极具挑战性但令人愉快的经历，我花了 2800 多个小时来写作，如果没有这么多人的支持、指导和爱，我绝对无法做到这一点。

首先，感谢 Millennial Money 网站的所有读者和播客听众，你们的问题、怀疑、忠诚、灵感和支持对我产生了莫大的作用。

感谢维克·罗宾，2010 年 8 月，你的书《富足人生：要钱还是要命》改变了我的生活，我非常感谢你在过去几年的指导、智慧、编辑和友谊，期待着继续与你合作，使所有人都能实现财富独立。

感谢远在卡利的我的文学经纪人——玛格丽特·麦克布赖德和法耶·艾奇森。谢谢你们陪伴我，总是为我带来欢笑和轻松的氛围，谢谢你们相信我，我很高兴能和你们一起踏上这段旅程。

感谢我的编辑卡罗琳·萨顿，你总相信我的使命，那就是与世界分享这条财富道路及其策略，然后通过一些挑战性的问题使我成为一名真正的作家，谢谢你的耐心和帮助使我走得更远，谢谢你给我一次机会，让这个梦想成真。

感谢布鲁克·凯里，是你教会我如何将思想编织成一本任何人都能理解的书，你是我最好的写作合作伙伴，这对我来说真的太神奇了！

感谢 CNBC（美国全国广播公司财经频道）的凯瑟琳·埃尔金斯，因为你对我的故事的分享，使我获得了与全世界这么多人进行分享的机会。

感谢所有提供反馈和明智建议的早期读者。是克里斯·杜尔海姆（又名节俭）帮我确保我所有的计算都是正确的，并且和我一起畅游在财富知识的海洋中。J.P. 利文斯顿是一位才华横溢，谈论金钱很有趣的人。感谢马蒂·范德沃夫，我的第一位经理和导师，教会我如何写作。感谢艾米丽·伍德罗多年来的编辑和支持。感谢德鲁（承担高风险的家伙）的仔细阅读以及提出的宝贵反馈意见。感谢雅各布·马扎雷拉全面的反馈意见。感谢马特·祖布里基花这么多时间谈论金钱并且相信我写下的这些信息，我很想继续我们的一万次谈话。

感谢所有那些教过我并支持我的优秀个人理财博主，你们中有很多人可以称之为"我的朋友"。J.D. 罗斯通过他的博客"慢慢致富"开始逐渐沉迷于个人理财；J. Money 创造了一个如此神奇的社区；山姆·多根（Financial Samurai 网站创建者）是一个令人惊叹的博客作者，他给自己设定了一个很高的目标；博比·霍伊特（Millennial Money Man 网站创建者）；艾琳·洛瑞（Broke Millennial 网站创建者）；布兰登（Mad Fientist 网站创建者）；托拉比的 Farnoosh 在线社区；罗伯特·法林顿（The College Investor 网站创建者）提出要购买 Millennial Money 网站，这让我兴奋不已；菲利普·泰勒 FinCon 网站的有限分析法；史蒂夫（Think Save Retire 网站创建者）和约翰（ESI Money 网站创建者），感谢你们所有人的支持与帮助。

感谢我的天才经纪人亚当·科尔施纳帮助我把这些信息传播到世界各地。

感谢戴夫·伯格教我如何推销。我能拥有这样一个朋友很幸运。

感谢蒂姆·韦斯特贝克和大卫·穆里根教我如何成为一名企业家。

感谢哈罗德·华盛顿芝加哥公共图书馆，正是在这个图书馆的八楼和九楼，我创作了本书的大部分内容，谢谢它给我一个自由的空间来创造和思考。

感谢我的老朋友，尼克·赫维特，布莱斯·哈钦斯和扎克·基什内尔，你们是任何人都希望得到的最好的朋友。

感谢爸爸妈妈一直相信我，也感谢爸爸为了给我创造一个美好的生活而努力工作。

感谢我的搭档艾琳，她拥有最美丽的心灵，教给我社会资本的知识，让我认识这个世界。

© 民主与建设出版社，2021

图书在版编目（CIP）数据

稳赚：如何轻松、科学、持续地获得被动收入 /（美）格兰特·萨巴蒂尔（Grant Sabatier）著；刘欢译. -- 北京：民主与建设出版社，2021.5
书名原文：Financal Freedom:A Proven Path To All The Money You Will Ever Need
ISBN 978-7-5139-3405-3

Ⅰ. ①稳… Ⅱ. ①格… ②刘… Ⅲ. ①金融投资通俗读物 Ⅳ. ① C935-49

中国版本图书馆 CIP 数据核字 (2021) 第 038971 号

All rights reserved including the right of reproduction in whole or in part in any form.
This edition published by arrangement with Avery, an imprint of Penguin Publishing Group, a division of Penguin Random House LLC.

著作权合同登记号 图字：01-2021-1497

稳赚：如何轻松、科学、持续地获得被动收入
WENZHUAN : RUHE QINGSONG KEXUE CHIXU DE
HUODE BEIDONG SHOURU

著　者	[美]格兰特·萨巴蒂尔 (Grant Sabatier)
译　者	刘　欢
责任编辑	程　旭
封面设计	红杉林
出版发行	民主与建设出版社有限责任公司
电　话	（010）59417747　59419778
社　址	北京市海淀区西三环中路 10 号望海楼 E 座 7 层
邮　编	100142
印　刷	北京盛通印刷股份有限公司
版　次	2021 年 5 月第 1 版
印　次	2021 年 5 月第 1 次印刷
开　本	690 毫米 ×980 毫米　1/16
印　张	20
字　数	220 千字
书　号	ISBN 978-7-5139-3405-3
定　价	56.00 元

注：如有印、装质量问题，请与出版社联系。